MANUAL DE PRONUNCIACIÓN ESPAÑOLA

COLECCIÓN Textos Universitarios, nº 3

TOMÁS NAVARRO TOMÁS

MANUAL DE
PRONUNCIACIÓN ESPAÑOLA

VIGESIMOOCTAVA EDICIÓN

Consejo Superior de Investigaciones Científicas

Madrid, 2004

MINISTERIO
DE EDUCACIÓN
Y CIENCIA

CONSEJO SUPERIOR
DE INVESTIGACIONES
CIENTÍFICAS

© CSIC
© Tomás Navarro Tomás
NIPO: 653-04-090-5
ISBN: 84-00-07096-8
Depósito Legal: M-52.421-2004
Impreso en España-Printed in Spain
R. B. Servicios Editoriales, S.A.
Bergantín, 1 - 28042 Madrid

INTRODUCCIÓN

1. OBJETO DE ESTE LIBRO.— Las siguientes páginas tienen por objeto describir breve y sencillamente la pronunciación española, tendiendo, sobre todo, a facilitar la enseñanza práctica de nuestra lengua en este aspecto poco conocido de su naturaleza. No pretenden apurar la materia ni resolver dificultades pendientes aún de largas y minuciosas investigaciones; no aspiran, en fin a ser un estudio completo de fonética española, sino simplemente un tratado práctico de pronunciación. En estos últimos años se han publicado diferentes trabajos fonéticos sobre el español culto o literario. La información sobre el habla vulgar o dialectal, española e hispanoamericana, en lo que se refiere especialmente a la pronunciación, es aún demasiado incompleta para intentar un estudio de conjunto.

2. DIFERENCIAS DE PRONUNCIACIÓN.— Sabido es que la lengua española presenta importantes diferencias de pronunciación, no sólo entre los diversos países en que se habla, sino entre las regiones de un mismo país, y frecuentemente entre las comarcas y lugares de una misma región. Estas diferencias son entre las diversas regiones de España más hondas y abundantes que entre las naciones hispanoamericanas. En regiones bilingües, como Cataluña, Valencia, Galicia y Vasconia, la pronunciación española aparece ordinariamente muy in-

fluida por la fonética propia del habla de cada región; en Aragón, Navarra, Asturias, León y Extremadura aparecen asimismo incorporados a la pronunciación normal muchos rasgos fonéticos de los dialectos que en otro tiempo dominaron en estas provincias; y en Andalucía, la permanencia de algunos sonidos perdidos en castellano, el desarrollo de ciertas transformaciones fonéticas que, aunque de carácter general, no han llegado a un punto de evolución tan avanzado en las demás provincias, y, en fin, ciertos elementos peculiares de dicha región, dan a la pronunciación andaluza una fisonomía propia y característica. En líneas generales, la pronunciación hispanoamericana se parece más a la andaluza que a la de las demás regiones españolas.

La semejanza entre el andaluz y el hispanoamericano no se funda únicamente en la extensión con que en uno y otro se dan el seseo y el yeísmo, sino en la evolución de las consonantes finales, en la relajación de la *j*, en la tendencia de determinadas vocales a tomar un timbre más abierto y en cualidades menos concretas y aún no bien definidas que afectan al mecanismo total de la articulación. No siendo uniforme la pronunciación entre todos los países americanos de lengua española, es claro que la semejanza indicada tampoco afecta a todos ellos en la misma medida. El estudio del español en América va especificando el concepto y los límites de las importantes diferencias fonéticas existentes dentro de lo que de un modo general se designa con el nombre de pronunciación hispanoamericana [1]. Verdad es también

---

[1] Un importante trabajo en que se estudian varias de estas cuestiones es el de A. ALONSO, *Problemas de dialectología hispanoamericana*, Buenos Aires, 1930.

que tratándose de personas cultas, las diferencias fonéticas entre castellanos y andaluces o hispanoamericanos son mucho menores que entre las clases populares [1].

3. PRONUNCIACIÓN CASTELLANA POPULAR.— Hay también considerables diferencias de pronunciación entre el habla popular de Castilla y la lengua culta española. Unas mismas palabras no se pronuncian, por ejemplo, entre las personas de la alta sociedad madrileña de igual modo que entre las personas del pueblo bajo de Madrid. Puede hallarse, en general, más semejanza, en ciertos puntos, entre un labrador manchego y un campesino burgalés, que entre un abogado de Ávila y un pastor de la Paramera. El habla castellana en las aldeas y pueblos rurales y hasta en el fondo popular de las capitales de

---

[1] Se comprende que en el habla de América debe haber influencias fonéticas de todas las regiones españolas, pero no es cosa fácil establecer la época, los lugares y las circunstancias relativas a la influencia de cada región. El número y la procedencia de los colonizadores, aun siendo datos de principal interés, pueden no aparecer siempre en relación con el arraigo y la amplitud de determinados fenómenos. El hecho es que el oído español puede confundir a un mejicano o antillano, y hasta a un argentino o chileno con un extremeño o andaluz, pero no, por ejemplo, con un asturiano, castellano o aragonés. Hay hechos, por supuesto, que en detalle contradicen la indicada semejanza, como los hay también que representan diferencias entre Andalucía, Extremadura y Canarias, y aun entre distintas comarcas andaluzas, no obstante el parecido fonético de conjunto entre estas regiones. Ha sido debatido este punto en interesantes artículos por P. HENRÍQUEZ UREÑA, *Observaciones sobre el español en América, en Revista de Filología Española, 1921,* VIII, 359; 1930, XVII, 277-284, y *El supuesto andalucismo de América,* en los *Cuadernos* del Instituto de Filología de la Universidad de Buenos Aires, 1925, tomo I, núm. 2; y por MAX L. WAGNER, *El supuesto andalucismo de América y la teoría climatológica,* en *Revista de Filología Española,* 1927, XIV, 20-32.

provincia, ha avanzado en su evolución fonética mucho
más que la lengua literaria. Además, la pronunciación
popular, fuera del dominio de ciertos rasgos generales,
es mucho menos uniforme que la pronunciación culta,
presentando en su gran extensión, desde el Cantábrico
al Guadarrama, y más al Sur hasta los confines de la
Mancha con Murcia y Andalucía, multitud de variantes
y modificaciones [1].

4. PRONUNCIACIÓN CORRECTA ESPAÑOLA.— Señálase
como norma general de buena pronunciación, la que se
usa corrientemente en Castilla en la conversación de las
personas ilustradas, por ser la que más se aproxima a
la escritura; su uso, sin embargo, no se reduce a esta
sola región, sino que, recomendada por las personas
doctas, difundida por las escuelas y cultivada artística-
mente en la escena, en la tribuna y en la cátedra, se
extiende más o menos por las demás regiones de lengua
española. Siendo fundamentalmente castellana, la pronunciación correcta rechaza todo vulgarismo provinciano
y toda forma local madrileña, burgalesa, toledana, etc.;
y siendo culta, rechaza asimismo los escrúpulos de aquellas personas que, influídas por prejuicios etimológicos
y ortográficos, se esfuerzan en depurar su dicción con
rectificaciones más o menos pedantes. Esta pronunciación, pues, castellana sin vulgarismo y culta sin
afectación, estudiada especialmente en el ambiente uni-
versitario madrileño, es la que en el presente libro se
pretende describir. Llamámosla correcta sin otro objeto
que el de distinguirla de la pronunciación vulgar. La
Academia Española, con cuyo criterio sobre esta

---

[1] Para algunos rasgos de la pronunciación castellana popular
véanse *Hispania,* California, 1921, IV, 156 y *Revista de Filología
Española,* 1923, X, 30-31.

materia viene a coincidir el que aquí queda expuesto, podría, con la eficacia de su autoridad, realizar una importante labor señalando concretamente, siempre que fuese posible, en los frecuentes casos de vacilación que el uso presenta, la forma de pronunciación que se considera más conveniente.

5. UNIDAD DE LA PRONUNCIACIÓN CORRECTA.— Más o menos inconscientemente, la opinión general española distingue la pronunciación correcta de cualquier otro modo de pronunciación, como lo demuestran, entre otros casos, los frecuentes reparos que la Prensa señala respecto a algunos actores y oradores por su acento dialectal; los elogios que otros reciben por la pureza de su dicción; la estimación que en los pueblos se siente por el habla cortesana, y, sobre todo, la unanimidad con que los diversos elementos que forman en Madrid la clase intelectual, siendo en su mayor parte de origen provinciano, adoptan espontáneamente esta pronunciación, ocultando cada uno, como mejor puede, las huellas fonéticas de su tierra natal. Esto hace, en efecto, que sea frecuente encontrar en Madrid asturianos, gallegos, aragoneses, catalanes y hasta andaluces y americanos —que son los más pertinaces en la conservación de su acento— tan diestros en pronunciación correcta como los más castizos castellanos [1].

6. ENSEÑANZA DE LA PRONUNCIACIÓN.— Fuera de esta

[1] Trátase este punto con más detenimiento en *Concepto de la pronunciación correcta,* en *Hispania,* California, 1921, IV, 155-164. Véase tembién R. MENÉNDEZ PIDAL *La lengua española,* en *Hispania,* 1918, I, 1-14. Ambos trabajos, con el de MAX L. WAGNER, *El español de América y el latín vulgar,* pueden verse asimismo en los *Cuadernos del Instituto de Filología de Buenos Aires,* 1924, tomo I, núm. 1.

espontánea inclinación hacia un uso que en el ambiente
general tiene actualmente la preferencia de las personas
distinguidas, las ideas más corrientes en España sobre
esta materia se reducen a una fórmula pueril, que consiste en creer que la lengua española se pronuncia como
se escribe. A los maestros nacionales, no sólo a los que
han de enseñar en Castilla, sino a los que en regiones
dialectales han de encontrarse ante hábitos de pronunciación distintos de los de la lengua nacional, ni se les
prepara convenientemente para esta enseñanza, ni siquiera se les pide la corrección de sus propios dialectalismos [1]. Las gramáticas españolas apenas dan sobre
ortología unas nociones rudimentarias, y los tratados
especiales para extranjeros, aun dedicando a este punto
algo más de atención, adolecen también generalmente
de escasez, de imprecisión y, con frecuencia, de inexac-
titud en sus noticias.

7. TRATADOS DE FONÉTICA ESPAÑOLA.— Existen a este
propósito algunos estudios que, aunque no todos fueron
hechos con fines pedagógicos, pueden ayudar eficazmente
al conocimiento de nuestra pronunciación. El libro de
F. de Araujo, *Estudios de fonética castellana,* Toledo,
1894, es un pequeño manual en el que abundan las
observaciones exactas; el de F.-M. Josselyn, *Études de
phonétique espagnole,* Paris, 1907, de un carácter más
especial y técnico, fundado en el análisis de materiales
recogidos por el método experimental, sirve principalmente para informaciones minuciosas sobre variantes
individuales, y el de M. A. Colton, *La phonétique castillane,* Paris, 1909, aunque demasiado teórico y a veces

[1] Véase sobre esto A. CASTRO, *La enseñanza del español en España,*
Madrid, V. Suárez, 1922, págs. 64-69.

oscuro, tiene para la enseñanza práctica capítulos como el de las consonantes en que se hallan observaciones de positiva utilidad ¹. El libro de J. Moreno-Lacalle, *Elements of spanish pronunciation,* Nueva York, 1918, necesita ser sometido a una completa revisión. *A primer of Spanish pronunciation,* de T. Navarro Tomás y Aurelio M. Espinosa, editado por Sanborn & Co., Boston, 1926, presenta en forma compendiada y más sencilla la doctrina contenida en este Manual.

Hay otros estudios menores en revistas y folletos, de entre los cuales conviene especialmente conocer los siguientes: R. Lenz, *Apuntaciones para un texto de ortología y ortografía de la lengua castellana,* en *Anales de la Universidad de Chile,* 1894, LXXXVIII, 106-136.— Gonçalves Vianna, *Les langues litteraires de l'Espagne et du Portugal,* en *Revue Hispanique,* 1894, págs. 1-21.— T. Escriche, *Prononciation espagnole,* en *Maître Phonétique,* 1894, págs. 30-33, y 1897, págs. 77-82.— R. Menéndez Pidal hace una excelente descripción de las consonantes españolas en su *Manual de gramática histórica,* Madrid, V. Suárez, 1925, págs. 77-96.

¹ Sobre el libro de Araujo véanse especialmente las reseñas de J. Saroïhandy, en *Romania,* 1895, XXIV, 298-303, y de H. Morf, en *Literaturblatt für germanische und romanische Philologie,* 1896, XVII, 15-18; sobre el de Josselyn, las de J. Gonçalves Vianna, en *Revue Hispanique,* 1906, XV, 849-856 y A. Rambeau en *Die Neueren Sprachen,* 1913, XXI, 401-407; sobre el de Colton, las de T. Navarro Tomás, en *Revista de Filología Española,* 1923, X, 26-56, y A. Alonso, en *Revue de Linguistique Romane,* 1925, I, 171-172.

NOCIONES DE FONÉTICA GENERAL

8. PRODUCCIÓN DEL SONIDO ARTICULADO.— Cuando pronunciamos un sonido prodúcese en nuestro organismo una serie encadenada de movimientos, debidos principalmente a tres grupos de órganos distintos: los órganos de la **respiración**, los de la **fonación** y los de la **articulación**.

9. RESPIRACIÓN.— De los dos tiempos de que consta este fenómeno —aspiración y espiración—, el que principalmente conviene considerar en nuestro caso es el segundo. Durante la **espiración** (fr. e ingl. *expiration*, al. *Ausatmung*), el aire aspirado y contenido en los pulmones sale

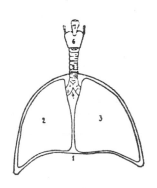

1, diafragma; 2, pulmón derecho; 3, pulmón izquierdo; 4, bronquios; 5, tráquea; 6, laringe; 7, epiglotis.

de éstos por los **bronquios** (fr. *bronches,* ingl. *bronchial tubes,* al. *Bronchien*) y por la **tráquea** (fr. *trachee,* ingl. *trachea,* al. *Luftröhre*), obligado por la presión del diafragma (fr. *diaphragme,* ingl. *diaphragm,* al. *Zwerchfell*) y por la reducción total de la cavidad torácica. El aire espirado, materia prima de los sonidos articulados, es la base y fundamento de la palabra. Respirando en silencio, la espiración sólo es un poco más larga que la **aspiración** (fr. e ingl. *inspiration*, al. *Einatmung*), el volumen de aire empleado es pequeño, y su salida ordinaria es por la nariz; por el contrario, mientras hablamos, la espiración es muy larga, la aspiración muy corta, el volumen de aire empleado es relativamente grande, y su salida ordinaria es por la boca.

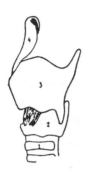

1, tráquea;
2, cricoides;
3, tiroides;
4, epiglotis.

10. FONACIÓN.— La columna de aire espirado pasa desde la tráquea a la laringe (fr. e ingl. *larynx*, al. *Kehlkopf*). El esqueleto de la laringe se compone de cuatro cartílagos: el **tiroides**, el **cricoides** y los dos **aritenoides**; los dos primeros forman una especie de tubo corto y ancho, que es la parte de la garganta llamada vulgarmente **nuez** o **bocado de Adán** (fr. *noeud de la gorge, pomme d'Adam;* ingl. *Adam's apple,* al. *Adamsapfel*). En el centro de este tubo, en posición perpendicular a sus paredes, se hallan las **cuerdas vocales** (fr. *cordes vocales,* ingl. *vocal cords,* alemán *Stimmbänder*). Las cuerdas vocales son dos músculos gemelos, elásticos, a modo de pliegues o labios, formados por la capa muscular que reviste interiormente los cartílagos de la laringe. Por uno de sus extremos, dichas cuerdas se hallan sujetas al vértice o parte delantera del tiroides; por el extremo opuesto acaba cada una de ellas en un aritenoides, pudiendo ambas, según los distintos movimientos de los aritenoides, tenderse o aflojarse, aproximarse entre sí hasta poner sus bordes en contacto, o separarse más o menos, dejando entre ellas una abertura triangular, cuyo nombre es **glotis** (fr. *glotte,*

fente vocale; ingl. *glottis,* al. *Stimmritze).* Cuando respiɪamos de una manera normal, la glotis está ampliamente abierta; cuando hablamos, las cuerdas se juntan, la glotis se cierra, la presión del aire, empujado desde los pul-

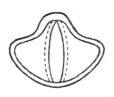

mones, obliga a las cuerdas a entreabrirse; pero su propia elasticidad les hace volver instantáneamente a cerrarse, produciéndose de este modo una serie

Respiración: glotis abierta.

Fonación: glotis cerrada.

rapidísima de movimientos uniformes y regulares que, al poner en vibración la columna de aire que va escapándose al exterior, producen el sonido que llamamos voz [1].

11. ARTICULACIÓN.— El aire espirado sale desde la laringe, por la faringe, a la boca. El campo total de la articulación lo constituyen la cavidad bucal, la cavidad faríngea y la cavidad nasal. Los movimientos de los labios, de la mandíbula inferior, de las mejillas, de la len-

----

[1] Los movimientos de las cuerdas vocales se estudian por medio del laringoscopio de García o el endoscopio de Flatau; las vibraciones vocálicas son demostrables al oído mediante el indicador laríngeo de Zünd-Burguet, y al tacto, tocando suavemente la garganta, a cada lado del tiroides, con las yemas de los dedos. Tapándose los oídos con las palmas de las manos se percibe también el fenómeno de la fonación como un rumor característico, que cesa al terminar las vibraciones de las cuerdas vocales. Para el estudio minucioso de las cualidades físicas de este fenómeno se utiliza principalmente la inscripción de la palabra por medio del fonógrafo, del gramófono o del quimógrafo. Sobre el uso y manejo de estos aparatos véase G. PANCONCELLI-CALZIA, *Einführung in die angewandte Phonetik,* Berlin, 1914.

gua y del velo del paladar modifican la forma y el espacio de la **cavidad bucal** (fr. *cavité buccale,* ingl. *buccal cavity,* al. *Mundhöhle*), haciendo que el aire produzca a su paso efectos acústicos más o menos diferentes. A la especial posición adoptada conjuntamente por dichos órga-

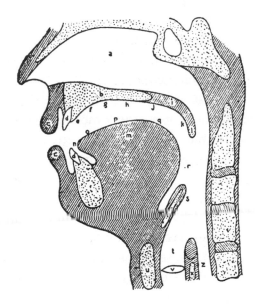

a, cavidad nasal; *b,* hueso del paladar; *c,* labios; *d,* dientes; *e,* alvéolos; *f,* prepaladar; *g,* mediopaladar; *h,* postpaladar; *i,* velo del paladar; *j,* zona prevelar; *k,* zona postvelar; *l,* úvula; *m,* lengua; *n,* ápice; *o,* predorso; *p,* mediodorso; *q,* postdorso; *r,* faringe; *s,* epiglotis; *t,* laringe; *u,* tiroides; *v,* cuerdas vocales; *x,* cricoides; *z,* esófago.

nos en el momento de producir un sonido, se le llama **articulación**; al movimiento de los órganos para pasar de una posición a otra, cuando se producen sucesivamente dos sonidos inmediatos, también suele llamársele articulación; pero en el presente libro esta palabra va siempre empleada en la primera de ambas acepciones.

La cavidad bucal está formada, de una parte, por una bóveda inmóvil, que comprende los dientes superiores, la protuberancia alveolar, que llamaremos simplemente **alvéolos**, correspondiente a la raíz de los dientes, y el **paladar duro** (fr. *palais dur,* ingl. *hard palate,* al. *harter Gaumen*), órganos pasivos de la articulación; y de otra parte, por unos órganos movibles, que son principalmente los **labios**, la **lengua** y el **velo del paladar** (francés *voile du palais,* ingl. *soft palate,* alemán *Gaumensegel*), órganos activos de la articulación. Entre estos órganos, la lengua es el más importante; su complicada estructura muscular le permite hacer los movimientos más rápidos y flexibles, adquirir las formas y posiciones más distintas y ponerse en contacto con todos los puntos de la cavidad bucal.

12. Punto de articulación.— En toda articulación destácase principalmente la acción de un órgano activo, el cual, aproximándose o apoyándose sobre otro órgano —activo o pasivo—, reduce más o menos el espacio de salida del aire en un punto determinado del canal vocal; el lugar —que más bien que punto es zona o región— en que dicha aproximación, estrechamiento o contacto de los órganos se verifica, se llama punto de articulación (alemán *Artikulationsstelle*). Para hacer posible una cierta precisión en la descripción de las articulaciones, se considera dividida la cavidad bucal en varios puntos, cada uno de los cuales lleva un nombre particular, que sirve asimismo para designar las articulaciones que en él se forman. Tiénese en cuenta al mismo tiempo, en los casos en que interviene la lengua, qué parte de ésta es la que forma principalmente la articulación, distinguiéndose en

ella la punta o **ápice**, el **predorso**, el **mediodorso**, el **postdorso** y la **raíz**. Las articulaciones españolas, por razón de su punto de articulación, forman los grupos siguientes:

Bilabiales: Actúa en este grupo un labio contra otro; el labio inferior es principalmente el órgano activo, y el superior el órgano pasivo: **p, b, m, ƀ**.

Labiodentales: Órgano activo, el labio inferior; pasivo, el borde de los incisivos superiores: **f, m̦**.

Interdentales: Órgano activo, la punta de la lengua; pasivo, el borde de los incisivos superiores: **θ, z̦, đ, n̦, ḷ, ț**.

Dentales: Órgano activo, la punta de la lengua; pasivo, la cara interior de los incisivos superiores: **t, d, n̦, ḷ, ș**.

Alveolares: Órgano activo, la punta de la lengua; pasivo, los alvéolos de los dientes superiores: **s, z, n, l, r, r̄, ɹ**.

Palatales: Órgano activo, el predorso de la lengua pasivo, el paladar duro: **l, n, ĉ, ŷ, y, j, i̦, i, i̦, e̦, e̦**.

Velares: Órgano activo, el postdorso de la lengua; pasivo, el velo del paladar: **k, g, ǥ, ŋ, x**.

Bilabiovelares: Órganos activos, los labios y el postdorso de la lengua; pasivo, el velo del paladar: **w, u̦, u, u̦, o, o̦, a̦**.

Los dos órganos esenciales de una articulación suelen expresarse juntamente en el nombre de ésta mediante formas compuestas, como bilabial, labiodental, ápicodental, ápicoalveolar, dorsopalatal, etc.; pero lo más frecuente, aparte de los dos primeros casos, es denominar las articulaciones únicamente por su punto de articulación —órgano pasivo—, entendiéndose que las articulaciones interdentales, dentales y alveolares, en cuanto a su órgano activo, son en general apicales, y las

restantes, dorsales. Si la articulación se forma señalada-
mente hacia el límite interior o exterior de una determinada
zona del paladar, puede expresarse también aproximadamente esta circunstancia sirviéndose de las palabras postdental, postalveolar, prepalatal, postpalatal, prevelar, postvelar y uvular (de **úvula**, vulgar *campanilla*; fr. *luette*, ingl.
uvula, al. *Zapfchen*).

13. MODO DE ARTICULACIÓN (fr. *mode d'articulation,*
ingl. *manner of articulation,* al. *Artikulationsart*).— Cualquiera que sea el punto en que una articulación se forme,
la especial disposición de los órganos en cada caso
permite establecer los siguientes grupos:

Articulaciones oclusivas: Contacto completo entre los
órganos activo y pasivo; el canal vocal permanece momentáneamente cerrado; deshecha súbitamente la oclusión,
precipítase hacia fuera con una breve explosión el aire
acumulado detrás de los órganos: **p, b, t, d, k, g.** Son
impropios los nombres de articulaciones momentáneas o
explosivas aplicados a estas articulaciones. Su duración es
aproximadamente la misma que la de las otras consonantes. Por otra parte la articulación oclusiva carece a veces
de explosión, siendo simplemente implosiva como la *p* de
concepto, apto, etc.

Articulaciones fricativas: Órganos en contacto incom-
pleto; el canal vocal se reduce en alguno de sus puntos
a una estrechez por donde el aire sale constreñido,
produciendo con su rozamiento un ruido más o menos
fuerte: **ƀ, f, θ, ẓ, đ, ḷ, ļ, ṣ, ẓ, s, z, ɹ, l, ḷ, y, x, g.** Por la
forma de la estrechez distínguense las fricativas alargadas
(al. *spaltförmig*), con estrechez en forma de hendidura:
ƀ, f, θ, etc., y las fricativas redondeadas (al. *rillen-
förmig*), con estrechez en forma de canal: **s, z,** etc.
Ordinariamente, en unas y en otras la estrechez tiene

lugar en la línea eje de la cavidad bucal; en los casos en que se forma a los lados de ésta, la fricativa se llama lateral (fr. e ingl. *latéral.* al. *Seitenlaut*): ḷ.], l, ḷ. A las articulaciones fricativas suele también llamárseles, con menos propiedad, espirantes, constrictivas y continuas.

Articulaciones africadas: (fr. *mi-occlusives*, inglés *semi-occlusives*, al. *Affrikaten*): Prodúcese en el canal vocal un contacto que interrumpe momentáneamente, como en las oclusivas, la salida del aire; después este contacto se resuelve suavemente, sin transición brusca, en una estrechez; la oclusión y la estrechez se verifican en el mismo punto y entre los mismos órganos, y el tiempo que se emplea en ambos momentos viene a ser el mismo que se gasta en la producción de cualquier sonido meramente oclusivo. El paso gradual de la oclusión a la estrechez es lo que constituye la naturaleza característica de estas articulaciones; llámanse también semioclusivas y oclusi-vofricativas. ĉ, ỹ.

Articulaciones vibrantes (al. *Schnurrlaute*): Un órgano activo, elástico, realiza sobre un punto determinado del canal vocal un movimiento vibratorio rápido, interrumpiendo alternativamente la salida del aire: r, r̄.

Articulaciones semiconsonantes: Como punto de partida los órganos forman una cierta estrechez. En el breve tiempo en que se produce el sonido, dicha estrechez se hace cada vez más amplia. La actividad de los órganos representa un movimiento de transición entre la articulación fricativa y la vocal: j, w.

Articulaciones semivocales: Movimiento articulatorio inverso al de las semiconsonantes. Transición desde la abertura vocálica a la estrechez fricativa. La abertura inicial disminuye progresivamente dentro de la ordinaria brevedad del sonido: i̯, u̯.

Articulaciones abiertas o vocales: La disposición de los órganos forma una abertura de amplitud distinta en cada caso; pero siempre suficientemente ancha para que el aire salga sin obstáculo; la cavidad bucal en estas articulaciones forma un resonador que imprime un timbre característico al sonido producido por las vibraciones de la glotis: i, į e, ę, a, ą, ǫ, o, ų, u.

14. TIEMPOS DE LA ARTICULACIÓN.— Tres momentos pueden observarse en el desarrollo completo de una articulación: intensión, tensión y distensión; durante el primero, **intensión** (fr. *tension,* ingl. *on-glide,* al. *Anglitt*), los órganos, saliendo de su estado de reposo, realizan un cierto movimiento hasta alcanzar la posición requerida por el sonido de que se trata; durante el segundo, **tensión** (fr. *tenue*), los órganos se mantienen en esa misma posición por un tiempo más o menos largo, y durante el tercero, **distensión** (fr. *détente,* ingl. *off-glide,* al. *Abglitt*), abandonando la posición adquirida, vuelven los órganos a su estado de reposo. La naturaleza de una articulación se caracteriza principalmente por su tensión; la intensión y la distensión son momentos transitorios y fugaces que el oído no siempre alcanza a percibir; estos últimos son, sin embargo, los puntos de contacto por donde las articulaciones se enlazan entre sí dentro de la palabra o de la frase, y encierran frecuentemente la explicación de importantes cambios y transformaciones fonéticas.

15. ARTICULACIONES SORDAS Y SONORAS.— Toda articulación, cualquiera que sea la posición de los órganos en la cavidad bucal, puede producirse sin que las cuerdas vocales vibren, o con vibración de las cuerdas vocales; en el primer caso la articulación no tiene otro efecto acústico que el producido por la explosión o fri-

cación del aire en algún punto del canal de la voz; llámasele **articulación sorda** (fr. *sourde,* ingl. *voiceless,* al. *stimmlos*); en el segundo caso óyense simultáneamente, de una parte, el efecto de dicha fricación o explosión, y de otra, el sonido resultante de la vibración de las cuerdas vocales; a esta articulación se le llama **sonora** (fr. *sonore,* ingl. *voiced,* al. *stimmhaft*); las articulaciones sonoras por excelencia son las vocales; entre las consonantes españolas, son sonoras: b, ƀ, m, m̦, z̦, n̦, l̦, đ, d, z̧, n̦, l̦, z, n, l, r, r̄, ɹ, ŷ, j, y, l̦, n̦, g, g, ŋ, w, y son sordas: p, f, θ, t, ț, ș, s, ĉ, k, x. Impropiamente suele llamarse, a las sordas, fuertes, duras o ásperas, y a las sonoras, débiles, dulces o suaves.

16.   Bucales y nasales.— El velo del paladar puede intervenir de dos maneras distintas en la producción de una articulación: puede estar elevado contra la pared de la faringe, cerrando la comunicación entre la boca y las **fosas nasales** (fr. *cavité nasale,* ingl. *nasal cavity,* al. *Nasenhöhle*), o bien puede estar caído y separado de la faringe, dejando abierta esta entrada de la cavidad nasal; en el primer caso la corriente de aire se ve obligada a salir únicamente por la boca, produciéndose las **articulaciones bucales** (ingl. *buccal sounds,* al. *Mundlaute*); en el segundo caso la corriente de aire sale por la nariz: **articulaciones nasales** (ingl. *nasal sounds,* al. *Nasenlaute*); la salida del aire en este segundo caso puede ser exclusivamente nasal, como en las consonantes m, m̦, n̦, n̦, n, ŋ y n̦, o nasal y bucal simultáneamente, como en las vocales nasales ã, õ, etc.

17.   Resumen.— Para darse cuenta exacta de la naturaleza y estructura propias de una articulación es, pues, necesario considerar en su conjunto la disposición que afecta cada uno de los órganos del canal vocal en el mo-

mento en que dicha articulación se produce, debiendo, ante todo, ser tenidos en cuenta los siguientes elementos: a) *punto de articulación*, fundamento de la división de las articulaciones en labiales, dentales, alveolares, palatales, etc.; b) *modo de articulación*, fundamento de las diferencias entre oclusivas, fricativas, etc.; c) *función de las cuerdas vocales*, base de la diferencia entre sonoras y sordas; y d) *función del velo del paladar*, base de la diferencia entre bucales y nasales.

18.   CUALIDADES FÍSICAS DEL SONIDO.— Las cualidades esenciales del sonido articulado, como las de todo sonido, son las siguientes: **tono, timbre, cantidad** e **intensidad**.

19.   TONO.— La altura musical de un sonido se llama **tono** (fr. *hauteur musicale,* ingl. *pitch,* al. *Tonhöhe*). El tono depende de la frecuencia de las vibraciones que producen el sonido: a medida que esta frecuencia aumenta o disminuye, el tono del sonido se eleva o desciende, respectivamente. Por razón de su altura relativa, los sonidos se llaman **agudos** o **graves**. Las vibraciones de un sonido agudo son, pues, dentro de la unidad de tiempo, más numerosas que las de un sonido grave. La distancia entre dos sonidos de tono diferente se llama **intervalo**. La línea de altura musical determinada por la serie de sonidos sucesivos que componen una palabra, una frase o un discurso, se llama **entonación** (fr. e ingl. *intonation,* al. *Tonfall*); la entonación, según la dirección de la línea descrita por la voz, será **ascendente, descendente, aguda, grave, uniforme, ascendente-descendente**, etc. En cada individuo, la voz se eleva o desciende según aumenta o disminuye la tensión de sus cuerdas vocales; en un estado de equilibrio entre la tensión y la relajación, que es el estado más frecuente en el lenguaje

ordinario, las cuerdas vocales se mueven generalmente en torno de una misma nota, que es la que en cada sujeto caracteriza la **entonación normal**.

20. Timbre.— El movimiento vibratorio generador del sonido es, en general, un fenómeno complejo en que intervienen simultáneamente, de una parte, un movimiento vibratorio principal (al. *Grundton*), y de otra, uno o más movimientos vibratorios secundarios (al. *Obertone*). En el lenguaje, el tono fundamental de cada sonido es, como queda dicho, el que producen las vibraciones de las cuerdas vocales, y los tonos secundarios resultan de las resonancias que aquél produce en la cavidad o cavidades formadas en el canal vocal por la especial disposición de los órganos articuladores. A cada cavidad o resonador, según su forma y volumen, le corresponde una nota de una altura determinada (al. *Eigenton*). En este conjunto sonoro de tono fundamental y tonos secundarios, el resonador predominante es precisamente el que determina el **timbre** o matiz característico de cada sonido (fr. e ingl. *timbre*, al. *Klangfarbe*). Los sonidos son por su timbre, así como por su tono, **agudos** o **graves**, según la altura de la nota que corresponde a su resonador predominante.

21. Cantidad.— La **cantidad** (fr. *durée*, ingl. *duration,* al. *Dauer*) es la duración del sonido. Todo sonido, para ser perceptible, requiere un mínimum de duración; los sonidos se acercan a este mínimum o se alejan de él, según la mayor o menor rapidez con que se habla. Cantidad absoluta es la que representa numéricamente la duración de un sonido a base de la unidad de tiempo; **cantidad relativa** es la que expresa esa misma duración en relación con la de los demás sonidos; se habla de cantidad absoluta si se dice, por ejemplo, que la vocal

acentuada de *señor,* en un caso determinado, ha durado 20 centésimas de segundo; y se habla de cantidad relativa si se dice que esta vocal tiene ordinariamente una duración doble que la *e* precedente. Por razón de su cantidad relativa, los sonidos se llaman **largos, breves, semilargos, semibreves,** etc. La cantidad absoluta varía en cada caso según el temperamento, la edad, la emoción, la costumbre, etc., de la persona que habla; la cantidad relativa depende de ciertos principios fonéticos de carácter general y de determinadas circunstancias históricas particulares de cada idioma.

22. INTENSIDAD.— La **intensidad** (fr. *intensité,* inglés *intensity,* al. *Stärke*) es el mayor o menor grado de fuerza espiratoria con que se pronuncia un sonido, la cual, acústicamente, se manifiesta en la mayor o menor amplitud de las vibraciones. Por la intensidad pueden distinguirse entre sí sonidos de un mismo timbre, tono y cantidad. En la intensidad absoluta influyen distintas circunstancias emocionales y lógicas; la intensidad relativa obedece, por su parte, a razones históricas íntimamente unidas a la estructura de cada idioma. Por razón de su intensidad relativa, los sonidos, sílabas o palabras se denominan **fuertes** o **débiles** [1].

Conviene distinguir la intensidad de la **tensión muscular,** que sólo hace referencia a la mayor o menor energía con que un órgano realiza un movimiento

---

[1] Es muy corriente llamar *tono* al acento de intensidad, y sonidos *tónicos* u *átonos* a los sonidos fuertes o débiles. Esta nomenclatura tiene el inconveniente de confundir el tono con la intensidad o fuerza espiratoria, elementos que, si bien es verdad que se corresponden con frecuencia, otras veces suelen no coincidir. En el lenguaje; como en la música, cualquier sonido, *agudo* o *grave,* puede hacerse *fuerte* o *débil,* según convenga.

o se mantiene en una posición. Los órganos pueden actuar con rigidez o blandura, con rapidez o lentitud. El sonido espiratoriamente fuerte puede ser **tenso** o **relajado** por lo que se refiere a la actitud de los órganos que formen su articulación. Lo corriente es, sin embargo, que las modificaciones de la tensión muscular coincidan con las de la fuerza espiratoria. Por lo demás dichos elementos no se combinan en igual grado en todos los idiomas. El dar a un factor u otro mayor o menor proporción constituye un rasgo esencial dentro de los principios tradicionales que forman la base articulatoria de cada lengua.

23. ACENTO.— El conjunto de los diversos elementos del sonido —tono, timbre, cantidad e intensidad—, combinados de un modo especial en cada idioma, constituye el **acento** (fr. e ingl. *accent,* al. *Akzent*). Existen, no sólo entre idiomas distintos, sino aun dentro del habla común de cada país, sutiles diferencias regionales y locales, cuya causa principal obedece al acento. El oído suele ser particularmente sensible a estas diferencias; pero su determinación en forma clara y concreta es uno de los puntos más difíciles del estudio de la pronunciación. El sonido sobre el cual recaen principalmente la intensidad, la cantidad y el tono, se llama **sonido acentuado**. En el caso en que estos elementos se den separadamente sobre sonidos diferentes, conviene distinguirlos en particular, llamándoles, según el elemento de que se trate, **acento de intensidad, acento de cantidad** y **acento tónico o de altura**.

24. PERCEPTIBILIDAD.— Cuando se oye pronunciar una palabra o una frase, el oído no percibe por igual todos los sonidos que la forman, aun cuando la persona que hable se esfuerce en mantener un mismo tono y un

mismo grado de intensidad desde el principio hasta el fin del conjunto. Los sonidos, en relación con nuestro sentido auditivo, son, pues, según su naturaleza, más o menos perceptibles. Un sonido es más perceptible que otro cuando en igualdad de circunstancias de intensidad, tono y cantidad puede ser oído desde una distancia mayor. A esta cualidad relativa de los sonidos se le llama **perceptibilidad** [1] (fr. *perceptibilité,* ingl. *audibility,* al. *Schallfülle*). Claro es que un mismo sonido de determinada perceptibilidad relativa podrá oírse a mayor o menor distancia y presentar distintos grados de perceptibilidad absoluta según la intensidad con que se pronuncie.

25. ESCALA DE PERCEPTIBILIDAD.— Hay una cierta relación entre el grado de perceptibilidad de un sonido y el grado de abertura bucal correspondiente a su articulación; las vocales son más perceptibles que las consonantes; las vocales abiertas, más que las cerradas; la vocal más abierta *a,* es asimismo la más perceptible; *i, u* son las más cerradas y las menos perceptibles; la escala de perceptibilidad de las vocales, de mayor a menor, según experiencias físicas, parece ser: *a, o, e, i, u* [2]. Las consonantes sonoras son más perceptibles que las sordas; las consonantes vibrantes, laterales y nasales se perciben mejor que las propiamente fricativas, y éstas a su vez, mejor que las oclusivas.

[1] Los gramáticos suelen llamarla *sonoridad*; debe evitarse esta denominación para no confundir el fenómeno de que se trata con el efecto producido por la vibración de las cuerdas vocales, que es la *sonoridad* propiamente dicha.

[2] A las vocales más perceptibles (*a, o, e*) se les suele llamar *fuertes y llenas,* y a las menos perceptibles (*i, u*), *débiles*; la naturaleza de la perceptibilidad no tiene relación ninguna, sin embargo, con la idea de fuerza o intensidad articulatoria que estas denominaciones sugieren.

26.   Grupos fonéticos. La sílaba.— El grupo fonético más elemental es la **sílaba**, la cual puede constar de uno o varios sonidos. La sílaba, acústicamente considerada, es un núcleo fónico límitado por dos depresiones sucesivas de la perceptibilidad de los sonidos. Considerada desde el punto de vista fisiológico, es un núcleo articulatorio comprendido entre dos depresiones sucesivas de la actividad muscular. Pronunciando, por ejemplo, una *a* prolongada, advertimos que el sonido se divide en sílabas distintas: a) si manteniendo en lo posible la misma intensidad espiratoria intercalamos de tiempo en tiempo un sonido menos perceptible: *ayayaya,* etc.; b) si manteniendo de una manera constante el sonido de la *a* aumentamos y disminuimos alternativamente la intensidad espiratoria: *á-á-á-á.* En la palabra *Aragón* las dos primeras sílabas van separadas por la momentánea depresión de perceptibilidad correspondiente a la *r*; en *Aarón* estas mismas sílabas van separadas por la momentánea disminución de intensidad que entre las dos *aa* producimos. El efecto que resulta de esta depresión de la intensidad es asimismo una disminución en la perceptibilidad absoluta correspondiente a ambas *aa*. Se llama **sílaba libre** la que termina en vocal: *pa-ra*; y **sílaba trabada**, la que no se halla en este caso, y sobre todo la que, además de terminar en consonante, va seguida de otra consonante inicial de la sílaba siguiente: *par-te, pun-to, hom-bre,* etc. [1].

---

[1] No es aceptable la definición corriente de la sílaba: «Letra vocal o conjunto de letras en cuya pronunciación se emplea una sola emisión de voz.» Emisión de voz parece que no puede ser otra cosa que la producción del sonido vocal. Hay palabras de varias sílabas, como *mano, madera, barbaridad,* etc., que, en este sentido, se pronuncian en una sola emisión de voz, es decir,

27. GRUPO DE INTENSIDAD.— El **grupo de intensidad** es un conjunto de sonidos que se pronuncian subordinados a un mismo acento espiratorio principal; estos sonidos pueden formar varias sílabas; el acento principal recae sobre una de ellas; las demás sólo llevan acento secundario, más o menos débil en relación con el lugar que cada una ocupa en el grupo. Las palabras inacentuadas se llaman **proclíticas** si, a los efectos de dicha agrupación, se apoyan sobre la palabra que les sigue, y **enclíticas**, si se agrupan con la que les precede. Cada frase se divide en tantos grupos de intensidad como acentos principales contiene [1]. La frase siguiente, por ejemplo, consta de tres grupos distintos: *Arrebataron | las hojas | a los árboles.* El grupo de intensidad es la unidad fonética en que principalmente deben ser consideradas muchas modificaciones de los sonidos.

28. GRUPO TÓNICO.— El **grupo tónico** consta de un cierto número de sílabas, de entre las cuales se destaca una que por su altura musical domina sobre las demás; esta sílaba predominante se llama **sílaba tónica**; las demás, aun teniendo todas ellas un cierto grado de altura, que a ninguna puede faltar, se llaman, sin embargo sílabas **átonas**; entre las sílabas átonas se distinguen, de una parte, las **protónicas**, que preceden a la tónica, y de otra, las **postónicas**, que la siguen. La palabra

sin interrupción de sonoridad. Hay otras, por el contrario, que constando de una sola sílaba, como *tu, paz, tos,* etc., ni siquiera tienen emisión de voz en todos sus elementos. Tomando, en general, «emisión de voz» por producción de sonidos articulados, sonoros o sordos, la definición resultaría igualmente inaceptable.

[1] Es relativamente fácil percibir la sílaba culminante de cada grupo de intensidad; lo difícil es determinar, en ciertos casos, el punto de división entre dos grupos sucesivos.

aislada constituye por sí misma un grupo tónico; pero el grupo tónico puede encerrar también varias palabras. Frecuentemente, en español el grupo tónico y el de intensidad coinciden, siendo la sílaba más aguda la que lleva al mismo tiempo el principal acento de fuerza; pero esta coincidencia no es indispensable ni constante.

29. Grupo fónico.— El **grupo fónico** es la porción de discurso comprendida entre dos pausas o cesuras sucesivas de la articulación; consta, de ordinario, de varios grupos de intensidad; puede, sin embargo, reducirse a una sola palabra. El grupo fónico es también una unidad fonética importante; los distintos elementos menores comprendidos dentro de él aparecen enlazados en estrecha subordinación; este grupo determina, además, dos circunstancias que influyen de un modo especial en las transformaciones de los sonidos: la **posición inicial absoluta**, precedida de pausa, y la **posición final absoluta**, seguida de pausa. Tratándose especialmente de la pro nunciación española, estas circunstancias tienen una importancia excepcional, pues son muchos los sonidos que, según sean iniciales, interiores o finales de grupo, modifican considerablemente su naturaleza [1].

30. La oración como unidad fonética.— A la unidad de expresión en el lenguaje, correspondiente al proceso psíquico de que es reflejo, se le llama **oración**.

---

[1] Conviene no confundir la posición inicial y final absolutas con la posición inicial y final de palabra; la *b* de *bien*, por ejemplo, es inicial absoluta en «Bien podemos dormir», pero no lo es en «Podemos dormir bien»; en uno y otro caso se pronuncia, en efecto, de manera muy distinta; otro tanto sucede con la *n* de esa misma palabra, cuya articulación en el primer caso, interior de grupo, es muy distinta de la del segundo caso, final de grupo. Sólo hay, pues, correspondencia entre el grupo fónico y la palabra cuando ésta se pronuncia aislada, entre dos pausas.

La oración, como verdadera unidad lingüística, constituye también una unidad fonética [1]. El discurso se divide en oraciones separadas por pausas; estas oraciones, a su vez, también se dividen de ordinario en porciones menores —grupos fónicos— separadas por pausas. La pausa es siempre un momento de silencio; las pausas divisorias de oraciones son, en general, más largas que las divisorias de grupos fónicos, las cuales, en determinados casos, pueden llegar a ser sumamente breves. Las pausas obedecen a causas psicológicas y fisiológicas; sirven a la expresión y dan lugar a la reposición necesaria del aire espirado. La existencia de la oración como entidad fonética se manifiesta en el lenguaje mediante ciertas modificaciones que afectan juntamente a la articulación, a la intensidad, a la entonación y a la cantidad de los sonidos.

31. Alfabeto fonético.— El **alfabeto fonético** tiene por objeto representar lo más exactamente posible, por medio de la escritura, los sonidos del lenguaje. En la escritura fonética, cada sonido debe ir siempre representado por un mismo signo, y cada signo debe siempre representar un mismo sonido, no debiendo emplearse signo alguno sin un valor fonético determinado y constante. El lingüista, el filólogo y el fonético necesitan este alfabeto para poder expresar breve y concretamente los sonidos a que en cada caso se refieren; en la enseñanza de lenguas vivas el alfabeto fonético sirve para facilitar el conocimiento de los sonidos de cada idioma, y para representar prácticamente la pronunciación que a cada palabra corresponde [2]. La ortografía oficial española,

[1] La oración puede estar compuesta por una o varias frases o por una o varias oraciones subordinadas.

[2] Los alfabetos fonéticos más usados son, en la enseñanza

aunque más fonética que la de otros idiomas, dista mucho de reflejar convenientemente la pronunciación. El alfabeto fonético empleado en este libro, en la transcripción de los ejemplos y ejercicios que se incluyen, es el de la *Revista de Filología Española*, tomo II, 1915, páginas 374-376. Los siguientes ejemplos indican el valor fonético que corresponde a cada signo:

a	*a* en p*a*dre	ị	*i* en ráp*i*do
ạ	*a* en m*a*l	j	*i* en n*i*eto
ɐ	*a* en or*a*dor	k	*c* en *c*asa
b	*b* en tum*b*a	l	*l* en *l*una
ƀ	*b* en ha*b*a	ḷ	*l* en a*l*zar
ƀ̣	*b* en dial. e*s*belto	ḷ	*l* en fa*l*da
ĉ	*ch* en mu*ch*o	ḷ	*ll* en casti*ll*o
θ	*z* en mo*z*o	m	*m* en a*m*ar
d	*d* en con*d*e	m̦	*n* en co*n*fuso
đ	*d* en rue*d*a	m̦̄	*n* en co*n*mover
đ	*d* en abogado	n	*n* en ma*n*o
d̦	*d* en virtu*d*	ṇ	*n* en o*n*za
e	*é* en cant*é*	ṇ	*n* en mo*n*te
ẹ	*e* en p*e*rro	ŋ	*n* en ci*n*co
ə	*e* en am*e*naza	ṇ	*ñ* en a*ñ*o
f	*f* en *f*ácil	o	*o* en cant*ó*
g	*g* en ma*n*ga	ǫ	*o* en am*o*r
ɡ	*g* en ro*g*ar	ɔ	*o* en ad*o*rar
i	*i* en p*i*de	p	*p* en *p*adre
ị	*i* en gent*i*l	r	*r* en ho*r*a
ị̂	*i* en pe*i*ne	ɹ	*r* en colo*r*

de idiomas, el de la *Association Phonétique Internationale*, 1886, y entre filólogos y lingüistas, los de Böhmer, Ascoli y Rousselot-Gillieron, continuadores, en general, del sistema trazado por Lepsius en su *Standard Alphabet,* 1855.

r	*rr* en ca*rr*o	w	*hu* en *hu*eso
s	*s* en pa*s*o	x	*j* en *j*amás
ş	*s* en ha*s*ta	y	*y* en ma*y*o
t	*t* en *t*omar	ŷ	*y* en cón*y*uge
ţ	*t* en haz*t*e acá	z	*s* en ra*s*gar
u	*u* en p*u*ro	ʐ	*z* en ju*z*gar
ų	*u* en c*u*lpa	ã	vocal nasal
ụ	*u* en ca*u*sa	á	vocal acentuada
ü	*u* en tít*u*lo	a:	vocal larga

32. BIBLIOGRAFÍA.— Para ampliar las noticias contenidas en este capítulo pueden verse los libros de H. Sweet, *A primer of Phonetics,* 3.ª edic., Oxford, 1906.— E. Sievers, *Grundzüge der Phonetik,* 5.ª edic., Leipzig, 1901.— W. Wiëtor, *Elemente der Phonetik des Deutschen, Englischen und Französischen,* 6.ª edic., Leipzig, 1914.— O. Jerpersen, *Lehrbuch der Phonetik,* 3.ª edic., Leipzig, 1920.— P. Passy, *Petite phonétique comparée des principales langues européennes,* 6.ª edic., Leipzig, 1906.— L. Roudet, *Éléments de phonétique général,* 2.ª edic., Paris, 1925.— G. Panconcelli-Calzia, *Die experimentelle Phonetik in ihrer Anwendung auf die Sprachwissenschaft,* Berlin, 1924.— A. Millet, *Précis d'expérimentation phonétique. La physiologie des articulations,* Paris, 1926.— Obras principales de consulta para trabajos de investigación: P. J. Rousselot, *Principes de phonétique expérimentale,* Paris, 1897-1908.— E. W. Scripture, *Elements of experimental Phonetics,* New York, 1902.— J. Poirot, *Die Phonetik,* en *Handbuch der physiologischen Methodik,* de R. Tigerstedt, Leipzig, 1911, tomo III.— Revistas: *Le Maître Phonétique,* director, P. Passy, Paris, 1886-1914.— *Phonetische Studien,* director, W. Wiëtor, Marburg, 1888-1893.— *Die Neueren*

Sprachen, Marburg, continuación de la anterior, desde 1894.— *La Parole,* director, P. J. Rousselot, Paris 1899-1904.— *Revue de Phonétique,* director, P. J. Rousselot, Paris, 1911-1914.— *Medizinisch-pädagogische Monatschrift für die gesamte Sprachheikunde,* directores, A. y H. Gutzmann, Berlin, 1890-1914.— *Vox*, directores, H. Gutzmann y G. Panconcelli-Calzia, continuación de la anterior desde 1914, Berlin.— *Archives Néerlandaises de Phonétique expérimentale,* La Haya, desde 1927.— Obras especiales para información bibliográfica: J. Storm, *Englische Philologie,* 2.ª edic., Leipzig, 1892; reseña los principales estudios fonéticos publicados entre 1840 y 1890.— H. Breymann, *Die phonetische Literatur von 1876-1895,* Leipzig, 1897.— G. Panconcelli-Calzia, *Bibliographia phonetica* y *Annotationes phoneticae*, publicadas desde 1906 en las revistas *Medizinisch-pädagogische Monatschrift* y *Vox,* Berlin.

PRONUNCIACIÓN DE LAS VOCALES

33. ANÁLISIS FISIOLÓGICO DEL TIMBRE.— La cualidad
que importa principalmente considerar en las vocales es
el timbre. El timbre permite distinguir entre sí vocales
de un mismo tono, intensidad y cantidad. Desde el
punto de vista fisiológico, el timbre de las vocales resulta, como queda dicho en el § 20, de la especial disposición que durante la producción del sonido adoptan los
órganos articuladores, formando en cada caso, en la
cavidad bucal, un resonador de forma y dimensiones
determinadas. Del análisis acústico del timbre de las
vocales españolas no tenemos aún datos definitivos.

34. ACCIÓN DE LA LENGUA EN LA ARTICULACIÓN DE LAS
VOCALES.— En la articulación de cada vocal, la forma y
capacidad del resonador que determina su timbre depende de la disposición de conjunto de los órganos
articuladores y principalmente de la posición de la lengua. La posición más semejante a la que la lengua afecta cuando se respira en silencio con la boca entreabierta,
es la que corresponde a la vocal a [1]. Al pronunciar
cualquier otra vocal, la lengua pierde esta posición media
o neutra, para inclinarse más o menos en un sentido ante-

---

[1] El sonido que corresponde más exactamente a dicha posición
de la boca es, en realidad, una æ nasal y relajada; la a requiere
que la lengua se aplane un poco horizontalmente y que el velo del
paladar se halle elevado, cerrando la salida nasal.

rior o posterior. Las vocales que se articulan en la primera mitad de la cavidad bucal forman la serie a̧, ȩ, e, í, i;
se les llama **vocales palatales**, y en ellas la lengua avanza
gradualmente hacia fuera, elevándose al mismo tiempo
contra el paladar anterior. Las vocales cuya articulación
se forma hacia la segunda mitad de la boca, constituyen
la serie a̧, o̧, o, ṳ, u; se les llama **vocales velares**, y en ellas
la lengua se recoge gradualmente hacia dentro, elevándose
al mismo tiempo contra el velo del paladar.

Las vocales que resultan de una mayor o menor elevación del dorso de la lengua hacia la parte alta y media del
paladar, entre las dos zonas citadas, anterior y posterior,
se llaman vocales mixtas. Estas vocales mixtas, abundantes
en inglés y portugués, no existen en español como sonidos
normales. En otros idiomas, en cambio, las vocales
anteriores y posteriores carecen del carácter claro y
definido que presentan en español. En inglés, por ejemplo,
las vocales posteriores no tienen el timbre propiamente
velar que les da el marcado retroceso y elevación de la
lengua en la pronunciación española.

Dentro de cada serie, las vocales se dividen en **abiertas y cerradas**, según la mayor o menor distancia que
cada una de ellas requiere entre la lengua y el paladar:
la vocal más abierta es, pues, la **a**; a partir de ésta, y a
medida que la lengua se eleva hacia adelante o hacia
atrás, la vocal que se pronuncia resulta más cerrada que
la **a**; ȩ, o̧ son más abiertas que **e**, **o**, y sobre éstas, a su
vez, puedan darse otras variantes ẹ, ọ, con menor distancia entre la lengua y el paladar que en **e**, **o**. La vocal
palatal más cerrada es **i**, y la más cerrada velar, **u** [1].

---

[1] La lengua puede tomar una posición intermedia entre la
u y la o̧, resultando una o̧ muy cerrada o una ṳ abierta; del
mismo modo pueden suponerse vocales intermedias entre o̧ y

35. Escala de acuidad.— Hay una relación constante entre la elevación de la lengua y el timbre de la vocal. En la serie palatal, cuanto más cerrada es la vocal, menor es su resonador y más agudo su timbre; en la serie velar, cuanto más cerrada es la vocal, mayor es su resonador y su timbre es más grave. La **escala de altura o acuidad** que forman las vocales según la nota que corresponde al resonador de cada una de ellas, es, de más aguda a más grave, la siguiente: **i, e, a, o, u** [1].

36. Triángulo vocálico.— La articulación de las vocales con arreglo a la posición de la lengua puede representarse por medio del triángulo ideado por el alemán Hellwag, 1781 [2]. En dicho triángulo, dispuesto de manera invertida, los vértices superiores van ocupados por la **i** (vértice palatal) y por la **u** (vértice velar), correspondiendo el vértice inferior a la vocal **a**. Entre la **a** y la **i** se colocan la **e** y las demás vocales intermedias

o, entre ǫ y a, entre a y ę etc., las cuales, de hecho, se hallan en la pronunciación de muchos idiomas.

[1] Esta escala es fácilmente perceptible al oído cuchicheando las vocales, es decir, pronunciándolas sordas, sin voz, con lo cual se descarta el sonido de la glotis y queda únicamente la nota que corresponde al resonador propio de cada vocal.

[2] C. F. Hellwag, *Dissertatio inauguralis physiologico-medica de formatione loquela*, Tubinga, 1781. Sobre el triángulo de Hellwag y otros sistemas de clasificación vocálica, véase W. Viëtor, *Elemente der Phonetik,* Leipzig, 1914, págs. 46-77. O. G. Russell, *The Vowel,* Columbus (Ohio), 1928, ha combatido el fundamento de dicho triángulo valiéndose principalmente del testimonio de radiografías obtenidas sobre las vocales norteamericanas. No dedica bastante atención a las lenguas en que existen con caracteres más definidos y precisos las vocales velares. De todos modos, sus grabados y medidas, lejos de destruirlos, confirman, a mi juicio, los principios esenciales del expresado triángulo.

palatales, y entre la **a** y la **u**, las velares. En el campo de dicho triángulo cabe asimismo situar el lugar de articulación de las vocales mixtas considerándolas por encima del punto de la **a**, entre la **i** y la **u**. Claro es que el punto de articulación de cada vocal se deduce considerando en conjunto la inclinación del cuerpo de la lengua en un sentido o en otro, pudiendo servir de guía en todo caso la mayor elevación que sea posible advertir en la curva del dorso de la lengua [1].

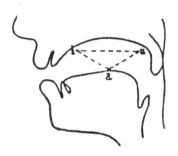

37. Acción de los labios.— Los labios, en la articulación de las vocales velares toman una posición redondeada, abocinándose más o menos, y reduciendo gradualmente su abertura a medida que la vocal es más cerrada. En las palatales los labios forman una abertura oblonga, cada vez más alargada y estrecha a medida que la vocal es, asimismo, más cerrada. En la pronunciación normal española no hay vocales palatales con redondeamiento labial, como son en alemán y en francés las vocales **ü**, **ö**, etc. La acción de los labios en las vocales

---

[1] En España es conocido generalmente el triángulo vocálico de Orchell (1807), en el cual la **a** ocupa el vértice de la garganta, la **i** el del paladar y la **u** el de los labios. La inconsecuencia de esta disposición resulta evidente si se considera que para la **a** y para la **i** se ha tenido en cuenta la posición de la lengua, mientras que para la **u**, cambiando la base de clasificación, sólo se ha atendido a la posición de los labios. Las ideas de Orchell sobre este punto fueron recogidas y publicadas por García Blanco, *Análisis filosófico de la escritura y lengua hebrea*, Madrid, 1846, I, 33.

españolas, principalmente en la pronunciación familiar, es más relajada que en las vocales francesas, tanto por lo que se refiere al redondeamiento de su abertura en las velares como al alargamiento horizontal de esa misma abertura en las palatales.

38. NASALIZACIÓN.— La nasalización de las vocales no tiene en español la importancia que en francés y en portugués. Sobre el mecanismo de la articulación nasal, véase el § 16. La nasalización completa de la vocal, con pérdida de la consonante nasal, en formas como **táto** por *tanto*, **dóde** por *donde*, etc., es uno de los defectos más corrientes que los franceses cometen hablando español. A veces la consonante nasal final de sílaba influye sobre la vocal precedente, nasalizándola en más o menos parte; pero dicha consonante, aunque en muchos casos resulte relajada, pocas veces llega a perder, como en francés, su propia articulación. Una vocal entre dos consonantes nasales resulta, en general, completamente nasalizada: *nunca*-**núŋke**, *monte*-**mõṇtə**, *manco* **máŋkɔ**, *mano*-**mánɔ**, *mina*-**mínɐ**, *niño*-**níɲɔ**, *eminencia*-**emĩnénθjɐ**. En posición inicial absoluta, seguida de **m** o **n**, también es frecuente la nasalización de la vocal: *enfermo*-**ẽmférmɔ**, *infeliz*-**ĩṃfəlíθ**, *ánfora*-**ámfɔra** [1].

39. ACCIÓN DE LAS MANDÍBULAS.— La mandíbula inferior colabora con los demás órganos de la articulación separándose de la mandíbula superior y formando con ella un ángulo más o menos abierto en la pronunciación de cada vocal. La mayor abertura de las mandíbulas corresponde en español, como en otros idiomas, a la

---

[1] En la pronunciación de algunos dialectos españoles la nasalización de las vocales se halla más desarrollada que en la lengua culta; véase F. KRÜGER, *Studien zur Lautgeschichte westspanischer Mundarten,* Hamburgo, 1914, págs. 134-142.

vocal **a**, disminuyendo progresivamente en las demás vocales, desde la más abierta a la más cerrada, tanto en la serie palatal como en la velar.

40. Acción de la glotis.— Las cuerdas laríngeas, en la articulación de las vocales, pueden obrar de dos maneras distintas, según se pongan en vibración con **ataque duro** o con **ataque suave**. En el ataque duro (fr. *attaque dure,* al. *fester Einsatz*) las cuerdas vocales, empiezan juntándose entre sí, sin ponerse a vibrar hasta que el aire acumulado detrás de ellas las separa de pronto, produciendo una cierta exploxión. En el ataque suave (fr. *attaque douce*, al. *leiser Einsatz*) las cuerdas vocales, por el contrario, toman desde el principio la posición necesaria para producir sus vibraciones, sin llegar a formar oclusión ni explosión ninguna. El ataque suave puede ser claro o gradual, según la mayor o menor rapidez con que las cuerdas alcanzan la tensión y el tono que en cada caso corresponden. En español, del mismo modo que en francés, las vocales se pronuncian normalmente con ataque suave, unas veces claro y otras gradual, según los casos; el ataque duro se oye en varios idiomas y principalmente en alemán [1]. Pronunciando con ataque duro la vocal inicial de *aspas, orbe,* etc., sobre todo en casos en que precede consonante, como en *las aspas, el orbe,* etc., los alemanes alteran notablemente la pronunciación española.

41. Diferencias de timbre.— La ortografía española sólo distingue cinco sonidos vocales: *a, e, i, o, u,* pues la *y,* cuando es propiamente vocal, tiene el mismo sonido que la *i.* A estas vocales se les atribuye, generalmente,

---

[1] G. Panconcelli-Calzia, *Die experimentelle Phonetik in ihrer Anwendung auf die Sprachwissenschaft,* Berlin, 1924, páginas. 45-56.

un timbre medio entre las diversas variantes abiertas y
cerradas que en otros idiomas se conocen. Existen, sin
embargo, en nuestra pronunciación, de una manera regular y constante, y sobre todo por lo que se refiere a
las vocales *e, o,* matices diferentes de cada sonido, los
cuales, sin llegar a ser, sin duda, tan señalados como en
otros idiomas, lo son, no obstante, lo suficiente para
que su empleo inadecuado o su omisión no dejen de
influir de una manera sensible en la propiedad fonética
del idioma. No se puede decir que el oído español no
perciba estos matices; basta cambiarlos o equivocarlos
para que cualquiera, aunque no sepa en qué consiste
propiamente, pueda advertir la alteración. Lo que ocurre
en este caso, así como en otros muchos fenómenos de
la articulación, de la entonación, de la cantidad y del
acento, es que tales variantes y matices, por no afectar
de un modo directo a la significación de las palabras, se
practican inconscientemente, en virtud de normas tradicionales que tienen su apoyo, como en todos los idiomas, en la sensibilidad del oído y en la imitación espontánea, sin que las personas no expertas en estos estudios
lleguen a tener clara idea de dichas diferencias mientras
no les son convenientemente explicadas [1].

42.   CAUSAS QUE DETERMINAN LAS DIFERENCIAS DE TIM-
BRE.— Las diferencias de timbre que hoy se advierten
en la pronunciación de cada una de las vocales españolas, no tienen valor significativo ni obedecen a motivos
de carácter histórico o etimológico, sino simplemente a
circunstancias fonéticas, entre las cuales figuran como

---

[1] Un estudio experimental de la articulación de las vocales españolas, hecho a base de radiografías y palatogramas, es el titulado
Siete vocales españolas, en *Revista de Filología Española,* 1916, III.

más importantes la diferente estructura que puede presentar la sílaba en que la vocal se halle, la naturaleza de los sonidos que acompañan a las vocales en cada caso y la influencia del acento de intensidad. En virtud de dichas circunstancias, vocales etimológicamente cerradas como, por ejemplo, las que figuran en las primeras sílabas de *cerca* (circa), *el* (ille), *torpe* (turpe), *sol* (sōle), se pronuncian abiertas, **θȩ́rka, ę́l, tǫ́rpe, sǫ́l**, mientras que vocales de origen abierto como las de *leche* (lacte), *pecho* (pĕctu), *ocho* (ŏcto), *poyo* (pŏdiu), se pronuncian cerradas, **léc̣o, péc̣o, óc̣o, póyo** [1]. Las modificaciones que suelen producirse por metafonía o armonía de timbre entre la vocal final inacentuada y la vocal acentuada de la misma palabra se reducen de ordinario, en la pronunciación correcta, a leves y sutiles matices, cuyo análisis puede, sin perjuicio, omitirse en la enseñanza práctica del idioma.

Examinando minuciosamente la pronunciación normal en formas como *ese, esa, eso, cose, cosa, coso,* etc., llega a advertirse, aunque no sin dificultad, que en las palabras terminadas en *o,* el timbre de las acentuadas *e, o,* resulta algunas veces un poco más cerrado que en las palabras terminadas en *a, e.* Este fenómeno, que en español no es más que una ligera tendencia a la metafonía vocálica, aparece en grado mucho más desarrollado en asturiano y en portugués, donde la *o* final, por su parte, tiene más bien sonido de *u* que de *o*: ast. *cordero-***kǫrdíru**, *cordera-***kǫrdére**, *gato-***gétu**, *gata-***gatʋ**; port. *poço-***pósu**, *poça-***pósʋ**, *cebo-***sébu**, *ceba-***sébʋ**, etc. [2].

[1] Sobre la relación etimológica entre las vocales españolas y las latinas, véase R. Menéndez Pidal, *Manual de gramática histórica española,* quinta edición, Madrid, 1925, §§ 7 y sigs.

[2] Acerca de la metafonía vocálica en asturiano, véase R. Me-

La influencia de la semiconsonante **j** sobre la vocal precedente, y en especial sobre las inacentuadas *e, o,* que ha producido formas como mētiamus *midamos,* dormiamus *durmamos,* y otras como sēmḗnte *simiente,* etc., continúa actuando de manera perceptible en la pronunciación popular: *tiniente, quiriendo,* etc. En la lengua culta, dicha influencia es tan leve que aun el oído más experimentado apenas podría hallar diferencias de timbre, en este sentido, entre las vocales de las primeras sílabas de *sediento* y *sedoso, teniente* y *tenaza, comienzo* y *cometa, poniente* y *ponemos,* etc. [1].

43. UNIFORMIDAD DE MATIZ DENTRO DE CADA CASO.— El timbre de las vocales españolas es ordinariamente invariable desde el principio al fin de cada sonido. Las vocales cerradas francesas suelen citarse en este sentido como ejemplo de fijeza y uniformidad. Las vocales españolas, cerradas o abiertas, se hallan muy cerca de ese mismo carácter. Sólo cuando una vocal, en el lenguaje lento, en la pronunciación fuerte del habla a distancia, y sobre todo en los pregones callejeros, se alarga más de lo ordinario, suele advertirse que, durante su articu-

NÉNDEZ PIDAL, *El dialecto leonés, en Revista de Archivos,* X. 1906, § 5; para el portugués, véase A. R. GONÇALVES VIANNA, *Exposição da pronuncia normal portuguesa,* Lisboa, 1892, pág. 57, y *Portugais,* Leipzig, 1903, pág. 42. M. A. COLTON, *La phonétique castillane,* Paris, 1909, creyó hallar en castellano un sistema metafónico en que la vocal final que más influye para cerrar el timbre de la acentuada, no es la *o,* sino la *a.* Sobre lo infundado de esta opinión, véase *La metafonía vocálica y otras teorías del Sr. Colton,* en *Revista de Filología Española,* 1923. X. 45-55.

[1] Respecto a las manifestaciones de este fenómeno en la evolución histórica de la lengua española, véase M. KREPINSKY, *Inflexión de las vocales en español,* traducción de V. García de Diego, Madrid, Hernando, 1923.

lación, los órganos evolucionan desde el punto correspondiente al sonido normal hacia una posición un poco más cerrada o abierta, según los casos, dando origen este movimiento a una leve diptongación: *cantó*-**kaṇtóǫ́**, *peña*-**pééṇa**, *¡Heraldo!*-**eráḷdoǫ**, *¡La Voz!*-**lɐbóǫ́θ**.

Una delicada investigación experimental podría acaso señalar hasta qué punto este hecho, no difícil de advertir en los casos citados, alcanza también en la pronunciación correcta a toda vocal acentuada cualquiera que sea su duración. Por lo que al oído se refiere, la ordinaria brevedad de las vocales acentuadas españolas hace que tal fenómeno, en la conversación corriente, resulte prácticamente imperceptible. Una diptongación perceptible, por ligera que sea, resulta extraña y chocante. Los extranjeros de lengua inglesa se distinguen en particular, hablando español, por pronunciar las vocales con timbre menos fijo y homogéneo de lo que el carácter fonético de esta lengua requiere.

44.   TENDENCIA DE LAS VOCALES INACENTUADAS A LA RELAJACIÓN.— El timbre de las vocales inacentuadas depende, especialmente, del esmero o descuido con que se habla y del grado relativo de intensidad que por su posición les corresponde. En pronunciación lenta o enfática se mantienen claras y distintas. En lenguaje rápido y familiar relajan su articulación y toman un timbre menos definido y preciso. La tensión muscular es particularmente sensible en estas vocales a las más leves modificaciones del acento espiratorio. La vocal inacentuada no es siempre igualmente débil. La posición de los órganos que la forman es asimismo más o menos fija según el grado relativo de fuerza espiratoria con que en cada caso se produce el sonido. Influye también en la relajación de dichas vocales la mayor o menor

altura de la voz. El tono grave, por debajo de la altura normal, favorece la relajación. Las modificaciones de la cantidad influyen menos que las del acento y del tono.

Dado el carácter de este fenómeno se comprenderá la dificultad de señalar concretamente las circunstancias en que las vocales españolas se relajan y el grado de relajación a que cada una de ellas llega. La vocal débil y grave, final de grupo, ante pausa, es generalmente relajada: *espuma*-**espúmɐ**, *nueve*-**nwébə**, *lunes*-**lúnəs**, *hermanos*-**ɇrmánɔs**; no lo es si, por razones de expresión, dicha vocal se pronuncia en tono agudo, sobre la altura media de la frase. Es también de ordinario relajada la vocal penúltima de las palabras esdrújulas: *rápido*-**r̄ápɪdo**, *sábana*-**sábɐna**, *capítulo*-**kapítʉlo**. En las palabras esdrújulas la vocal final es menos relajada que la penúltima de esas mismas palabras y que la final de las llanas. Suele relajarse asimismo, aunque con menos regularidad que en los casos anteriores, la vocal anteacentuada, interior de palabra: *temeroso*-**temərósɔ**, *repetir*-**r̄ɇpətíɪ**, *cordobés*-**kɔrdɔbés**. En el grupo sintáctico, del mismo modo que en la palabra aislada, la relajación depende principalmente, aparte del descuido o esmero con que se hable, de la estructura rítmica del conjunto.

Dentro de su relativa imprecisión, las vocales relajadas, con mayor sensibilidad aún que las no relajadas, se inclinan también hacia el tipo abierto o cerrado, influidas principalmente, como estas últimas, por la estructura de la sílaba y por el carácter de las consonantes inmediatas. El timbre de las vocales vecinas influye asimismo por asimilación sobre el de las vocales relajadas. La inclinación del sonido relajado en una dirección abierta o cerrada depende, por consiguiente, en cada caso, de diversas y delicadas circunstancias que no siempre es posible reducir a reglas fijas. Obsérvase de un modo general que las variantes normalmente cerradas de las vocales *e, o,* dichas con relajación muscular, tienden a hacerse más cerradas, mientras que las de *i, u,* por su parte, en esas mismas circunstancias, tienden de ordinario hacia una forma más abierta.

Conviene, finalmente, advertir que las vocales españolas no llegan en ningún caso en la pronunciación normal al grado de imprecisión y vaguedad que se manifiesta, por ejemplo, en las vocales relajadas inglesas, en la *e* muda francesa o en la *e* final del al. *Zunge, Farbe,* etc. La distancia entre la vocal relajada y el tipo tenso y normal a que cada vocal corresponde no pasa nunca de límites relativamente reducidos. La relajación de las vocales a la manera inglesa es uno de los principales escollos que los estudiantes ingleses y angloamericanos necesitan evitar al aprender español. En los primeros grados de la enseñanza de esta lengua puede prescindirse de la relajación vocálica española, atendiendo solamente al valor ordinario, abierto o cerrado, de cada sonido. El estudio de dicha relajación interesa especialmente para conocimientos más avanzados dentro de la práctica del idioma y para poder formarse idea más exacta de las tendencias que actualmente se manifiestan en la evolución fonética del mismo.

VOCALES PALATALES

45. *I* CERRADA: ort. *i,* fon. **i.**— La punta de la lengua se apoya contra los incisivos inferiores; el dorso se eleva contra el paladar duro, tocándolo ampliamente a ambos lados y dejando en el centro una abertura rela-

tivamente estrecha; este contacto alcanza generalmente
por delante hasta los dientes caninos: abertura de las
mandíbulas, unos 4 mm. entre los incisivos; abertura
labial alargada, con las comisuras de los labios un poco
retiradas hacia atrás; tensión muscular, media. Es una *i*

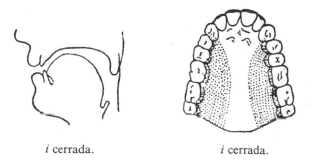

i cerrada.   *i* cerrada.

generalmente menos cerrada y menos tensa que la *i* del
fr. *vie*, al. *sieben*, ingl. *see*, pero bastante próxima a
estas, sobre todo en pronunciación fuerte. Hállase en
sílaba libre acentuada, y también en sílaba libre sin
acento, en pronunciación esmerada o lenta; *silla*-síle,
castillo-kaṣtíle, *bicho*-bíĉe, *viña*-bíne, *chico*-ĉíke, *allí*-alí,
mira-míre, *dice*-díθe *suspiro*-suspíre, *conciso*-konθíso, *vida*-
bída, *cautivo*-kautíbe, *pisada*-pisáda, *millón*-milón.

46. *I* ABIERTA: ort. *i*, fon. i.— Vocal semejante a la
anterior, pero con articulación menos avanzada hacia
los alvéolos superiores y con abertura algo más amplia
entre la lengua y el paladar. No llega a ser tan abierta
como la *i* en ingl. *think*, al. *nicht*. Hállase en sílaba
trabada y sobre todo en aquellos casos en que la sílaba,
además de ser trabada, lleva el acento fuerte de intensidad. Hállase también en contacto con una r̄ anterior o
siguiente y ante el sonido x, correspondiente a *j* y *g*

(ge, gi). Ejemplos: *mirra*-mír̄a, *rico*-r̄íkꞓ, *hijo*-íxꞓ, *virgen*-bír̥xǝn, *silba*-síl̥bꞋ, *obispo*-obíspꞓ, *brizna*-br̥íznꞋ, *edicto*-edíktꞓ, *sentir*-sentíɹ, *gentil*-xentíl, *virtud*-br̥túd̬, *dictar*-diktáɹ, *silbar*-sil̥báɹ, *asignar*-asignáɹ, *dicción*-digθjón.

47. *I* RELAJADA: ort. *i*, fon. į.— En posición especialmente débil, entre un acento principal y otro secundario, y, sobre todo, no en la dicción lenta y cuidada, sino en la conversación rápida y familiar, se pronuncia una *i* breve y relajada, cuyo timbre, más o menos abierto, varía fácilmente según la rapidez y el descuido con que se habla, § 44. Ejemplos: *tímido*-tímįd̬o, *púlpito*-púlpįto, *retórica*-r̄ętór̥įkꞋ, *católico*-katólįko, *repicar*-r̄ępikár, *avisar*-abįsáɹ, *edificio*-edįfíθjꞓ, *admirable*-admįráblǝ.

48. *I* SEMIVOCAL: ort. *i, y,* fon. i̭.— En los diptongos *ai, ei, oi,* que a veces se escriben *ay, ey, oy,* la *i* o *y* se forma un poco más atrás que la į. Horizontalmente, la abertura palatal de i̭ viene a ser la de į, pero verticalmente la i̭ es más cerrada que la į. La forma de dicha abertura es más redondeada en ésta que en aquella. Aparte de esto, la i̭ no es un sonido prolongable y uniforme como las vocales i, į, sino que, como verdadera semivocal, § 13, se produce con articulación momentánea, con tendencia a cerrar progresivamente su abertura palatal. Por su timbre resulta semejante a la *i* del al. *Zeit, bei;* no es tan abierta como la *i* inglesa en el diptongo que aparece en formas como *fire, by.* Cuando los ingleses y los angloamericanos pronuncian a su manera palabras españolas como *aire, vaina,* etc., el oído castellano cree oír, en vez de la i̭, casi una variante de la vocal *e.* Ejemplos: *baile*-bái̭le, *Cairo*-kái̭ro, *caimán*-kai̭mán, *paisaje*-pai̭sáxǝ, *reina*-r̄éi̭nꞋ, *ley*-léi̭, *buey*-bwéi̭, *veinte*-béi̭ntǝ, *aceite*-aθéi̭te, *peinado*-pei̭nád̬ꞓ, *estoico*-eʂtói̭kꞓ, *heroico*-erói̭kꞓ, *soy*-sói̭.

49. *I* SEMICONSONANTE: ort. *i,* fon. **j.**— Los lados de la lengua se adhieren a ambos lados del paladar con tanta amplitud por lo menos como en la *i* cerrada; en el centro, la distancia vertical entre la lengua y el paladar es menor que en la *i* cerrada; la disposición general de los órganos es intermedia entre la articulación de la vocal **i** y la de la consonante **y**; la fricación palatal es, de ordinario, muy poco perceptible; la duración del sonido es brevísima. Resulta, aunque menos tensa, muy semejante a la *i* en fr. *pied, bien, action.* Se diferencia de la semivocal **i̯** en ser más cerrada, y sobre todo en responder a un movimiento de los órganos completamente distinto, pues mientras éstos en la **i̯** pasan de una posición relativamente abierta a otra más cerrada, en la **j**, por el contrario, pasan de una posición relativamente cerrada a otra más abierta, § 13 [1]. Un fenómeno frecuente entre los extranjeros, que suele encontrarse también en pronunciación dialectal española, es el ensordecimiento de esta articulación después de las consonantes **p, t, k.** En la pronunciación correcta este ensordecimiento sólo ocurre de una manera perceptible en casos excepcionales de énfasis y afectación. Pronúnciase como semiconsonante toda *i* inicial de diptongo o triptongo: *labio-***lábjo**, *piedra-***pjédre**, *rabia-***r̄ábje**, *tierno-***tjérno**, *acierto-***aθjérto**, *conciencia-***koṇθjéṇθje** *ciudad-***θjuđáđ**, *violencia-***bjoléṇθje**, *comercio-***komér̄θjo**, *desgracia-***dezgráθje**, *cambiáis-***kambjáis̯**, *despreciéis-***despreθjéis̯**.

En principio de sílaba la *i* inicial de diptongo se pronuncia generalmente como consonante, no haciéndose, por consiguiente, diferencia ninguna, en cuanto al soni-

[1] Sobre los sonidos **i̯, j,** estudiados con palatogramas y comparados, bajo diversos aspectos, entre sí, véase *Revista de Filología Española,* 1923, X, 41-42.

do inicial, entre *hierba* y *yergua, hierro* y *yeso, hiena* y *yema,* etc., §§ 119 y 120. Bajo la influencia de la escritura suele hacerse distinción, en pronunciación esmerada, entre dichas formas, diciendo *hierba, hierro, hiena,* con semiconsonante **j,** y *yeso, yegua, yema,* con consonante, **y;** pero lo corriente es, como se dice en los párrafos citados, pronunciar una verdadera consonante palatal en unos y otros çasos.

50. Pronunciación de la conjunción *y.*— La conjunción *y* presenta diversos valores fonéticos:

a) Entre dos consonantes se pronuncia normalmente como una **i** vocal más o menos relajada: *árboles y pájaros*-**árbɔles ị páxɐròs,** *pan y vino*-**pán ị bínɔ.**

b) Entre consonante y vocal se convierte en la semiconsonante **j:** *hablan y escriben*-**áblan jeskríbən,** *fácil y agradable*-**fáθil jagraɗáblə.** Sólo cuando la consonante final de la palabra que precede es una *s, z* o *d,* la conjunción se pronuncia como elemento inicial de sílaba, con sonido análogo al de la consonante **y,** y con sonorización de la *s* o *z* precedente: *almendras y almíbar*-**almẽndraz yạlmíbar,** *callas y esperas*-**kálˌaz yespérɐs;** *el juez y el escribano*-**ẹl xwez yel eskribanɔ,** *césped y arena* **θésped yaréna.**

c) Entre vocal y consonante la *y* se convierte en la semivocal **į:** *padre y madre*-**páɗrẹį máɗrə,** *blanco y negro*-**blánkọį négro.** En el § 48 se ha visto que la *y* griega ortográfica, en formas como *ley, rey, doy, soy,* etc., se pronuncia asimismo como semivocal **į.**

d) Entre vocales toma aproximadamente el sonido de la palatal fricativa **y:** *éste y aquel*-**éşte yakél.**

51. *E* cerrada: ort. *e,* fon. **e.**— La articulación de esta vocal se forma sobre el paladar duro, correspondiendo a un punto algo más interior que el de la **į;** la

punta de la lengua se apoya contra los incisivos inferiores; el dorso se eleva contra el paladar, tocándolo a
ambos lados hasta la mitad aproximadamente de los
segundos molares, y dejando en el centro, entre el paladar y la lengua, una abertura mayor que la de la i̧;

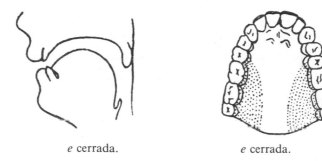

e cerrada.   e cerrada.

la abertura de los labios es asimismo algo mayor que la
de la i̧; abertura de las mandíbulas, entre los incisivos, 6
mm. aproximadamente; tensión muscular, media.

El sonido que consideramos bajo el nombre de *e*
cerrada, para distinguirlo del tipo abierto de que se
habla más abajo, no suele llegar al grado de tensión y
estrechez que tiene la *e* cerrada en otros idiomas, como,
por ejemplo, en fr. *chanté,* al. *fehlen.* Los alemanes,
especialmente, necesitan tener presente este hecho para
no emplear, como suelen, en español, una *e* que por ser
demasiado cerrada resulta impropia en este idioma. Sólo
delante de las palatales *ch, ll, ñ, y,* la *e* española llega a
alcanzar, sobre todo en sílaba fuerte, un timbre propiamente cerrado. Los estudiantes de lengua inglesa deben,
por su parte, evitar la tendencia a pronunciar la *e*
española como un diptongo, diciendo algo semejante a
peiso, ceina, ceipo, por *peso, cena, cepo.*

Dentro de los límites indicados, la *e* española es cerrada en los siguientes casos:

a) En sílaba libre, con acento principal o secundario: *pecho*-**pécꝺ**, *sello*-**séḽꝺ**, *peña*-**péɳɐ**, *compré*-**kꭥmpré**, *saqué*-**saké**, *queso*-**késꝺ**, *cabeza*-**kaƀéθɐ**, *pesar*-**pesáɹ**

b) En sílaba trabada por las consonantes *m, n, s, d, z* y seguida de *x* ante otra consonante: *pesca*-**péskɐ**, *desdén*-**deẓdén**, *atento*-**atéɳtꝺ**, *vengo*-**beŋgꝺ**, *césped*-**θéspeđ**, *huésped*-**wéspeđ**, *extenso*-**eꬱtensꝺ**, *explicar*-**esplḭkáɹ**, *compadezco*-**kꭥmpɐdéθkꝺ**, *anochezca*-**anꝺĉéθkɐ**, *pez*-**péθ**.

52. *E* ABIERTA: ort. *e,* fon. **ę.**— Su articulación presenta mayor distancia entre la lengua y el paladar, y

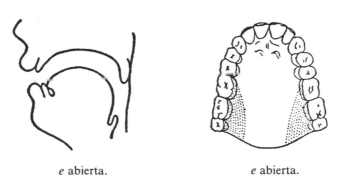

e abierta.   *e* abierta.

mayor abertura de los labios que la de la **e** cerrada; abertura de las mandíbulas, unos 8 mm.; el contacto de la punta de la lengua con los incisivos inferiores es más suave que en esta última; el punto de articulación, algo más interior que el de la *e* cerrada, corresponde a la segunda mitad del paladar duro. Suena aproximadamente como la *e* en fr. *perte,* ingl. *let,* al. *fett.*

Aparece en las posiciones siguientes:

a) En contacto con una **r̄,** tanto si ésta sigue a la vocal como si la precede: *perro*-**pér̄ꝺ**, *guerra*-**gér̄ɐ**, *regla*-**r̄églɐ**, *remo*-r̄ḗmɔ, *guerrero*-gɛr̄ḗro. Exceptúanse los casos en que esta *e* va en sílaba trabada por las consonantes *d, m, n, s, x* o *z*, en los cuales la influencia de la r̄ va neutralizada por la de la consonante siguiente, resultando una *e* cerrada: r̄ḗstɔ, r̄ézmɐ, kɔr̄espɔndi, r̄éntɐ, r̄ɛŋkóɹ, témplɔ, sed, testɔ.

b) Delante de *j*, y de *g* con sonido de *j*, fon. x: *teja*-téxɐ, *lejos*-léxɔs, *oveja*-obéxɐ, *oreja*-oréxɐ, *privilegio*-príbɪléxjɔ, *colegio*-koléxjɔ, *dejar*-dɛxáɹ.

c) En el diptongo *ei: peine*-péinə, *seis*-séis, *veinte*-béintə, *ley*-léi, *aceite*-aθéitə, *deleitar*-deléitáɹ [1].

d) En sílaba trabada por cualquier consonante que no sea *m, n, s, d, x, z*, y ante *x* equivalente a **gs**: *verde*-bérdə, *cerner*-θɛrnéɹ, *belga*-bélgɐ, *papel*-papél, *afecto*-afɛ́ktɔ, *concepto*-kɔnθɛ́ptɔ, *sección*-ségθjón, *técnica*-tégnɪka, *concepción*-kɔnθɛ́bθjón, *eximio*-ɛgsímjɔ, *exhalar*-ɛgsaláɹ.

En algunas zonas del Sur de España la *e* se pronuncia con timbre abierto en grado más o menos marcado, aun cuando se halle en sílaba libre o en sílaba trabada por *n, s*, etc.: **pɛ́lo, kantɛ́, tɛ́nga, trɛs.** Esta pronunciación podrá oírse también en Madrid o en cualquier otra parte del país en personas procedentes de las zonas indicadas. El énfasis de la elocución en conferencias o discursos favorece esa misma tendencia a la variante abierta; pero en el habla corriente de Castilla, la *e* que se pronuncia en dichos casos no puede ser considerada como ɛ ni varía o vacila indistintamente entre ɛ y e.

---

[1] La pronunciación vulgar en algunos lugares de Castilla y Andalucía, llega en estos casos a articular la *e* tan abierta que se oye como una *a* más o menos palatal: **painə, sais, baintə, afaitáɹ**, etc. Por otra parte es también frecuente oír con carácter popular **bintjúnɔ, bintɪdós**, etc., por *veintiuno*-**beintjúnɔ,** *veintidós*-**beintɪdós**, etc.

53. *E* RELAJADA: ort. fon. ə.— En la conversación corriente la vocal *e* resulta en muchos casos un poco relajada e imprecisa, sobre todo hallándose entre un acento fuerte y otro secundario, o bien final, grave, ante pausa, § 44. La relajación de la *e* varía fácilmente según las circunstancias indicadas, pero sin dejar de ser siempre como queda dicho, un sonido más claro, por ejemplo, que el de la *e* alemana en *danke, bitte,* etc.; los franceses, por su parte, necesitan tener en cuenta que la *e* relajada española, no sólo no llega al grado de impre- cisión de la *e* muda del fr. *cheval, petit,* etc., sino que además se diferencia de ésta en que no se labializa ni se pierde. Ejemplos: *húmedo*-**úməđo**, *lóbrego*-**lóbrəgo**, *hipó- tesis*-**ipótəsịs**, *pídenos*-**pídənòs**, *tómela*-**tóməla**, *mecedor-* **meθəđóɹ**, *repetir-*r̄**ɛpətíɹ**, *conceder*-**koṇθəđéɹ**, *llave*-ḷ**áƀə**, *sie- te*-**sjétə**, *noche*-**nóĉə**, *jueves*-**xwéƀəs**, *parten*-**pártən**, *carmen-* **kármən**, *López*-**lópəθ**, *catorce*-**katórθə**.

Sobre la pronunciación de la vocal *e* en grupos silábicos, con sinéresis o sinalefa, véanse §§ 68 y 69.

LA VOCAL *A*

54. *A* MEDIA: ort. *a,* fon. **a.**— La *a* que se pronuncia normalmente es español en sílaba acentuada requiere una abertura de los labios mayor que la que representan las demás vocales; abertura de las mandíbulas, unos 10 mm. entre los incisivos; la lengua, suavemente extendida en el hueco de la mandíbula inferior, toca con sus bordes, a ambos lados, la línea de los molares inferiores, elevando su dorso un poco hacia la parte media de la boca; la punta de la lengua, algo más baja que el borde de los incisivos inferiores, roza la cara interior de éstos hacia las encías; el punto de articulación deter-

minado por la pequeña elevación del dorso de la lengua
corresponde, aproximadamente, al límite entre el paladar
duro y el velo del paladar, a igual distancia de los
puntos correspondientes a las vo-
cales i, u; su timbre es muy semejante al de la *a* en fr. *part*, al.
was. Ejemplos: *caro*-kárᴐ, *despacio*-despáθjᴐ, *rescate*-r̄eskátə, *escaso*-eskásᴐ, *recado*-r̄ᴇkádᴐ, *pedazo*-pedáθᴐ, *serrano*-sᴇr̄ánᴐ, *gi-
tano*-xitánᴐ, *compás*-kᴏmpás, *paz-
pá*θ, *ejemplar*-ᴇxempláɹ, *cortar*-
kᴏrtáɹ, *sultán*-sᴜltán, *casto*-kás(tᴐ,

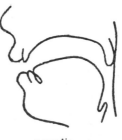

a media.

reparto-r̄ᴇpártᴐ, *encanto*-ᴇŋkántᴐ, *contacto*-kᴏntáktᴐ, *Ve-
lázquez*-beláθkəθ, *gasto*-gáʂtᴐ, *práctico*-práktiko, *rápido*-
r̄ápɪdo, *partido*-partídᴐ, *saber*-sabéɹ.

55. *A* PALATAL.— Ante las consonantes *ch, ll, ñ, y* y
en el diptongo *ai*, la articulación de la vocal *a*, sobre
todo en sílaba fuerte, se hace un poco palatal, aproximándose su timbre al de la *a* del fr. *patte*, ingl. *ask*;
pero su diferencia respecto a la **a** media española no es
bastante perceptible para que prácticamente sea necesario
considerarla como sonido distinto de esta última. Por
esta misma razón se puede representar esta variante con
el signo **a**, sin necesidad de asignarle transcripción especial. Ejemplos: *macho*-máĉᴐ, *despacho*-despáĉᴐ, *pachón*-
paĉón, *cachete*-kaĉétə, *calle*-kálə, *valle*-bálə, *gallina*-galínɐ,
calleja-kalᴇ́xɐ, *caña*-kánɐ, *rebaño*-r̄ᴇbánᴐ, *añejo*-anᴇ́xᴐ,
cañón-kanón, *rayo*-r̄áyᴐ, *mayo*-máyᴐ, *sayón*-sayᴏ́n, *baile*-
báilə, *aire*-áɪrə, *paisano*-paisánᴐ.

56. *A* VELAR: ort. *a*, fon. ạ.— Otras veces, por el
contrario, se articula una *a* sensiblemente posterior o
velar; la lengua se recoge un poco hacia el fondo de la

boca; el predorso toma una forma ligeramente cóncava, y el resonador que se forma en la cavidad bucal es mayor que en los casos anteriores; tensión muscular, menor que la de la **a** media; timbre, más grave; se asemeja a la *a* del fr. *pâte*, ingl. *father*, pero es más breve y algo menos velar que éstas. Aparece regularmente en los siguientes casos:

a) En el diptongo *au*, fuerte o débil, y ante una *u* acentuada: *causa*-**ká̯u̯se**, *pauta*-**pá̯u̯te**, *laurel*-**la̯u̯rél**, *baúl*-**ba̯úl**, *laúd*-**la̯úd**, *aún*-**a̯ún**.

b) Ante la vocal *o*, ya formen las dos vocales una sola sílaba o ya se pronuncien en sílabas distintas: *Bilbao*-**bilbáo**, *sarao*-**saráo**, *nao*-**náo**, *vaho*-**báo**, *caos*-**káos**, *ahora*-**aóra**, *ahogo*-**aógo**.

c) En sílaba trabada por *l*: *malva*-**málbe**, *nalga*-**nálga**, *general*-**xenərál**, *igual*-**igwál**, *salvador*-**salbedór**, *calvario*-**kalbárjo**, *altura*-**altúre**.

d) Delante del sonido **x**, escrito *j* o *g*, inicial de la sílaba siguiente: *bajo*-**báxo**, *maja*-**máxe**, *refajo*-**r̄efáxo**, *cajón*-**kaxón**, *agitar*-**axitáɹ**.

La velarización de la *a* ante una **g** siguiente, en formas como *hago, mago*, etc., se manifiesta de una manera menos perceptible y regular que en las demás circunstancias citadas. En general, aun fuera de dichas circunstancias, toda **a** media, pronunciada con cierto alargamiento y sin acento verdaderamente fuerte, tiende siempre, en mayor o menor grado, a la articulación velar, si bien cualquier aumento de intensidad o de rapidez basta para hacerle recobrar inmediatamente su timbre ordinario.

La pronunciación enfática y presuntuosa hace mucho uso de la *a* velar. Úsase también con frecuencia en expresiones de carácter más o menos patético, donde generalmente se alarga; la *a*: ¡*madre*!-**má:dre**, ¡*piedad*!-**pje-**

dá:ḍ, *¡libertad!*-libᵉrtá:ḍ. En el habla vulgar de Castilla
la tendᵉncia a la velarización se halla más desarrollada
y extendida que en la lengua culta. El abuso de este
sonido se interpreta generalmente, según los casos, como
rusticidad o afectación.

57. *A* RELAJADA: ort. *a*, fon. ɐ.— En la conversación
corriente aparece con mucha frecuencia una *a* débil y
relajada, cuyo timbre, variable e impreciso, se inclina en
sentido velar o palatal, según las circunstancias especiales
que concurren en cada ocasión. Hállase principalmente
en posición final, grave, ante pausa, e interior de palabra
o grupo, como sonido breve, entre sílabas relativamente
acentuadas. La pronunciación fuerte, lenta o esmerada
hace que toda ɐ relajada se convierta fácilmente en a o
en ạ. El timbre de la ɐ, como el de las demás vocales
españolas de esta especie, siempre se mantiene relativamente cerca de su sonido no relajado, § 44. Ejemplos:
pecadora-pckɐdórɐ, *caballero*-kabɐléro, *achacoso*-aĉɐkóso,
ordenanza-ọrdɘnáɳθɐ, *parador*-parɐdóɹ, *agua*-ágwɐ, *legua*-
légwɐ, *rodaja*-r̄ọdáxɐ, *óvalo*-óbɐlo, *tímpano*-tímpɐno.

VOCALES VELARES

58. *O* CERRADA: ort. *o*, fon. o.— Los labios avanzan
un poco hacia fuera, abocinándose y dando a su abertura una forma ovalada; abertura de las mandíbulas,
unos 6 mm. entre los incisivos; la lengua se recoge
hacia el fondo de la boca, elevándose por la parte
posterior contra el velo del paladar; la punta de la
lengua desciende hasta tocar los alvéolos inferiores; tensión, media.

El timbre de esta o es, en general, menos cerrado
que el de la *o* en fr. *chose*, al. *Dose*. Esta diferencia debe ser

tenida en cuenta especialmente por los estudiantes de lengua alemana; el pronunciar, por ejemplo, las palabras españolas *novia, modo, come,* etc., con una *o* como la del al. *Dose, Rose, Ofen,* etc., es emplear un sonido demasiado cerrado y oscuro para la costumbre del oído español. Puede decirse que en pronunciación española no existe una *o* propiamente cerrada. En este caso como en el de la *e,* lo que llamamos cerrado en español representa una modalidad del sonido menos distante del tipo abierto que en otros idiomas.

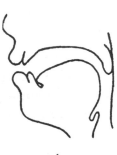

o cerrada.

Los estudiantes de lengua inglesa necesitan, por su parte, habituarse a pronunciar la *o* cerrada española como un sonido puro y uniforme, sin la diptongación que suelen efectuar diciendo algo como *to^uno, no^uta,* por *tono, nota,* etc.

Es cerrada en español, dentro del concepto indicado, toda *o* situada en sílaba libre con acento principal o secundario. Ejemplos: *llamó*-ḻamó, *recibió*-r̄ęθıbjó, *boda*-bóde, *moda*-móde, *pollo*-pólꝏ, *olla*-óle, *coche*-kóĉə, *hoyo*-óyꝏ, *adobe*-aḍóbə, *hermosa*-ęrmóse, *decoro*-dekórꝏ, *esposa*-espóse, *soñar*-soṇáɹ, *bodega*-boḍege, *moral*-morạl, *cocido*-koθíd꜐, *posada*-posáde.

Exceptúase la *o* acentuada de las formas *ahora, batahola,* etc., comprendidas en el párrafo siguiente.

La *o* se pronuncia más cerrada que de ordinario, cuando, hallándose al fin de una palabra, forma diptongo con una *u* inicial de la palabra siguiente: *compró una casa*-kọmpró ụne káse, *pueblo humilde*-pwéblo ụmị̣ldə, *poco usado*-póko ụsád꜐.

59. *O* ABIERTA: ort. *o*, fon. ǫ.— Abertura labial mayor que en la o del párrafo precedente; separación de las mandíbulas, unos 8 mm. entre los incisivos; la lengua se recoge también hacia el fondo de la boca elevándose contra el velo del paladar algo menos que en la o cerrada. Sonido semejante al de la o del fr. *note,* al. *Sonne*; no tan abierto como el del fr. *or*, ingl. *for.*

Se pronuncia la o abierta en los siguientes casos:

a) En contacto con una r̄ vibrante múltiple, tanto si la r̄ sigue a la o como si la precede: *gorra-*gǫ́r̄ɐ, *borrar-*bǫr̄áɹ, *roca-*r̄ǫ́kɐ, *rosa-*r̄ǫ́sɐ, *correr-*kǫr̄éɹ, *romero-*r̄ǫmérɐ, *robusto-*r̄ǫbu̦ʂtɐ, *cerro-*θér̄ɐ.

b) Delante del sonido x, correspondiente en la escritura ordinaria a *j* y *g* (*ge, gi*): *hoja-*ǫ́xɐ, *manojo-*manǫ́xɐ, *mojar-*mǫxáɹ, *escoger-*eskǫxéɹ.

c) En el diptongo *oi* u *oy:* *estoico-*eʂtǫ́iko, *heroico-*erǫ́iko, *doy-* dǫ́i̦, *soy-*sǫi̦, *voy-*bǫ́i̦, *hoy-*ǫ́i̦, *estoy-*eʂtǫ́i̦.

d) En sílaba trabada por cualquier consonante: *sordo-*sǫ́rdɐ, *golpe-*gǫ́lpə, *costa-*kǫ́ʂtɐ,

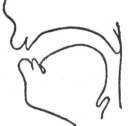

o abierta.

*conde-*kǫ́n̦de, *dogma-*dǫ́gmɐ, *portero-*pǫrtérɐ, *costura-*kǫʂtúrɐ, *adoptar-*adǫptáɹ, *indocto-*in̦dǫ́ktɐ, *favor-*faḇǫ́ɹ, *sol-*sǫ́l, *razón-*r̄aθǫ́n, *boj-*bǫ́x, *dos-*dǫ́s.

e) En posición acentuada, entre una a precedente y una r o *l* siguientes: *ahora-*a̦ǫ́rɐ, *la hora-*la̦ ǫ́rɐ, *batahola-*bata̦ǫ́lɐ, *la ola-*la̦ ǫ́lɐ. No es abierta en *Mahoma-*ma̦ómɐ, *ahogo-*a̦ógɐ, *para otro-*para̦ ótrɐ, etc.

Como en el caso de la *e*, en algunas zonas del Sur de España la *o* se pronuncia, en general, con timbre abierto, aun en formas como *cantó, moda, loca,* etc., no sien-

do extraño encontrar esta pronunciación, entre personas
de dicha procedencia, en cualquier otra parte del país,
lo cual no significa que la *o* en sílaba libre sea abierta
ni indistintamente abierta o cerrada en la pronunciación
castellana normal.

60.   *O* RELAJADA: ort. *o*, fon. ǫ.— En la conversación
ordinaria, la *o* débil, final, ante pausa, o interior de
palabra o grupo, entre sílabas fuertes, se pronuncia con
articulación relajada e imprecisa, sin que las mandíbulas
se separen tanto como en los dos casos anteriores, sin
que los labios pasen de iniciar simplemente su redondeamiento, y sin que la lengua tome una posición segura
y fija; pero en el momento en que la pronunciación se
hace lenta, esmerada o enfática, la *o* relajada desaparece,
siendo sustituida por el sonido normal, cerrado o abierto, que a cada caso corresponda, § 44. Ejemplos: *castigo-*
kaştígǫ, *muchacho-***muĉáĉǫ**, *queso-***késǫ**, *adorar-***adǫráɹ**,
*temporal-***tempǫráḷ**, *redomado-***r̄ędǫmádǫ**, *ignorancia-*
ignǫráŋθɪɐ, *símbolo-***símbǫlo**, *época-***épǫka**.

La conjunción *o* en los grupos *aoa, eoe, aoe, eoa,*
desempeñando un papel semejante al de las conjunciones
y, u intervocálicas, §§ 50 y 65, constituye el elemento
que divide silábicamente a las dos vocales que la rodean,
§ 136, y toma en la pronunciación corriente cierto carácter de consonante labiovelar, aunque siempre más
abierta y vocálica que una w ordinaria: *blanca o azul-*
blán-ka-ǫa-θúl, *madre o esposa-***má-đre-ǫes-pó-sɐ**, *habla o*
*escribe-***á-blạ-ǫes-krí-bə**, *dulce o amargo-***dúḷ-θe-ǫa-már-gǫ**,
*este o aquel-***éş-te-ǫa-kéḷ**, etc.

Para la pronunciación de la *o* en sinéresis y en
sinalefa, véanse §§ 68 y 69.

61.   *U* CERRADA: ort. *u*, fon. **u**.— Los labios, más
avanzados y abocinados que en la o, forman una abertura

ovalada relativamente pequeña; separación de las mandíbulas, unos 4 mm. entre los incisivos; la lengua se
recoge hacia el fondo de la boca,
elevándose más que en la *o*, por
su parte posterior, contra el velo
del paladar; la punta de la lengua, al nivel de los alvéolos inferiores, se separa un poco de
éstos o sólo los roza suavemente,
manteniéndose como suspendida
en el hueco de la mandíbula inferior; tensión muscular, media.

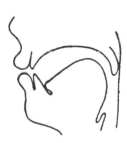

u cerrada.

Sonido semejante al del fr. *tout*, al. *du*. Ingleses y angloamericanos suelen no hacer la *u* española con articulación bastante uniforme y cerrada ni con el necesario
avanzamiento y redondeamiento labial.

Se usa corrientemente dicha **u** cerrada, en la conversación ordinaria, en sílaba libre con acento, y también
en sílaba libre sin acento, en pronunciación lenta o
esmerada. Ejemplos: *cura-**kúre***, *ninguno-**niŋgúne***, *agudo-*
agúde, *bulla-**búļe***, *pezuña-**peθúпe***, *puño-**púпe***, *escudo-*
eskúde, *tubo-**túbe***, *abertura-**abertúre***, *aceituna-**aθeitúne***,
*pureza-**puréθe***, *mudanza-**mudáпθe***, *cuñado-**kuпáde***.

62. *U* ABIERTA: ort. *u*, fon. **u**.— Posición de los
labios, un poco menos avanzada y abocinada que en la
u; mandíbulas, menos cerradas; la elevación de la zona
posterior del dorso de la lengua contra el velo del
paladar es asimismo algo menor que en la **u**; tensión,
relativamente débil; timbre, aunque no tan abierto, próximo al de la *u* del al. *Gurt, Mund*; la semejanza es
menor respecto al ingl. *put*; la *u* inglesa representada
por este ejemplo es más abierta que la **u** española. La
distancia entre los sonidos **u** y **u** es en español relativa-

mente pequeña; ingleses y angloamericanos suelen hacer de ordinario demasiado abierto el sonido español ụ.

Úsase dicha ụ abierta en los siguientes casos:

a) En contacto con r̄: *bandurria*-baṇd̶úr̄je, *discurre*-diskụr̄ə, *turrón*-tụr̄ón, *arruga*-ar̄úge, *rumor*-r̄ụmóɹ.

b) Delante del sonido x, correspondiente a *j* o *g*: *lujo*-lúxɔ, *dibujo*-dib̶úxɔ, *muge*-mụ́xə, *aguja*-agụ́xa, *rugir*-r̄ụxíɹ, *sujeto*-sụxétɔ, *empujar*-empụxáɹ.

c) En sílaba trabada: *turco*-tụ́rkɔ, *zurdo*-θụ́rd̶ɔ *insulto*-iṇsụ́ltɔ, *conducta*-koṇdúkte, *disgusto*-dizgụ́stɔ, *junta*-xụ́ṇte; *subterráneo*-sụbtęr̄ánɔɔ, *instructor*-iⁿṣtrụktóɹ.

63. *U* RELAJADA: ort. *u*, fon. ụ̈.— En pronunciación rápida y posición débil, entre un acento principal y otro secundario, se produce una *u* breve y relajada; los labios no se redondean como en los sonidos u y ụ, ni la lengua se recoge hacia atrás en forma tan decidida y precisa como en dichos sonidos. El timbre de esta ụ̈ tiende principalmente hacia la ụ abierta; pero varía con gran facilidad, según la rapidez, el descuido y el tono con que se habla. La pronunciación lenta y cuidada convierte la ụ̈ en u o en ụ, con arreglo a las circunstancias que acompañen a cada caso, § 44. Ejemplos: *brújula*-brúxụ̈la, *capítulo*-kapítụ̈lo, *ridículo*-r̄iḍíkụ̈lo, *fabuloso*-fabụ̈lósɔ, *cinturón*-θiṇtụ̈rón, *indudable*-iṇdụ̈d̶áblə.

64. *U* SEMIVOCAL: ort. *u*, fon. ụ̯.— Su articulación consiste en el breve movimiento que realizan los órganos para pasar desde la posición de una vocal precedente a la de una *u*, que antes de desarrollarse bajo una forma determinada es interrumpida por la articulación o pausa siguientes. Los órganos, al fin de este movimiento de aproximación, forman una doble estrechez, linguo-velar y bilabial, que aun tendiendo al tipo fricativo, mantiene claramente su timbre vocálico de *u* más

o menos cerrada. El sonido que resulta es semejante al de la *u* en al. *Laut*; los extranjeros de lengua inglesa no suelen dar a la *u* semivocal española el grado de redondeamiento labial y de velarización a que ordinariamente llega este sonido. Dichas circunstancias hacen que la ṷ semivocal española, en la pronunciación normal, aparezca corrientemente más cerca de la *u* de *cuba* o *burla*, según los casos, que la que se pronuncia, por ejemplo, en ingl. *out*.

Ocurre la ṷ en los diptongos *au, eu, ou,* tanto dentro de palabra como en el enlace de palabras distintas: *causa*-ká̤u̦se, *cauce*-ká̤u̦θə, *incauto*-iŋká̤u̦tə, *infausto*-i̦mfá̤u̦ṣto, *raudo*-rá̤u̦də, *feudo*-fé̤u̦də, *caudal*-kau̦dá̤l, *la urbanidad*-lau̦rbani̦dá̤d, *lo humilló*-lou̦mi̦ló.

65. *U* SEMICONSONANTE. ort, *u*, fon. **w**.— Al contrario de lo que sucede en la ṷ semivocal, la articulación de la **w** consiste precisamente en el movimiento que realizan los órganos al pasar de una manera rápida desde una posición labiovelar relativamente cerrada a la posición de cualquier otra vocal siguiente; la articulación de la ṷ empieza más abierta que acaba; la de la **w**, por el contrario, como la de la **j**, § 49, empieza casi tan cerrada como una consonante fricativa y se abre gradualmente sin detenerse en ningún punto determinado hasta ser interrumpida por la vocal siguiente.

En pronunciación dialectal la **w**, en sílaba acentuada y precedida de **p, t, k,** suele perder parcial o totalmente su sonoridad: *puerta, tuerto, cuatro*; esto mismo suele ocurrir, hablando español, entre personas de lengua alemana o inglesa. La pronunciación española correcta no presenta dicho ensordecimiento sino en casos poco frecuentes de defecto personal o de articulación excepcionalmente fuerte y afectada.

A veces la **w** aparece entre vocales, *ahuecar*, o en posición inicial absoluta, *hueso,* y en estos casos el punto de partida de su articulación toma aún más carácter de consonante que cuando va dentro de sílaba entre consonante y vocal; los labios se aproximan más entre sí y la lengua se acerca más al velo del paladar, llegando especialmente en la conversación familiar a desarrollarse delante de dicha **w** una verdadera consonante que, según predomine la estrechez de los órganos en uno u otro punto, aparece como una **g** labializada o, menos frecuentemente, como una **ƀ** velarizada: *ahuecar*-**awekáɹ, agwekáɹ** o **aƀwekáɹ**; *hueso*-**wésɔ, gwésɔ** o **ƀwésɔ** [1].

Algunos extranjeros, y especialmente los alemanes, suelen marcar la acción de los labios en nuestra **w** inicial menos de lo que la costumbre española requiere. Son sonidos análogos los del fr. *oui, loi*; ingl. *we.* Ejemplos de **w** inicial: *hueso*-**wésɔ,** *hueco*-**wékɔ,** *huella*-**wéⱡɐ,** *huérfano*-**wɛ́rfɐno,** *huésped*-**wéspeḓ,** etc.; interior de sílaba: *puerta*-**pwɛ́rtɐ,** *tuerto*-**twɛ́rtɔ,** *cuerda*-**kwɛ́rdɐ,** *fuerza*-**fwɛ́rθɐ,** *suerte*-**swɛ́rtɔ,** *agua*-**agwɐ;** intervocálica: *ahuecar*-**awekáɹ,** *ahuesado*-**awesáḓɔ,** *la huerta*-**lawɛ́rtɐ.**

La conjunción *u,* usada solamente, como es sabido, delante de palabras que empiezan con *o,* se pronuncia de ordinario como una **w** algo más abierta que en los demás casos: *una u otra*-**úna wótrɐ,** *siete u ocho*-**sjéte wóĉo,** *desdén u orgullo*-**deẕdén worgúⱡɔ.** Delante de esta **w** no suele desarrollarse, ni aun en pronunciación vulgar, el elemento consonántico de que antes se ha hablado.

---

[1] El habla vulgar lleva corrientemente este elemento hasta el grado oclusivo cuando la **w** es inicial absoluta o va precedida de nasal: *huevo*-**gwéƀɔ** o **bwéƀɔ,** *un hueso*-**úŋ gwésɔ** o **úm bwésɔ.**

66. DIPTONGOS.— Las vocales *i, u,* combinadas entre sí o acompañada cada una de ellas por otra vocal dentro de una misma palabra, forman el grupo fonético que se llama **diptongo**. La *i* y la *u* se pronuncian, según queda dicho, como semivocales, §§ 48 y 64, cuando van al fin del diptongo, y como semiconsonantes, §§ 49 y 65, cuando van al principio. De las vocales *e, o,* queda dicho también que ante la semivocal i̯ resultan relativamente abiertas, §§ 52 y 59. La *a*, por su parte, ante la u̯, se hace un poco velar, § 56. La *o* ante esa misma u̯ alcanza su matiz más cerrado, § 58. En los grupos *iu, ui* predomina siempre como principal elemento del diptongo la segunda vocal, reduciéndose la primera a semiconsonante. Los diptongos decrecientes, formados por vocal y semivocal, son: *ai* o *ay*-ai̯, *au*-au̯, *ei* o *ey*-ei̯, *eu*-eu̯, *oi* u *oy*-oi̯, *ou*-ou̯. Los diptongos crecientes, formados por semiconsonante y vocal, son: *ia*-ja, *ie*-je, *io*-jo, *iu*-ju, *ua*-wa, *ue*-we, *ui*-wi, *uo*-wo. Ejemplos: *baile*-bai̯lǝ, *hay*-ái̯, *causa*-káu̯sɐ, *aceite*-aθéi̯tǝ, *ley*-léi̯, *feudal*-feu̯dál, *heroico*-erói̯ko, *hoy*-ói̯, *bou*-bóu̯, *aciego*-aθjágo, *viejo*-bjéxo, *sabio*-sábjo, *ciudad*-θju̯đáđ, *cuadro*-kwáđro, *fuerza*-fwérθɐ, *vacuo*-bákwo, *cuida*-kwíđɐ [1].

67. TRIPTONGOS.— La presencia de los sonidos *i, u,* en una misma palabra, al principio y al fin de un grupo vocálico cuyo elemento central y predominante sea *a* o *e* da lugar a los **triptongos** *iai*-jai̯, *iei*-jei̯ *uai*-wai̯, *uei*-wei̯. El triptongo empieza con movimiento articulatorio de abertura creciente y termina con abertura decreciente. El primer elemento es una semiconsonante; el último,

---

[1] En algunas partes del Norte de España se pronuncia *cuida*-kúi̯đɐ, *descuido*-deskúi̯đo, *cuita*-kúi̯tɐ, *muy*-múi̯, con preponderancia de la *u*. En el resto del país lo corriente es kwíđɐ, deskwíđo, kwitɐ, mwí, con preponderancia de la i.

una semivocal. La *a*, en los triptongos citados, especialmente en **jai̯**, adquiere cierto matiz palatal. La *e* es normalmente abierta, del mismo modo que en el diptongo *ei*, sin que el hallarse entre dos elementos palatales, como ocurre en **je̞i̯**, impida su abertura. Ejemplos: *despreciáis*-**despreθjái̯s**, *limpiéis*-**li̯mpjé̞i̯s**, *averiguáis*-**aßeri̯gwái̯s**, *santigüéis*-**sa̯nti̯gwé̞i̯s**, *buey*-**bwe̞i̯**.

68. HIATO Y SINÉRESIS.— Con frecuencia aparecen juntas, dentro de una misma palabra, dos vocales que no forman diptongo, sino que por tradición gramatical constituyen sílabas distintas. Al efecto prosódico que produce la pronunciación de las vocales colocadas en dicha posición se le llama **hiato**. La lengua hablada no se ajusta siempre en este punto a la tradición gramatical. El uso consiente que en ciertos casos las vocales que se hallan en hiato se reduzcan a una sola sílaba. A esta reducción se le da el nombre de sinéresis. Las circunstancias en que se mantiene el hiato o se practica la **sinéresis** se explican en los §§ 136-149. La sinéresis suele producir modificaciones importantes en la pronunciación de las vocales a que afecta.

a) Vocales iguales se reducen en sinéresis a una sola vocal de cualidad y duración ordinarias:

	hiato	sinéresis
albahcca	a̯l-ba-á-ke	a̯l-bá-ke
acreedores	a-kre-e-dó-rəs	a-kre-dó-ɹəs
nihilista	ni-i-li̯ṣ-te	ni-lí̯ṣ-te
alcohol	a̯l-ko-ó̯l	a̯l-kó̯l

b) La *i* y la *u*, pronunciadas en hiato como vocales corrientes, se convierten por sinéresis en semivocales o semiconsonantes, como en los diptongos o triptongos:

	hiato	sinéresis
viaje	bi-ạ́-xə	bjạ́-xə
suave	su-á-bə	swá-be
cruel	kr̄u-ę́l	krwę́l
aún	ạ-ų́n	ạ́ų n
ahí	a-í	áị̯ [1]

En las combinaciones *iu, ui,* el elemento que se modifica al producirse la sinéresis es siempre el primero de cada grupo: *viuda, ruido,* con hiato, **bi-ú-đɐ, r̄ų-í-đɔ;** con sinéresis, **bjú-đɐ, r̄wí-đɔ,** § 149.

c) Las vocales *e, o,* delante de *a,* se pronuncian asimismo, en hiato, como vocales ordinarias, con el timbre abierto o cerrado que en cada caso les corresponda, según las circunstancias en que se hallen, es decir, pronunciándose siempre como vocales cerradas menos cuando van precedidas de r̄ que se oyen con timbre abierto; en sinéresis, se cierran y abrevian, relajando su articulación, apagando su sonido y produciéndose, aunque con mayor abertura, con un movimiento análogo al de las semiconsonantes **j, w.** Dada la poca fijeza y precisión de su timbre, y atendiendo además a

---

[1] La pronunciación vulgar reduce corrientemente a una sola sílaba cualquier grupo vocálico de esta especie: *país*-**páịs**, *maíz*-**máịθ**, *haúl*-**báụl**, etc. En la América española este uso se halla también, más o menos desarrollado, aun entre las personas instruídas. En el ambiente culto de Castilla, fuera de ciertas ocasiones en que se admite la sinéresis de dichas formas, § 145, la pronunciación **páịs, máịθ,** etc., tiene un carácter marcadamente vulgar. En *aún, ahí, había, día,* y en algunos otros casos, alteran el hiato y la sinéresis con arreglo a las circunstancias que se indican en los §§ 147 y 148.

la conveniencia de no complicar demasiado la transcripción, las vocales *e* y *o* pueden ser representadas fonéticamente en este caso con el mismo signo que se viene usando para transcribir sus variantes relajadas:

	hiato	sinéresis
aldeano	aḷ-de-á-nɔ	aḷ-dəá-nɔ
lealtad	le-aḷ-táḍ	ləaḷ-táḍ
línea	lí-ne-a	lí-nəa
toalla	to-á-ḽ	tɔá-ḽ
coagular	ko-a-gu-lár	kɔa-gu-lár̄ [1]

En la palabra *real*, la *e* es abierta en hiato, r̄ę-áḷ, y breve y relajada en sinéresis, r̄əaḷ; la lengua vulgar dice en unas partes r̄jáḷ y en otras r̄áḷ y r̄áḷ: *cuatro reales,* vulg. kwátrɔ r̄jáləs y kwatrɔ r̄áləs; *real y medio,* vulg. r̄jáḷ ɪ médjɔ y r̄áḷ ɪ médjɔ.

d) En los casos en que se encuentran juntas las vocales *e, o,* el elemento que se cierra y abrevia al producirse la sinéresis es, como en las combinaciones *iu, ui,* el que va en primer lugar:

	hiato	sinéresis
empeorar	em-pe-o-rár	em-pəo-rár
teólogo	te-ó-lɔ-go	təó-lɔ-go
niveo	ní-be-o	ní-bəo
incoherente	iŋ-ko-e-réntə	iŋ-kɔe-réntə
cohete	ko-é-tə	kɔé-tə [2]

---

[1] El habla popular hace en muchos de estos casos *ea* > *ja, oa* > **wa**: *teatro* **tjátrɔ**, *pasear*-**pasjár**, *Joaquín*-**xwakín**, *pedazo*-**pjáθɔ**, *todavía*-**twaƀía**, etc. La evolución de *ea* > **ja**, con **j** más o menos cerrada, se da también abundantemente en América hasta en la pronunciación de las personas cultas.

[2] Vulg. *peor*-**pjɔ́r**, *empeorar*-**empjorár**, *cohete*-**kwétə**.

e) Detrás de la *a*, las vocales *e*, *o*, se abrevian y relajan también, pero conservan su propio timbre más claramente que en los casos anteriores, pronunciándose, dentro de su brevedad, con matiz más o menos abierto o cerrado, según las mismas circunstancias que hacen variar el sonido de las vocales *e, o,* ordinarias:

	hiato	sinéresis
traerán	tra-e rán	trae-rán
caen	ká-en	káen
Israel	i̯u-r̄a-él	i̯u-r̄á-el
ahogado	a̭-o-gá-d̥o	a̭o-gá-d̥o
ahora	a̭-ó-ra	áo-re
extraordinario	es̬-tra̭ o̭r-di-ná-ri̯o	es̬-tra̭o̭r-di̯-ná-ri̯o
Bilbao	bi̯l-ba̭-o	bi̯l-báo [1]

69. Sinalefa.— El encuentro de vocales que resulta del contacto de las palabras en la frase da también lugar a casos de hiato o contracción análogos a los indicados en el § 68. Al grupo de vocales formado por el enlace de las palabras y pronunciado en una sola sílaba se le da el nombre de **sinalefa**. Dentro de la palabra nunca se juntan más de tres vocales en una sílaba. Del enlace de unas palabras con otras resultan frecuentemente grupos vocálicos hasta de cinco o seis elementos. Las circunstancias en que se produce o deja de producirse la sinalefa se explican en los §§ 136-143.

---

[1] Vulg. *traerán*-trai̯rán, *caen*-káin. En *extraordinario* la velarización de la *a* y la abertura de la *o* dan lugar a que dicha palabra se oiga con frecuencia con reducción de las dos vocales a un solo sonido, entre a̭ y o̭. En *Bilbao, bacalao*, etc., la *o* final, en sinéresis, en pronunciación vulgar es normalmente cerrada, con tendencia a *u* más o menos abierta; en algunas regiones se oye en realidad una u: bi̯lbáu, bakeláu.

Cuando dos o más vocales diferentes se pronuncian en una sola sílaba, su enlace, como se ha visto en los diptohgos, triptongos y sinéresis, se convierte en una íntima compenetración en que cada sonido, sin dejar de distinguirse de los demás, se modifica más o menos, perdiendo algo de su propio carácter. Las vocales que más pierden son las de menor perceptibilidad. En igualdad de circunstancias respecto al acento, la vocal más abierta o perceptible es la que mejor conserva su cantidad y su timbre, constituyendo en el grupo silábico el elemento predominante.

Las principales modificaciones que las vocales experimentan al contraerse en sinalefa son las mismas que se han indicado con relación a la sinéresis. La *i* y la *u* se reducen a semiconsonantes o semivocales, según se hallen respectivamente al principio o al fin del grupo vocálico. La *e* y la *o* se abrevian y relajan, inclinándose al tipo cerrado o al abierto, según la influencia de los sonidos vecinos y según también su posición en el grupo. La vocal menos variable es la *a*, sin que esto signifique que no se deje asimismo influir hasta cierto punto por las otras, y en especial por las velares *o, u*.

La reunión de las vocales en sinalefa ofrece multitud de combinaciones distintas. Los siguientes ejemplos, sin tratar de presentar la serie completa de dichas combinaciones, darán idea de su abundancia y variedad [1]. La presencia de una *h* ortográfica entre las vocales no impide la sinalefa. En la transcripción de cada ejemplo van comprendidas entre paréntesis no sólo las vocales que constituyen la sinalefa, sino también las

---

[1] Una extensa exposición de esta materia, con numerosos ejemplos sacados de los poetas, puede verse en E. Benot, *Prosodia castellana y versificación*, Madrid, 1892 II, 297 y sigs.

consonantes que integran en cada caso el conjunto silábico
a que la sinalefa corresponde:

aa	escalera arriba	eskalé(ra a)r̄íbɐ
ae	amada esposa	amá(đa es)pósɐ
ai	oferta injusta	ofér̦(ta i̦n)xúștɐ
ao	palabra osada	palá(ɐr̦a o)sádɐ
au	casa humilde	ká(șa u̦)mí̦ldə
ea	quiere hablar	kjé(rə a)ƀlár
ee	puede escribir	pwé(đe es)kr̦íƀɹ̦
ei	nombre ilustre	nő̃m(brę i̦)lúștrə
eo	tiene orgullo	tjén(ə o̦r)gú̦l̦o
eu	gente humilde	xé̦n(te u̦)mí̦ldə
ia	casi apagado	ka(sj a)pɐgádo̦
ie	mi esperanza	(mj es)pərá̦n̦θɐ
ii	casi imposible	ka(ș i̦m)pɔsíblə
io	mi obligación	(mj o)ƀligaθjǫ́n
iu	ni una vez	(nj ú)na ƀéθ
oa	grito agudo	grí(to a)gúdo̦
oe	poco esfuerzo	pó(ko es)fwę́rθo̦
oi	negro infierno	né(gro̦ i̦m)fjérno̦
oo	cuarto oscuro	kwár(to̦ o̦s)kúro̦
ou	engaño humano	eŋgá(ṇo u̦)mã̃no̦
ua	su amistad	(sw a)mi̦ștáđ̦
ue	ímpetu espantoso	í̦mpə(tw es)pa̦ntóso̦
ui	tribu ingrata	tri(ɐw i̦n)grátɐ
uo	por su honor	po̦r (sw o)nǫ́r
uu	espíritu humano	espír̦ɹ̦(tu u̦)mã̃no̦
aaa	llega a adorar	llé(ga a a)đo̦rár
aae	iba a encender	iƀ(a a e̦ŋ)θe̦ndér
aai	venganza airada	beŋgá̦n̦(θa ai̦)rádɐ
aao	estaba ahogada	eștá(ƀa ao)gádo̦ɐ
aau	rosada aurora	r̄o̦sá(đa au̦)rórɐ
aeu	culta Europa	kú̦l̦(ta eu̦)rópɐ
eaa	aprende a hablar	aprę́n(də a a)ƀlár
eae	áurea espada	á̦u̦(rəa es)pádɐ
eai	muerte airada	mwę́r(tə ai̦)rádɐ
euo	presume ahondar	presú(mə aon)dár
eau	frente augusta	fré̦n(tə au̦)gú̦ștɐ

eoe	virgíneo encanto	bi̜rxí(nəo eŋ)káņtɔ
iaa	noticia alegre	notí(θja a)légrə
iae	regia estirpe	r̄ę́(xja eʂ)tí̜rpə
iai	gloria inmortal	gló(rja i̜m̩)mɔrtáļ
iao	estancia oculta	eʂtáņ(θja̜ o)kúļtɐ
iau	justicia humana	xu̜ʂti(θja̜ u̜)mãnɐ
iea	nadie acude	ná(əjə a)kúdə
ioa	genio astuto	xé(njɔ aʂ)tútɔ
ioe	silencio elocuente	silę́ŋ(θjo e)lɔkwéņtə
ioi	ocio inútil	óθ(jo̜ i̜)núti̜l
ioo	necio orgullo	né(θjo̜ o̜r)gúļɔ
iou	sitio umbroso	sí(tjo u̜m)brósɔ
oaa	vuelvo a atarlo	bwę́l(bɔ a a)tárlɔ
oae	vengo a empezar	béŋ(gɔ a em)pəθár
oai	cuerpo airoso	kwę́r(pɔ ai̜)rósɔ
oao	dispuesto a obedecer	di̜spwéʂ(tɔ a̜ o)bedəθę́r
oau	fausto auspicio	fáu̜ʂ(tɔ a̜u̜s)pí̜θjo
uaa	antigua altivez	aņtí(gwa̜ a̜l)ti̜béθ
uae	lengua extraña	léŋ(gwa eʂ)tráņɐ
uai	estatua inmóvil	eʂtá(twa i̜m̩)móbi̜l
uao	agua olorosa	á(gwa̜ o)lɔrósɐ
uau	~~fatua humanidad~~	~~fá(twa̜ u̜)maņi̜dáḓ~~
uoa	mutuo amor	mú(twɔ a)mó̜r
uoe	arduo empeño	ár(dwɔ em)peŋɔ
uoi	perpetuo imperio	pe̜rpé(two̜ i̜m)pérjɔ
uoe	continuo elogio	ko̜ntí(nwɔ e)ló̜xjɔ
uou	monstruo humano	mó̜ⁿʂ(trwo u̜)mãnɔ
iaau	regia autoridad	r̄ę́(xja̜ a̜u̜)tori̜dáḓ
ioae	corrió a esperarlo	ko̜(r̄jɔ á es)pərárlɔ
ioau	palacio augusto	palá(θjɔ a̜u̜)gúʂtɔ
uoau	inicuo augurio	iní(kwo a̜u̜)gúrjɔ
ioaeu	envidio a Eusebio	embí(djɔ a əu̜)sébjɔ

70. RESUMEN.— Las cinco vocales ordinarias aparecen bajo tres modalidades distintas. La *a* puede ser media, a; velar, a̜; relajada, ɐ. Las demás vocales pueden ser cerradas e, i, o, u; abiertas, ę, i̜, o̜, u̜, relajadas, ə, i̜, ɔ, u̜. Las diferencias que distinguen entre sí las

tres modalidades de cada vocal son relativamente pequeñas; pero resultan desde luego suficientemente perceptibles para que deban ser tenidas en cuenta no sólo
en el análisis fonético especial, sino en la enseñanza
práctica del idioma. Entre las abiertas ę, ǫ y las cerradas
e, o, la diferencia es más perceptible que entre į, ų y sus
correspondientes i, u. En este sentido, la a media y la ą
velar se hallan aproximadamente entre sí a la misma
distancia que e de ę y o de ǫ.

Son abiertas las vocales *e, o, i, u* en las siguientes
circunstancias comunes: 1.ª, en contacto con r̄; 2.ª, delante de x (*g, j*), y 3.ª, en sílaba trabada. La e y la o son
abiertas, además, en los diptongos *ei, oi*, y la *o*, en
ahora, la ola, etc. En sílaba trabada por *d, m, n, s, x, z*,
la *e* no es abierta.

Cuando se reunen varias vocales en una misma sílaba, todas ellas, con excepción de la más abierta de cada
grupo, que es la que constituye el centro del núcleo
silábico, se pronuncian con un rápido movimiento articulatorio, el cual tiende hacia la abertura o la estrechez,
según se trate de la parte creciente o decreciente de
dicho núcleo. Los efectos de esta modificación sobre las
vocales *i, u*, dan lugar a que se produzcan en muchos
casos las semiconsonantes **j, w** y las semivocales į, ų.

Las vocales cerradas españolas, según queda dicho,
no son tan cerradas como las de otros idiomas, ni las
abiertas tan abiertas. De aquí que para el oído de
algunos extranjeros las primeras hayan podido parecer
relativamente abiertas, en tanto que las últimas no han
sido consideradas con bastante abertura para merecer
ser tenidas en el concepto de vocales propiamente abiertas. Las relajadas no llegan sino a un grado relati-

vamente pequeño de deformación y desvanecimiento, recobrando con gran facilidad el carácter de vocales normáles. El empleo del matiz abierto por el cerrado o viceversa, dentro de cada tipo, no afecta a la significación de las palabras. Estos hechos han servido de base a la divulgada y errónea opinión de que las vocales españolas son pura y simplemente los cinco fonemas fundamentales **a**, **e**, **i**, **o**, **u**, con un sólo e invariable sonido para cada vocal.

El análisis metódico de esta materia revela las diferencias de timbre señaladas en los párrafos anteriores. Sin exagerarlas ni disminuirlas, consideradas en su propia proporción y medida, dichas diferencias desempeñan un papel importante en el mecanismo fonético de la lengua española. Aunque la significación de las palabras no varíe, el hecho es que la forma *fecha*, por ejemplo, no parece bien con la *e* de *guerra*, ni *guerra* con la *e* de *fecha*. Varios de los rasgos que distinguen la pronunciación correcta de la vulgar o dialectal, consisten precisamente en que en determinados casos, las vocales, aun hallándose en las mismas circunstancias, presentan diferente matiz, según la modalidad social o dialectal de que se trate.

Las vocales representan aproximadamente el 50 % del material fonético del idioma español. Las consonantes, aunque forman una serie más numerosa que la de las vocales, no entran en mayor proporción que éstas en la composición de las palabras. Hay varias consonantes de uso relativamente escaso, § 132. En cuanto a duración, las consonantes y las vocales, como veremos después, se mantienen también, de ordinario, dentro de límites muy semejante. La vocal más frecuente es la *a*. En el recuento de varios trozos, el orden de frecuencia en que han resultado las cinco vocales, dentro del 50 % indicado, ha sido: *a*, 16 %; *e*, 14; *o*, 10,4; *i*, 6; *u*, 3,6. Las variantes abiertas ę, ǫ, en la pronunciación española normal, son menos frecuentes que las cerradas **e**, **o**. En el habla regional de algunas provincias del Sur, las variantes cerradas son, por el contrario, menos frecuentes que las abiertas.

No existen en la pronunciación española vocales anteriores labializadas o mixtas, como la ü y la ö del francés y del alemán; ni relajadas, como en portugués y en inglés; ni nasalizadas, como en francés y portugués; ni largas y breves, como en alemán. Se puede decir con Storm que la brevedad, la claridad y la precisión son los rasgos característicos de las vocales españolas [1]. Menéndez Pidal ha indicado oportunamente que la gran uniformidad fonética del español, «mayor, por ejemplo, que la de las otras dos grandes lenguas europeas extendidas por América, se debe en gran parte a la sencillez, claridad y firmeza de nuestro sistema vocálico» [2].

[1] J. STORM, *Romanische Quantität*, en *Phonetische Studien*, Marburgo, 1889, II, 148.

[2] R. MENÉNDEZ PIDAL, Prólogo al *Primer of Spanish Pronunciation*, de T. Navarro Tomás y Aurelio M. Espinosa, New York, 1926, pág. XII.

PRONUNCIACIÓN
DE LAS CONSONANTES

71. TENSIÓN MUSCULAR.— El grado de tensión con que se articulan las consonantes españolas varía según diferentes circunstancias, y principalmente según la posición del sonido con respecto al acento de intensidad; es más tensa, por ejemplo, la θ en *cierto*-θjérto, que en *certidumbre*-θẹrtɪdụ́mbre, y asimismo la s en *jamás*-xamás, es más tensa que en *lunes*-lúnəs, etc. Las oclusivas p, t, k acentuadas se debilitan en muchos casos, convirtiéndose en fricativas más o menos sonoras: *eclipsar*-eklị̆bsáɹ, *aritmética*-arị̆dmétɪka, *tecnicismo*-tẹgnɪθizmo, mientras que en casos semejantes estas mismas consonantes se pronuncian frecuentemente como oclusivas cuando las sílabas en que ellas se encuentran llevan acento fuerte: *eclipse*-eklịpse, *ritmo*-r̄ɪ́tmo, *técnica*-tẹ́knɪka. Entre las consonantes ƀ, d, g, ŷ, r y sus fricativas correspondientes ƀ, d, g, y, ɹ, las modificaciones del acento de intensidad producen ciertas vacilaciones de articulación, de las cuales iremos dando cuenta en los párrafos que tratan de la pronunciación de dichos sonidos.

72. LA TENSIÓN SEGÚN LA POSICIÓN DEL SONIDO EN EL GRUPO.— En igualdad de circunstancias respecto al acento, la tensión articulatoria de las consonantes varía tam-

bién sensiblemente según su posición en el grupo fonético. Los principales grados o matices que a este respecto conviene en la práctica saber distinguir son dos: *a)* posición inicial, en que la tensión articulatoria es relativamente fuerte, sobre todo si se trata de la posición inicial absoluta: *cima-*θímɐ, *seda-*séđɐ, *racimo-*r̄aθímɔ, *casero-*kaséro; *b)* posición final, en que la tensión es menor, sobre todo por lo que se refiere a la final absoluta: *bizco-*bįθko, *pesca-*péskɐ, *perdiz-*pɐrđįθ, *francés-*frańθés. En el caso de una consonante fricativa final, ante pausa, -*s, -z, -d,* etc., no sólo disminuye la tensión muscular, sino también el impulso de la corriente espirada, resultando un sonido relajado con una fricación muy débil. Los extranjeros, no advertidos sobre este punto, dan de ordinario al sonido de las finales españolas *z* y *s* una fuerza y una duración excesivas. Las oclusivas *p, k* finales de sílaba, ante otra consonante oclusiva se reducen a articulaciones meramente implosivas y se pronuncian asimismo con tensión menor que en posición inicial: *indocto-*įndókto, *concepto-*kọńθéptɔ, *aspecto-*aspɐ́kto, *adoptar-*ađoptár, etc.; a veces, en estos casos, llegan también a pronunciarse simplemente como fricativas más o menos sonoras.

73. OCLUSIVAS PURAS Y OCLUSIVAS ASPIRADAS.— La pronunciación de las consonantes **p, t, k**, iniciales de sílaba, resulta **pura** o **aspirada**, según el momento en que, terminada propiamente la articulación de la consonante, empiezan a vibrar las cuerdas vocales; en uno y otro caso la oclusión es igualmente sorda; la diferencia consiste en el modo de producirse la explosión. En las oclusivas, puras, apenas cesa el contacto de los órganos bucales, empiezan las vibraciones de la glotis, resultando la explosión completamente o en su mayor parte sonora: *padre-* **pádrǝ**, *todo-***tóđo**, *casa-***kásɐ**; en las oclusivas aspira-

das la sonoridad empieza un poco más tarde, percibiéndose durante la explosión un tenue soplo sordo, como una breve *h* aspirada, que se intercala entre la tensión de la consonante oclusiva y el sonido siguiente: *padre*-p^hádre, *todo*-t^hódo, *casa*-k^hása. La pronunciación correcta española emplea únicamente las formas oclusivas puras [1]; las formas aspiradas, frecuentes entre alemanes e ingleses, deben evitarse cuidadosamente [2].

74. Oclusivas sonoras.— En las oclusivas sonoras **b**, **d**, **g**, iniciales absolutas, las vibraciones laríngeas empiezan normalmente en español unas seis o siete centésimas de segundo antes de la explosión. Algunos extranjeros, alemanes e ingleses principalmente, pronuncian estas consonantes en dicha posición con vibraciones laríngeas demasiado tardías o demasiado débiles, de modo que oyéndoles decir, por ejemplo, *baño, bollo, doma, deja, gasto, goma,* resulta para nuestro oído casi como si dijesen *paño, pollo, toma, teja, casto, coma.* Para adquirir la pronunciación española, que en este punto coincide, en general, con la francesa, con la italiana y con la de las demás lenguas neolatinas, debe moderarse un poco la tensión muscular y debe procurarse, ante todo, que las

---

[1] Sobre la duración, intensidad y sonoridad de la explosión de estos sonidos y sobre algunas pequeñas diferencias que entre ellos aparecen, véase S. Gili, *Algunas observaciones sobre la explosión de las oclusivas sordas,* en *Revista de Filología Española,* 1918, V, 45-49.

[2] Pronunciando palabras como *papa, tapa, pata, capa,* etc., un papel de fumar o la llama de una cerilla mantenidos a poca distancia de los labios, experimentarán, con las oclusivas aspiradas, una sacudida brusca y violenta; mientras que en pronunciación correcta española la salida del aire durante la explosión de dichas consonantes sólo produce en el papel o en la llama un movimiento pequeño y suave.

vibraciones laríngeas sean claramente perceptibles antes de la explosión de la consonante, dejando al mismo tiempo una cierta elasticidad a las paredes bucales para que en su cavidad cerrada pueda almacenarse el aire que se escape por la glotis durante la oclusión. Entretanto, el velo del paladar debe mantenerse elevado, impidiendo la salida del aire por las fosas nasales, pues el poner **m**, **n**, **ŋ** delante de **b**, **d**, **g**, respectivamente, como en algunos libros se aconseja, a fin de que estas últimas resulten sonoras, sólo es una torpe e inaceptable imitación de la pronunciación normal.

75. LAS FRICATIVAS **b**, **d**, **g**.— Tres articulaciones particularmente características de la lengua española son las que se representan fonéticamente con los signos **b**, **d**, **g**; se trata de su pronunciación en los §§ 81, 100 y 127; son articulaciones generalmente desconocidas en francés, en inglés y en otros muchos idiomas; en español, por el contrario, son tan frecuentes que apenas hay frase en que no aparezcan varias veces, siendo muchos los casos en que algunos de estos sonidos se repiten o se combinan aun dentro de una misma palabra: *obligado-*obligádo, *agradable-*agradáblə, *avinagrado-*abínadrado, *comedido-*komədído, etc. Su uso es, sin duda, en nuestra pronunciación mucho más frecuente que el de las oclusivas **b**, **d**, **g**, con las cuales alternan de una manera regular, sin llegar a confundirse con ellas sino en casos excepcionales; pero el hecho de ir representadas unas y otras en la escritura corriente por los mismos signos *b, d, g,* y sobre todo el abandono en que, en general, se halla en nuestras escuelas el estudio de la pronunciación, hacen que tales fonemas, no obstante su importancia, sean comúnmente ignorados o mal conocidos aun por aquellos que se dedican a la enseñanza del idio-

ma. En cuanto a los extranjeros que pretendan hablar español, puede asegurarse que sin el dominio de estos sonidos su lenguaje se hallará siempre muy lejos de la pronunciación española correcta.

76. OTROS SONIDOS ESPAÑOLES QUE NO TIENEN REPRE-SENTACIÓN EN LA ORTOGRAFÍA CORRIENTE.— Entre los sonidos que se describen a continuación, hay varios —m̧, z̧, ņ, ḷ, ṭ, z, ɹ, ŷ, ŋ— que, como las consonantes fricativas b̄, d̄, g, se usan inconscientemente; algunos, como ṭ, ḷ, no aparecen con mucha frecuencia; otros, en cambio, como z, ɹ, ņ, ŋ, etc., son, sin duda, mucho más abundantes; pero todos ellos, dentro de las circunstancias que a cada uno corresponden, se producen de una

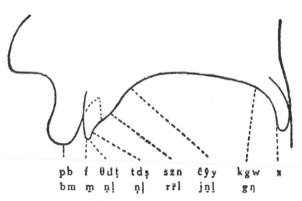

pb f θdṭ tdẓ szn ɛɟy kgw x
bm m̧ ņ! ŋ! rr̃l jṇ! gŋ

Esquema de la clasificación de las consonantes españolas
según el punto de articulación.

manera constante y regular; su enumeración en un catálogo de los sonidos españoles resulta, por consiguiente, indispensable.

77. *H* MUDA.— En la pronunciación correcta española, la *h* no representa la aspiración laríngea que en otros idiomas le corresponde y que en determinados

casos tuvo también, en otro tiempo, en nuestra lengua; la *h* ortográfica es actualmente en nuestra escritura una letra ·muda sin ningún valor fónico: *hoja*-ǫ́xɐ, *ahora*-aǫ́ra, *alcohol*-ạlkǫ́l, *huerta*-wę́rtɐ, *hueco*-wéko, *ahuecar*-awekáɹ, etc.; la antigua aspiración aparece aún, sin embargo, en palabras como *humo, horno,* etc., en pronunciación dialectal [1].

78.— CUADRO DE LAS CONSONANTES ESPAÑOLAS.

	Bilabiales		Labiodentales		Interdentales		Dentales		Alveolares		Palatales		Velares	
	Sorda	Sonora	Sorda	Sonora	Sorda	Sonora	Sorda	Sonora	Sorda	Sonora	Sorda	Sonora	Sorda	Sonora
Oclusivas....	p	b			ţ		t	d					k	g
Nasales......		m		m̦		ṇ		ṇ		n		ɲ		ŋ
Africadas...											ĉ	ŷ		
Fricativas...		b	f		θ	ẓđ	ṣ	ẓ	s	zɹ		yj	x	gw
Laterales....								ḷ	ļ	l		ḽ		
Vibrantes...									r̄r					

[1] Sobre la pronunciación de las consonantes en español antiguo, véase R. J. CUERVO, *Disquisiciones sobre antigua ortografía y pronunciación españolas,* en *Revue Hispanique,* 1895, II, 51-69; R. MENÉNDEZ PIDAL, *Gramática Histórica,* Madrid, 1925, y H. GAVEL, *Essai sur l'évolution de la pronunciation du castillan,* Biarritz, 1920.

CONSONANTES BILABIALES

79. Pronunciación de la *p*.— Bilabial oclusiva sorda; ort. *p*, fon. **p**. Articulación: labios cerrados; abertura de las mandíbulas, unos 5 mm.; la lengua, durante la oclusión de los labios, toma la posición de la articulación siguiente; velo del paladar, cerrado; tensión, media; glotis, muda. Ejemplos: *padre*-**pádrə**, *capa*-**kápɐ**, *copla*-**kóplɐ**, *apretar*-**aprətáɹ**, *templado*-**templádo**, *compra*-**kómprɐ**, *culpa*-**kúlpɐ**, *cuerpo*-**kwérpo**, *despacio*-**despáθjo**.

En contacto con una *t* siguiente, la articulación de la *p* resulta simplemente implosiva; mientras los labios están cerrados, forma la lengua la oclusión de dicha *t* sin dar tiempo a la salida del aire para la explosión de la *p*; tensión muscular, débil. Ejemplos: *apto*-**ápto**, *concepto*-**konθépto**, *reptil*-**ɾ̥eptíl**, *inepto*-**inépto**, *adoptar*-**adoptár**. En pronunciación fa-

p y *b* oclusivas.

miliar esta *p* se reduce con frecuencia a una fricativa bilabial débil más o menos sonorizada; se omite, generalmente, en pronunciación vulgar. El habla correcta admite también su omisión en *septiembre*-**setjémbrə**, *suscriptor*-**suskɾitóɹ**, *séptimo*-**sétimo**, si bien algunas veces, en estas mismas formas, suele oírse la *p* en pronunciación afectada.

Seguida de *c* o *s*, la *p* se mantiene en pronunciación esmerada y fuerte, sobre todo en sílaba acentuada; *cápsula*-**kápsula**, *eclipse*-**eklípse**, *inepcia*-**inépθja**; pero en la pronunciación corriente, y sobre todo en posición inacentuada, la *p* seguida de dichas consonantes toma normalmente el sonido de la fricativa **b**, § 83 [1].

[1] El habla vulgar suprime la *p* de *eclipse*-**eklísə**, y vocaliza

No se pronuncia la *p* en el grupo inicial *ps:* *psicología*-xikslòxíʁ, *psicólogo*-sikólɔgo; en los compuestos con *pseudo* llega ya a omitirse la *p* hasta en la escritura: *seudoerudito, seudocrítica,* etc.; se pierde la *p*, asimismo, en el grupo *pc*, en algunas palabras cultas de uso relativamente frecuente, como *suscripción*-sųskrɪθjón y *transcripción*-traⁿskrɪθjón. Tanto en estas formas como en *psicología* y *psicólogo* suele oírse, sin embargo, la *p* en pronunciación afectada y ceremoniosa.

80.   *B* OCLUSIVA.— Bilabial oclusiva sonora; ort. *b,* fon. **b**. Articulación: glotis, sonora; los demás órganos, como en **p**; tensión muscular, algo menor que en **p**. Hállase en los casos siguientes:

a)   Inicial absoluta después de pausa: *buenos días*-bwénòẕ díʁs, *búscalo*-búskɐlo, *¡basta!*-báṣtɐ.

b)   Interior de grupo en contacto con nasal anterior: *hombre*-ómbrə, *lumbre*-lúmbrə, *sombra*-sómbɹa, *un buen día*-úm hwéɳ díʁ.

En *submarino, submúltiple,* etc. pronúnciase una *b* implosiva muy débil y breve, la cual, muchas veces, se convierte en **m** asimilándose a la **m** siguiente y formando con ella una sola articulación, que resulta un poco más larga que la de la **m** ordinaria y se reparte entre las dos sílabas contiguas: sųᵇmaríno o sųᵐmaríno.

Seguida de *t*, la *b* se articula como **p** en pronunciación lenta o esmerada, y como una **ƀ** más o menos sorda en la pronunciación relajada de la conversación familiar: *obtener*-ǫptenę́r u ǫ̇btənę́ɹ, *obturador*-ǫpturaɖǫ́ɹ u ǫ̇bturɐɖǫ́r, *subterráneo*-sųptę̄ránəo o sų̇btę̄ránəɔ, *subteniente*-sųptenję́ṇte o sų̇btənję́ṇtə.

81.   *B* FRICATIVA.— Bilabial fricativa sonora; ort. *b,*

la de *cápsula*-kaųsula. Es frecuente, aun entre personas instruídas, pronunciar sin *p* la forma *autopsia*-aųtósja.

fon. ƀ. Articulación: labios entreabiertos; glotis, sonora; tensión, débil; el resto de la articulación, como en **p** y **b**. Distínguese, pues, esta **ƀ** de la **b** oclusiva, aparte de su menor tensión muscular, por la posición de los labios, los cuales, en la **ƀ**, en vez de cerrarse por completo como en la **b**, permanecen en-treabiertos, dejando entre uno y otro una hendidura más o me-nos estrecha, según la naturaleza de los sonidos vecinos y según la fuerza de la pronunciación.

b fricativa.

En pronunciación fuerte, la abertura labial de la **b** es más estrecha que en pronunciación débil; inicial de sílaba, en contacto con alguna conso-nante inmediata (*alba, sobre*), es asimismo más estrecha que en posición intervocálica o final de sílaba (*amaba, observar*). En uno y otro caso, sin embargo, llega, en pronunciación enfática, a convertirse fácilmente en *b* oclusiva (*árbol, subyugar*), o en *p* ante consonante sorda (*ábside, obtener*). Menos frecuente es que se convierta en oclusiva una **ƀ** inicial de sílaba interior; pero también puede esto ocurrir en exclamaciones y en casos de pro-nunciación especialmente enérgica.

Se pronuncia, pues, fricativa toda *b* que no se halle en posición inicial absoluta ni precedida de *m* o *n*, que son los casos en que, como queda dicho, aparece el sonido oclusivo. Para pronunciar la **ƀ** de la palabra *lobo*, por ejemplo, la separación entre los labios viene a ser de 1 a 2 mm., como cuando se sopla para apagar una cerilla o para enfriar una cosa caliente. En el Sur de Alemania se pronuncia también una **ƀ** semejante a la española en palabras como *aber, lieber*, etc.

Inicial de sílaba entre vocales: *lobo-*lóƀᴐ, *cuba-*kúƀɐ *subir-*suƀíɹ, *arriba-*arríƀɐ, *rubor-*ɾuƀóɹ, *acabar-*akaƀáɹ, *haba-* áƀɐ, *la boca-*la ƀókɐ, *su boda-*su ƀódɐ.

Inicial de sílaba entre la vocal y consonante: *pobreza-* poƀréθɐ, *cubrir-*kuƀríɹ, *abrigo-*aƀríɡᴐ, *doble-*dóƀlᴐ, *obligación-*oƀlɪɡaθjón, *nobleza-*noƀléθa, *hablador-*aƀlɐdóɹ, *la brocha-*la ƀróĉɐ, *tu blusa-*tu ƀlúsɐ.

Inicial de sílaba entre consonante y vocal: *arboleda-* arƀᴐlédɐ, *turbación-*tuɹƀɐθjón, *estorbo-*eşt̬óɹƀᴐ, *alba-*álƀɐ, *albañil-*a̦lƀɐñíl, *albahaca-*a̦lƀákɐ, *esbelto-*ezƀéļtᴐ, *Luzbel-* luẕƀél, *el bollo-*ęl ƀóļᴐ, *las bocas-*laz ƀókɐs, *por bailar-* pọr ƀa̦iláɹ, *luz bendita-*lúẕ bęndítɐ.

Inicial de sílaba entre consonantes: *albricias-*a̦lƀríθjɐs, *desbrozar-*dezƀroθáɹ, *por bruto-*pọr ƀrúto, *sus brazos-*suẕ- ƀráθᴐs, *tus blasones-*tuẕ ƀlasónᴐs.

Final de sílaba ante consonante sonora: *abnegación-* aƀneɡɐθjón, *abdicar-*aƀdɪkáɹ, *abyección-*aƀyęɡθjón, *sub-* yugar-suƀyuɡúɹ, *subrayar-*suƀɾayáɹ.

Final de sílaba ante consonante sorda: *obcecado-* ọƀ̥θekádᴐ, *abjurar-*aƀ̥xᴚráɹ, *objeto-*ọƀ̥xétᴐ, *ábside-*áƀ̥sɪdᴐ, *absurdo-*aƀ̥súrdᴐ, *subsanar-*suƀ̥sɐnáɹ, *obsesión-*ọƀ̥sᴐsjón.

Final de palabra: *Job-*xóƀ, *Jacob-*xakóƀ, *querub-*kerúƀ.

82. Sᴏɴᴏʀɪᴅᴀᴅ ᴅᴇ ʟᴀ *b* ꜰʀɪᴄᴀᴛɪᴠᴀ.— Conviene ad- vertir que la ƀ en contacto con una articulación sorda siguiente no siempre se pronuncia plenamente sonora; en la conversación ordinaria la última parte de su arti- culación suele ensordecerse; en formas relativamente fuer- tes suele resultar sorda toda ella, y en pronunciación claramente enfática suele llegar hasta a convertirse en **p**, pudiendo, además, entre estos tres grados, producirse variantes intermedias. Representamos el sonido ocasional de la *b* fricativa sorda mediante el signo ƀ̥. En contacto

con una sonora siguiente, la ƀ se pronuncia siempre con articulación completamente sonora:

sonora	semisorda	sorda	enfática
subyugar-su̯byʊgáɹ	*obsesión*-ǫbƀsǝsjǫ́n	oƀsesjǫ́n	ǫpsesjǫ́n
abnegado-aƀnǝgáɑo	*absurdo*-aƀƀsúrdo	aƀsúrdo	apsúrdo
abdicar-aƀdɩkáɹ	*abjurar*-aƀƀxʊráɹ	aƀxʊráɹ	apxurár

83. *B* FRICATIVA PROCEDENTE DE *p*.— La *p* final de sílaba, seguida de *c* o *s*, se pronuncia en la conversación ordinaria, según queda indicado, § 79, como la *b* ante consonante sorda, pasando en cuanto a sonoridad, según las circunstancias de cada caso, por las mismas modificaciones que de la *b* hemos dicho en el punto precedente: *concepción*-kǫṇθęƀθjǫ́n, *excepción*-eʂθęƀθjǫ́n, *recepción*-r̄ęθęƀθjǫ́n, *opción*-ǫbθjǫ́n, *adopción*-aɗǫbθjǫ́n.

84. *B* FRICATIVA RELAJADA.— La *b* de las partículas *ab, ob, sub,* seguida de *s* más otra u otras consonantes, tampoco suele ser completamente sonora, y además su articulación resulta de ordinario más débil y relajada que en ninguno de los casos antes citados; en pronunciación enfática suele reforzarse hasta convertirse en **p**; pero en el habla corriente, por el contrario, es un sonido breve y suave, muy inclinado a desaparecer: *obstinación*-ǫbʂtɩnaθjǫ́n, *obsceno*-ǫbʂθéne, *obstáculo*-ǫbʂtákʊlo, *obstrucción*-ǫbʂtrʊgθjǫ́n, *abstinencia*-aƀʂtɱǽnθje, *abstemio*-aƀstémje, *abstracto*-aƀʂtrákte. De hecho, aunque se escriba, no se pronuncia la *b* en *obscuro*-ǫskúre, *subscribir*-sʊskribʄ, *substraer*-sʊʂtraéɹ, *substancia*-sʊʂtáṇθje, *substituir*-sʊʂtituʄ, y asimismo en las demás formas derivadas de estas palabras [1].

---

[1] Los casos que se admiten sin **b** en la pronunciación normal corresponden siempre, como se ve, a formas con *ob* y *sub*

85. LA CONSONANTE *m.*— Bilabial nasal sonora; ort. *m, n,* fon. **m**. Articulación: velo del paladar, abierto, dejando expedita por la cavidad bucal, la entrada de las fosas nasales; tensión, media; glotis, sonora; los demás órganos, como en **p** y **b**. La articulación de la **m** se diferencia únicamente de la **b** oclusiva por la abertura del velo del paladar. En posición inicial absoluta suele resultar sorda parte de la articulación de la *m*, empezando las vibraciones sonoras muy poco antes de la explosión. Delante de **p**, **b**, la *m* es solamente bilabial implosiva.

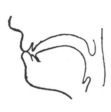

m normal.

Ejemplos: *madre*-**mádrə**, *mozo*-**móθɔ**, *ramo*-**r̄ámɔ**, *comida*-**komíde**, *amor*-**amóɹ**, *tiempo*-**tjémpɔ**, *empezar*-**empəθáɹ**, *hombre*-**ómbrə**, *lumbre*-**lúmbrə**.

86. LA *m* FINAL.— La pronunciación española no admite *m* final ante pausa, sustituyéndola constantemente, salvo raras excepciones, por el sonido **n**. Se escribe indistintamente *harem* y *harén*, pero en ambos casos se pronuncia **arén**, plural *harenes*. Del mismo modo *Abraham* se pronuncia **abrán**, *máximum*-**mágsɪmųn**, *mínimum*-**mínɪmųn**, *ultimátum*-**ųltɪmátųn**, *álbum*-**álbųn**. La sustitución de esta *m* por la *n* se advierte particularmente dentro del grupo fónico en enlace con una vocal siguiente: *álbum hispanoamericano*-**álbun ɪspanɔamerɪkánɔ**, *el ultimátum había llegado inesperadamente*-**el ųltɪmátun abía ļegádɔ ɪnespərádaméṇtə**.

Esta misma tendencia fonética hace que, al silabear las palabras con cierta lentitud, en vez de la *m* final de

cuyas vocales parecen haber absorbido en su elemento labial la articulación relajada de la **b** siguiente. La vocalización de la *b* se muestra menos avanzada en las formas con *ab*.

sílaba, se pronuncie por lo regular una **n** aun en casos como *em-pe-ra-dor, am-pa-ro, com-prar,* etc., si bien, al restablecerse el contacto normal de unas sílabas con otras en la conversación ordinaria, reaparece dicha *m* inmediatamente.

87. NASAL ANTE LABIAL.— En contacto con las consonantes **p, b,** iniciales de palabra, la *n* final de una palabra anterior se pronuncia corrientemente **m,** sin que en este sentido pueda advertirse diferencia alguna entre expresiones como, por ejemplo, *con padre y compadre,* pronunciadas ambas **kǫmpádre,** o entre *con placer* y *complacer,* pronunciadas **kǫmplaθę́r.** La *n* final mantiene, sin embargo, su propia articulación, § 110, cuando por lentitud o vacilación en el lenguaje aparece desligada de la consonante siguiente. Suelen darse asimismo, según la rapidez con que se habla, formas intermedias de asimilación en que la **n,** sin perder enteramente su articulación alveolar, resulta en parte cubierta por la oclusión de los labios [1]. En la conversación ordinaria, la transformación de la *n* en *m* ante las oclusivas bilabiales **p, b,** se produce de una manera regular y constante. Ejemplos: *un buen baile-*ǘm **bwém báilǝ,** *en pie-*em **pjé,** *sin par-*sǫim **pár,** *con pan blando-*kǫm **pám bláṇdǝ.**

Para lo que se refiere a la pronunciación de la *n* ante *v* y en el grupo *nm,* véanse §§ 90 y 110.

[1] Los gramáticos han discutido extensamente sobre si la *n* ante *p, b* se pronuncia *n* o *m.* La realidad da apoyo, como se ve, para varias opiniones. Todo depende de la forma de pronunciación que se tome por base. Véanse sobre este punto A. M. ESPINOSA, *Estudios sobre el español de Nuevo Méjico,* Buenos Aires, 1930, §§ 20-34, y A. ALONSO, *Problemas de dialectología hispano-americana,* Buenos Aires, 1930, págs. 63-68.

CONSONANTES LABIODENTALES

88. La consonante *f.*— Labiodental fricativa sorda; ort. *f*, fon. **f.** Articulación: el labio inferior, con la parte interior de sus bordes toca suavemente el filo de los incisivos superiores, dejando salida al aire por los intersticios que entre ambos órganos resultan; la salida del aire es hacia las comisuras de los labios mayor que por el centro de la boca; la lengua, entretanto tiende a

formar la articulación del sonido siguiente; velo del paladar, elevado; glotis, muda. Ejemplos: *fácil*-**fáθịl**, *forma*-**fóɾmɐ**, *ofrecer*-**ofɾəθéɾ**, *flaqueza*-**flakéθɐ**, *huérfano*-**wéɾfɐno**, *desfigurar*-**desfịgːɾáɹ**, *esfinge*-**esfíŋxə**.

f normal.

89. La nasal labiodental.— Labiodental nasal sonora; ort. *n*, fon. **m̩**. Articulación: labio inferior, como en **f**; los demás órganos, como en **m**. Los dientes superiores y el labio inferior no forman una oclusión completa; pero de hecho su estrechez es tan cerrada, que el aire, no hallando resistencia alguna para pasar por la cavidad nasal, sale únicamente por esta parte, sin producir entre los labios y los dientes fricación ninguna perceptible. Pronúnciase de este modo toda *n* en contacto inmediato

m labiodental.

con una. *f* siguiente: *enfermo*-**em̩féɾmɔ**, *confuso*-**kɔm̩fúsɔ**, *infierno*-**im̩fjéɾnɔ**, *un favor*-**úm̩ fabóɾ**.

En pronunciación rápida, algunas veces la **m̩** desaparece nasalizando la vocal anterior. Otras veces, cuando la vocal precedente es inicial absoluta, es la **m̩**, por el contrario, la que suele predominar, absorbiendo en gran parte a dicha vocal anterior. Deshecho el contacto entre *-nf-*, reaparece la *n* con su propia articulación alveolar, § 110.

90. La consonante *v*.— Es extraño al español el sonido labiodental del fr. *vie*, al. *was*, ingl. *very*. La pronunciación correspondiente a la *v* escrita española es la misma que hemos dicho de la *b*, §§ 80 y 81. En la escritura, *b* y *v* se distinguen escrupulosamente; pero su distinción es solo ortográfica. La *v*, como la *b*, se pronuncia, pues, bilabial oclusiva, **b**, en posición inicial absoluta o precedida de *n*, y bilabial fricativa, **ƀ**, en todos los demás casos. La *n* ante *v* se pronuncia como ante *p, b*, § 87. Ejemplos de oclusiva: *vida*-**bíƀɐ**, *voz*-**voz-bφθ**, *virtud*-**bɪrtúƀ**, *envidia*-**embídjɐ**, *convidar*-**kφmbɪdáɹ**, Ejemplos de fricativa: *uva*-**úƀɐ**, *cautivo*-**kaุtíƀɔ**, *obviar*-**φbbjár**, *subvención*-**suฺbbeฺnθjón**, *la vida*-**la bíƀɐ**

91. Concepto de la confusión entre la *v* y la *b*.— La confusión ente la *v* y la *b* se encuentra ya en inscripciones hispanorromanas. Parece ser que en la escritura medieval la *b* representaba el sonido bilabial oclusivo, y la *v* el bilabial fricativo; pero hacia el siglo XVI se perdió esta diferencia, identificándose una y otra en la pronunciación y representando ambas igualmente, como hoy vemos, los sonidos **b** y **ƀ** [1].

No hay noticia de que la *v* labiodental haya sido nunca corriente en la pronunciación española; los gramáticos la han recomendado insistentemente; pero la Academia parece haber desistido ya de ese empeño [2].

---

[1] R. J. Cuervo, *Disquisiciones sobre antigua ortografía y pronunciación castellana*, en *Revue Hispanique*, 1895, II, 9.

[2] Sobre los diversos cambios de actitud de la Academia acerca de este punto, véase el artículo *Pronunciación de las consonantes* «*b*» *y* «*v*», en *Hispania*, California, 1921, IV, 1-9.

Hoy sólo pronuncian entre nosotros la *v* labiodental algunas personas demasiado influídas por prejuicios ortográficos o particularmente propensas a afectación. Sin embargo, los españoles de origen valenciano o mallorquín y los de algunas comarcas del Sur de Cataluña pronuncian la *v* labiodental hablando español, no por énfasis ni por cultismo, sino por espontánea influencia fonética de su lengua regional.

El distinguir la *v* de la *b*, no es de ningún modo un requisito recomendable en la pronunciación española. La tradición fonética de esta lengua, el ejemplo de los buenos actores y oradores y el uso general son contrarios a dicha distinción. La mayoría de las personas cultas, tanto en Castilla como en las demás regiones afines, lejos de estimar la pronunciación de la *v* labiodental como una plausible perfección, la consideran como una mera preocupación escolar, innecesaria y pedante [1].

Tanto la inadmisión del sonido labiodental **v**, como la antigua resistencia del español contra la **f**, también labiodental, y como la distinción entre las bilabiales **b** y **b̶**, son fenómenos que no sólo no deben ser considerados como defectos o imperfecciones fonéticas, sino como hechos históricos que se han producido en el campo lingüístico de nuestro idioma tan legítimamente como todos los demás rasgos que distinguen al español de las otras lenguas neolatinas [2].

---

[1] El prurito de distinguir en la pronunciación lo que se distingue en la escritura, no es más fundado, por lo que se refiere al español, en el caso de la *v* y la *b*, que lo sería si se tratase de diferenciar también fonéticamente, por tratarse de signos ortográficos distintos, la *c* (*ce, ci*) de la *z*, la *g* (*ge, gi*) de la *j*, o la *c* (*ca, co, cu*) de la *qu* (*que, qui*).

[2] A juzgar por las interpretaciones más autorizadas, las inscripciones ibéricas de varias zonas de la Península carecen de

CONSONANTES INTERDENTALES

92. EL SONIDO DE LA z.— Interdental fricativa sorda; ort. *c, z,* fon. **θ**. Articulación: abertura de los labios, según la vocal siguiente; abertura de las mandíbulas entre los incisivos, unos 6 mm.; la punta de la lengua, convenientemente adelgazada, se coloca entre los bordes de los incisivos, apoyándose sua-vemente contra los superiores, sin cerrar por completo la salida del aire; los lados de la lengua tocan la cara interior de los mo-lares superiores, impidiendo la salida del aire por esta parte; velo del paladar, cerrado; glotis, muda. El efecto acústico de la

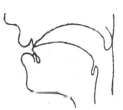

Interdentales **θ**, ʐ.

articulación de la **θ** es semejante al de la *f*. El sonido de la *th* inglesa en palabras como *third, truth,* se parece mucho al de la **θ** española, si bien ésta resulta de ordinario un poco más enérgica y un poco más inter-dental que la inglesa. En la escritura española, como es sabido, este sonido va representado por la letra *c* ante *e, i* y por *z* en los demás casos. Ejemplos: *cerca*-**θérkɐ**, *cinco*-**θíŋkɔ**, *hacer*-**aθéɹ**, *cocido*-**koθíɖɔ**, *vecino*-**beθínɔ**, *zo-rra*-**θór̄ɐ**, *zurdo*-**θúɾɖɔ**, *razón*-**r̄aθón**, *pereza*-**peréθɐ**, *bizco-bi̦θɔ*, *gozque*-**góθkə**, *cruz*-**krúθ**.

93. CONCEPTO DEL SESEO.— Sabido es que en la pro-nunciación hispanoamericana, en la de Andalucía y Ca-

signos representativos de los sonidos *f* y *v*. El vasco actual, tanto en sus dialectos españoles como en los franceses, desconoce asimis-mo el sonido *v* y usa raramente la *f* (H. GAVEL, *Eléments de phonétique basque,* Biarritz, 1920, págs. 300 y sigs.)

narias y en la de las clases populares de Valencia, Mallorca, Cataluña y Vasconia, cuando hablan español, es corriente sustituir la θ (*c, z*) por la **s**: *cerca*-**sę́rkɐ**, *razón*-**r̄asǫ́n**, *pereza*-**perésɐ**. A esta sustitución se le llama seseo. El seseo andaluz e hispanoamericano se distingue, por el timbre de la *s*, del valenciano y del catalán. El seseo vasco, por su parte, es también distinto del de las otras regiones.

La opinión general en Castilla acepta el seseo andaluz e hispanoamericano como modalidad dialectal que los hispanoamericanos y andaluces pueden usar sin reparo hasta en los círculos sociales más cultos y escogidos. Son muchas, sin embargo, las personas de dicho origen que teniendo que viajar o vivir fuera de su país adoptan el uso de la θ, cuyo sonido, por su carácter culto, borra todo indicio de procedencia.

En la recitación de versos y en la representación de papeles de alta comedia o drama se exige de un modo general, hasta en los países hispanoamericanos, la distinción de *s* y *z*. El seseo vasco y el catalán y valenciano no son tenidos en Castilla en el mismo concepto que el andaluz e hispanoamericano. Se les considera como variedades regionales de carácter vulgar. Los vascos, catalanes y valencianos, no siendo sujetos de poca cultura, hablan normalmente el español distinguiendo la *z* de la *s*. En cuanto a los extranjeros que estudian este idioma es indudable la conveniencia de que aprendan a hacer una distinción que, aparte de facilitar la ortografía y la lectura del verso, es considerada en España como la forma más correcta y no parece afectada ni pretenciosa en América tratándose de personas que no son naturales del país.

94. SONORIZACIÓN DE LA *z*.— Interdental fricativa so-

nora; ort. z, fon. ẓ. En la conversación ordinaria, la z
débil final de sílaba o de palabra, en contacto con una
consonante sonora siguiente, se hace también sonora,
resultando un sonido muy semejante al de la *th* inglesa
en *their, this.* La pronunciación lenta, fuerte o enfática
impide parcial o totalmente esta sonorización. Ejemplos: *juzgar*-xụzgár, *hallazgo*-aḷázgǝ, *mayorazgo*-mayǝráẓ-
gǝ, *diezmo*-djéẓmǝ, *Luzbel*-lụzbél, *tizne*-tịẓnǝ, *gozne*-
gọzne, *luz dorada*-lụẓ doráde, *cruz bendita*-krụẓ beṇdíte.
95. ASIMILACIÓN DE LA *n* A LA θ.— Interdental nasal
sonora; ort. *n*, fon. ṇ. La *n* final de sílaba o de palabra,
en contacto con una θ siguiente, toma la articulación de
esta última, pronunciándose también con la punta de la
lengua entre los dientes; el resto de la articulación, como
en n, § 110, sin que el aire espirado, hallando expedita la
salida nasal, produzca en la boca fricación interdental
perceptible. Si se deshace el contacto entre la *n* y la θ, la
n recobra inmediatamente la articulación, alveolar que
normalmente le corresponde. Ejemplos: *onza*-óṇθɐ,*trenza*-
tréṇθe, *lince*-líṇθǝ, *conciencia*-kǫṇθjéṇθje, *encerrar*-eṇθęɾáɹ,
tan cerca-taṇ θérke, *sin cesar*-síṇ θesáɹ.
96. ASIMILACIÓN DE LA *l* A LA θ.— Interdental lateral
sonora; ort. *l*, fon. ḷ. La *l* final de sílaba o de palabra,
en contacto con una θ siguiente, se hace también interdental en la pronunciación rápida ordinaria. Esta asimilación sólo afecta, en general, a la posición de la lengua,
si bien a veces también alcanza a la sonoridad, resultando ensordecida al final de la articulación alguna parte
de dicha *l*. El resto de la articulación se forma como en
la *l* normal, § 111. Ejemplos: *alzar*-aḷθáɹ, *calzado*-kạḷθádo,
calcinar-kạḷθ̦máɹ, *dulzaina*-dụḷθáine, *el cielo*-ęḷ θjélǝ, *el
circo*-ęḷ θíɾkǝ, *igual ceguedad*-igwáḷ θegǝdáḍ.
97. ASIMILACIÓN DE LA *t* A LA θ.— Interdental oclu-

siva sorda; ort. *t*, fon. ţ. Cuando la θ va inmediatamente seguida de una *t*, la articulación de ésta se forma también entre los dientes, manteniéndose la lengua en la misma posición de la θ, sin otra diferencia que la de aumentar un poco la fuerza del contacto de la lengua contra el borde de los incisivos, de modo que durante un instante se interrumpa por completo la salida del aire. El sonido de la ţ, como el de la *t* normal, termina con explosión. Si el contacto entre ambos sonidos no es suficientemente estrecho, la *t* recobra su articulación propia, § 98. Ejemplos: *hazte allá*-áθţə aḷá, *con una cruz tan pesada*-kon úna krýθ ţam pesádɐ, *ni un día de paz tuvieron*-nj úṇ día ɖə páθ ţuɓjéròn, *una luz tibia y suave*-úna lýθ ţíɓja i̯ suáɓə.

CONSONANTES DENTALES

98. Pronunciación de la *t*.— Dental oclusiva sorda, ort. *t*, fon. **t**. Articulación: abertura de los labios, según

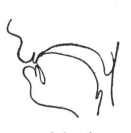

t, d, dentales.

t, d, dentales.

la vocal siguiente; las mandíbulas se entreabren unos 2 mm., no llegando a ser visible su abertura entre los incisivos a causa del encaje de los dientes inferiores detrás de los superiores; la punta de la lengua se apoya contra la cara interior de los incisivos superiores, formando con ellos una oclusión completa; el contacto de estos órganos empieza en el borde mismo de los incisivos, de tal modo que, como las mandíbulas están tan juntas, la punta de la lengua toca también por su parte inferior el borde de los dientes de abajo; después, el contacto de la lengua se extiende más o menos, hacia arriba, por las encías y los alvéolos, según la fuerza de la pronunciación; los lados de la lengua, apoyándose a su vez a ambos costados de la boca contra los molares superiores, cierran la salida lateral del aire espirado; velo del paladar, cerrado; glotis, muda; tensión muscular, media. Ejemplos: *tarde*-**tárdə**, *torcer*-**tɔrθéɪ**, *tristeza*-**triṣtéθɐ**, *patio*-**pátjə**, *letrado*-**letrádə**, *tinta*-**tíṇtɐ**, *corteza*-**kɔrtéθɐ**, *pinta*-**píṇtɐ**, *partido*-**partídə**.

La *t* final de sílaba, en *atlas, ritmo, étnico,* etc., y sobre todo en posición inacentuada, como en *atmósfera, atlántico, etnología*, aparecen únicamente con su propio sonido de oclusiva sorda en pronunciación fuerte o enfática. En la conversación normal se reduce en estos mismos casos a una **d** sonora y fricativa; **ádlɐs, rídmə, éḍnɪkə, admósfɐrɐ, adláṇtɪkə, ęḍnoloxiɐ**, etc. No se pronuncia la *t* en *istmo*-**íṣmə** o **iᴢmə**.

La *t* francesa tiene su punto de articulación un poco más arriba que la española. La punta de la lengua en la *t* francesa no toca los bordes de los dientes. La *t* alemana y la inglesa se articulan aún más arriba que la francesa, contra las encías y los alvéolos, lo cual, unido a la aspiración que en estos idiomas acompaña ordinariamente a las oclusivas sordas, da al sonido de la *t* un timbre muy distinto del que presenta en español. La *t* inglesa con su articulación alveolar o postalveolar es la que más se aparta de la nuestra. Especialmente en aquellos casos en que va agrupada con una *r* siguiente, en palabras como *cuatro, nuestro, tropa,* etc., la *t* que pronuncian los ingleses y los angloamericanos llega a presentar un sonido completamente extraño a la pronunciación española normal [1].

Entre los defectos de pronunciación que los extranjeros necesitan evitar para hablar español correctamente, el que se refiere al punto y al modo de articulación de la *t* es uno de los más importantes. Para pronunciar la *t* española, partiendo de la *t* inglesa, es necesario, de una parte, hacer avanzar la punta de la lengua más de un centímetro hacia los dientes, y de otra, hacer que la explosión de la consonante resulte limpia y sonora, sin fricación ni aspiración perceptibles.

99.   Pronunciación de la *d.*— Dental oclusiva sonora; ort. *d*, fon. **d**. Articulación: glotis, sonora; los demás órganos, como en **t**; tensión muscular menor que en **t**. La punta de la lengua forma, por consiguiente, la articulación apoyándose contra la cara interior de los incisivos superiores. La oclusión supradental, a cuya explosión no se une, naturalmente, en este caso ninguna aspiración sorda, constituye también un defecto en la articulación de la **d**; pero éste, aun siendo fácilmente perceptible, no resulta tan importante como en el caso de la **t**. Tiene interés especial para estudiantes alemanes, ingleses y angloamericanos advertir la necesidad de que la oclusión de la *d* española sea plenamente sonora, según lo dicho en el § 74.

A la *d* ortográfica, en la conversación ordinaria, le

---

[1] Variantes de este sonido, debidas a la asimilación entre la *t* y la *r*, se hallan también en pronunciación dialectal española e hispanoamericana, § 115.

corresponde únicamente la articulación oclusiva cuando va en posición inicial absoluta o en contacto con una *n* o *l* precedentes. Ejemplos: *doble-dóƀlə, diciembre-diθjémbrə, domingo-domíŋgo, conde-kóndə, prenda-prɇndɇ, falda-fáļdɇ, toldo-tóļdɵ, mundo-múɳdɵ, candil-kandíl, un día-ún díɇ, el domingo-eļ domíŋgɵ.*

100. LA *d* FRICATIVA.— Dentointerdental fricativa sonora; ort. *d, t,* fon. đ. Articulación: la punta de la lengua toca suavemente los bordes de los incisivos superiores, sin cerrar por completo la salida del aire; el movimiento de la lengua para tocar los dientes es ágil y rápido; el contacto, breve, y la frición del aire, tenue y suave; el resto de la articulación, como en đ; tensión muscular, débil. Diferentes circunstancias hacen que la articulación de la đ vacile entre la posición dentointerdental claramente fricativa y la posición dental más o

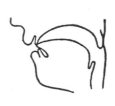

d fricativa

menos oclusiva: en la conversación familiar ordinaria predomina la primera; en la pronunciación lenta, fuerte o enfática puede llegarse hasta la oclusión dental; pero tanto en uno como en otro sentido lo más frecuente no son en realidad las articulaciones extremas, sino diferentes matices intermedios difíciles de precisar y describir; el carácter general de esta articulación es, en fin, predominantemente fricativo y suave, no llegando a la verdadera oclusión sino en muy pocos casos.

En algunos tratados de español para extranjeros se dice equivocadamente que el sonido de la đ española es igual al de la *th* inglesa en palabras como *their, this,* etc.; el sonido español correspondiente al de esta *th* sonora es, como ya se dijo, § 94, el de la ʒ sonora, en formas como *juzgar*-xu̞ẓgáɹ, *hallazgo*-aḷáẓgo; la đ, por su parte, es un sonido menos interdental, más relajado, más suave y más breve que la ẓ.

Se pronuncia fricativa, en la conversación española corriente, toda *d* ortográfica que no se halle en posición inicial absoluta ni en contacto con *n* o *l* precedentes, que son, como queda dicho en el párrafo anterior, los únicos casos en que la *d* oclusiva aparece de una manera constante.

Intervocálica: *escudo*-**eskúđɔ**, *crudo*-**krúđɔ**, *madera*-**mađérɐ**, *rueda*-**r̄wéđɐ**, *desnudo*-**deznúđɔ**, *cocido*-**koθíđɔ**, *ruido*-**r̄wíđɔ**, *moda*-**móđɐ**, *moneda*-**mõnéđɐ** [1], *tu dinero*-**tu đinérɔ**, *lo dicho*-**lo đíĉɔ**.

Inicial de sílaba interior, entre vocal y consonante o entre consonante y vocal: *madre*-**máđrə**, *cuadro*-**kwáđrɔ**, *piedra*-**pjéđrɐ**, *ladrillo*-**ladríḷɔ**, *orden*-**órđən**, *perdón*-**pɐrđón**, *desde*-**dezđə**, *dos docenas*-**dóẓ đoθénɐs** [2], *la luz del día*-**la lúẓ đɘḷ díɐ**, *cruz divina*-**krúẓ đibínɐ**.

Final de sílaba interior: *adjetivo*-**adxetíbɔ**, *admirable*-**admɪráblə**, *adquirir*-**adkɪrɪ́ɹ**, *advertencia*-**adbɐrténθjɐ**, *tomadlo*-**tomáθlɔ**, *llamadnos*-**ḷamáđnɔs**, *adscrito*-**adskritɔ**.

Ante fricativa sorda, la đ, en general, suele resultar en parte ensordecida; *adjetivo*-**adxetíbo**, **adkɪrɪ́ɹ**, etc. En pronunciación fuerte, según queda dicho, puede llegar a oírse **ad-**, con *d* oclusiva.

La pronunciación **aθ-** por **ađ-**, corriente en Salaman-

---

[1] La pérdida de la đ intervocálica en casos como éstos, frecuentísima en el habla vulgar, no se admite en pronunciación correcta; así, formas como *pedazo, cedazo, labrador, segadora, todo, nada, cada,* etc., que en vulgar son **pjáθɔ, θjáθɔ, labɾao̞ɹ, segao̞ɹa, tó, ná, ká,** en pronunciación correcta resultan: **peđáθɔ, θeđáθɔ, labɾađóɹ, segađóra, tóđɔ, náđɐ, káđɐ.**

[2] La đ precedida de ẓ o ṣ se acerca a la forma oclusiva más que precedida de r o de ẓ, θ.

ca, Valladolid, etc., y usada también por el pueblo bajo
madrileño, está comúnmente considerada como un fenómeno de carácter regional o vulgar; aθmɪráblə, aθkɪrɪ̯ɪ.

101. La *d* en los participios terminados en -*ado*.—
En pronunciación esmerada, lenta o enfática, en la escena, en el discurso y en la conversación ceremoniosa, la
d de la terminación -*ado* se pronuncia đ como cualquier
otra *d* intervocálica; pero, ordinariamente, en la conversación familiar la *d* de dicha terminación se reduce
mucho o se pierde. Entre la conversación y la pérdida
completa de esta đ suelen ser perceptibles en una misma
persona, según el tono y la rapidez del lenguaje, ciertos
grados intermedios de relajación. Hay, asimismo, entre
las personas instruidas, diferencias individuales respecto
al uso predominante de una u otra variante en la pronunciación de este sonido.

La conservación sistemática de la *d* de -*ado*, con
articulación plena, en la conversación corriente, resultaría, sin duda, afectada y pedante; pero, por otra parte,
su omisión definitiva y completa en todo momento u
ocasión, sería causa de que en muchos casos la pronunciación resultase demasiado ordinaria y vulgar. De los
inconvenientes de seguir invariablemente uno u otro
criterio, se hallan ejemplos abundantes entre los extranjeros.

En tanto no se llegue a adquirir un dominio perfecto
de este sonido en sus diversos matices, una fórmula
práctica que puede recomendarse a los extranjeros es,
sin duda, la de pronunciar en la terminación -*ado* una đ
reducida y débil, cuya articulación consista simplemente
en una cierta aproximación de la punta de la lengua
hacia los dientes incisivos mediante un rápido

movimiento que debe terminar antes de que la lengua alcance los bordes de dichos dientes. Para representar en la escritura fonética esta **đ** débil y reducida emplearemos una đ pequeña:

ejemplos	forma culta	semiculta	familiar	vulgar	rústica
recado	r̦ekáđo	r̦ekáđo	r̦ekáo	r̦ekáo	r̦ekáu̦
soldado	soldáđo	soldáđo	soldáo	soldáo	soldáu̦
abogado	abogáđo	abogáđo	abogáo	abogáo	abogáu̦

El habla vulgar no sólo omite la *d* de -*ado* constantemente, como la de otras muchas formas ya indicadas, sino que además en este caso alarga un poco la *a* acentuada, dándole un timbre marcadamente velar o posterior, circunstancia que por sí sola basta para que la pronunciación correcta, aun en su forma familiar, en que de ordinario, como queda dicho, suele llegar hasta la total omisión de la *d,* se distinga siempre fácilmente de la pronunciación vulgar. La lengua rústica añade en estos casos a los caracteres generales de la forma vulgar la circunstancia de cerrar la *o* última hasta el punto de articularla casi como **u̦: r̦ekáu̦, soldáu̦,** etc.

En formas como *llegada, palmada, venido, comida, servido*, etc., en que el habla vulgar también omite la **đ**, la pronunciación correcta, hasta en su forma más corriente y familiar, la conserva sin vacilación: **l̦egáđɐ, palmáđɐ, beníđɐ, komíđɐ, șerbíđo.**

102.   LA ¿d FINAL DE PALABRA.— En pronunciación relativamente esmerada, la *d* final, dentro de grupo, en contacto con cualquier sonido siguiente, presenta la articulación de la fricativa **đ**: *juventud estudiosa*-**xubeṇtúđ eṣtudjósɐ,** *libertad absoluta*-**libertáđ absolútɐ,** *edad media*-**eđáđ médjɐ,** *edad dorada*-**eđáđ đoráđɐ,** *llamadlo*-**l̦amáđlo,** *escribidnos*-**eskribíđnos.**

La *d* final absoluta, seguida de pausa, se pronuncia particularmente débil y relajada: la punta de la lengua toca perezosamente el borde de los incisivos superiores, las vibraciones laríngeas cesan casi al mismo tiempo que se forma el contacto linguodental, y además, la corriente espirada, preparando la pausa siguiente, suele ser tan tenue, que de hecho la articulación resulta casi muda. Para representar esta variante empleamos el signo đ: *libertad*-libertáđ, *huésped*-wéspeđ, *bondad*-bondáđ, *virtud*-birtúđ, *venid*-beníđ, *esperad*-esperáđ, *traed*-traéđ, *callad*-kaļáđ. En pronunciación culta esta đ puede convertirse en đ y aun, a veces, en đ.

En formas nominales como *virtud, verdad, juventud, libertad,* etc., la pronunciación vulgar, en la mayor parte de España, suprime la *d* final: birtú, berđá, xubentú, libertá. Este uso se extiende también, más o menos, a la pronunciación familiar de las personas ilustradas. Las formas *usted* y *Madrid* se oyen corrientemente sin *d,* fuera del lenguaje esmerado y ceremonioso. En cambio, en las palabras *sed, red, huésped, césped* y *áspid,* y en los imperativos *hablad, traed,* etc., las personas cultas conservan siempre, aunque relajada, la *d* final: séđ, ŕéđ, wéspeđ, θéspeđ, áspiđ, abláđ, traeđ, etc. En Valladolid, Salamanca y otros lugares de Castilla, en lugar de la *d* final se pronuncia, como en *admirable,* etc., § 100, una θ relajada: birtúθ, berđáθ, xubentúθ, uṣtéθ, etc.; lo mismo ocurre entre el pueblo bajo madrileño. En los imperativos *tomad, traed, venid,* etc., el habla popular sustituye corrientemente la *d* por una *r* débil y relajada, de timbre muy semejante a una đ, lo cual hace que estas formas ofrezcan la misma apariencia que sus infinitivos: tomáɹ, traéɹ, beníɹ, etc. En muchos lugares se oye también séɹ por *sed,* sustantivo.

103. Dentalización de la *n*.— Dental nasal sonora; ort. *n*, fon. ṇ. En contacto con una **t** o **d** siguientes, la articulación de la *n* se forma en el mismo punto que la de estas consonantes, y por consiguiente, casi a un centímetro de distancia del punto en que se forma la articulación de la *n* normal, § 100. Ejemplos: *cantar*-**kaṇtár**, *cintura*-**θiṇtúra**, *pintor*-**piṇtóɹ**, *entender*-**eṇteṇdéɹ**, *condado*-**koṇdáđo**, *candil*-**kaṇdíl**, *condenar*-**koṇdenáɹ**.

104. Dentalización de la *l*.— Dental lateral sonora; ort. *l*, fon. ḷ. La *l* final de sílaba, en contacto con **t** o **d** siguientes, se asimila también a éstas, como la *n*, formándose su articulación con la punta de la lengua contra la cara interior de los incisivos superiores, y no contra los alvéolos, como la *l* normal, § 111. Ejemplos: *caldera*-**kaḷdére**, *sueldo*-**swéḷdɔ**, *altura*-**aḷtúra**, *soltar*-**soḷtáɹ**, *sobresalto*-**sobresáḷtɔ**, *cultivar*-**kuḷtɪbáɹ**.

105. Dentalización de la *s*.— La *s* final de sílaba, en contacto con una *t* siguiente, del mismo modo que la *l* y la *n* en circunstancias análogas, toma el punto de articulación de la *t*, formándose con la punta de la lengua contra la cara interior de los incisivos superiores, y no contra los alvéolos de estos mismos dientes, como ocurre en los demás casos, § 106; esta *s* dentalizada la representamos con el signo ṣ: *pasta*-**páṣte**, *costa*-**kóṣte**, *pastor*-**paṣtóɹ**, etc.

En contacto con una interdental **θ** siguiente, la *s* es atraída hacia los bordes de los dientes, un poco más que ante la consonante *t*, llegando a ser en parte absorbida por la fricación de dicha **θ**; pero la representamos también en este caso con el mismo signo ṣ: *ascender*-**aṣθeṇdéɹ**, *escena*-**eṣθéne**, etc.

De un modo semejante, la *s* sonora, **z**, en contacto con una **d** o **đ** siguientes, deja su articulación alveolar,

§ 107, formándose contra los dientes, como estas mismas consonantes; la representamos en este caso con el signo ʒ: *desdeñar*-deʒdəŋáɹ, *los dedos*-loʒ dédès, etc.

CONSONANTES ALVEOLADAS

106. Pronunciación de la *s*.— Alveolar fricativa sorda; ort. *s*, fon. s. Articulación: posición de los labios, según las vocales contiguas; abertura de las mandíbulas, unos 2 mm. entre los incisivos; los bordes de la lengua se apoyan a ambos lados de la boca contra las encías y contra la cara interior de los molares superiores; la punta de la lengua, con la curva u orilla

s alveolar.

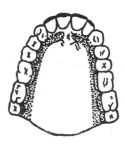

s alveolar

intermedia entre el ápice y la cara del predorso, continúa este contacto sobre los alvéolos de los incisivos superiores, dejando en el centro, sobre la línea media de la boca, una pequeña abertura redondeada, que constituye la única salida del aire espirado; en contacto con las vocales *i, e,* la punta de la lengua forma esta abertura algo más adelante, hacia las encías; el predorso de la lengua toma una forma ligeramente cóncava; velo del paladar, cerrado; glotis, muda. La tensión muscular de esta articulación, más aún que la de otras consonantes, varía notablemente, como queda indicado, §§ 71 y 72, no sólo en relación con las modificaciones del acento de intensidad, sino según su posición en el grupo fónico.

Es defecto general entre los extranjeros hacer la *s* final española demasiado tensa y larga. Ante **f**, lo mismo que ante **θ**, § 105, la **s** final es absorbida, en parte, por estos sonidos, resultando más débil y menos perceptible que ante otras consonantes: *esfera*-e°**fére**, *desfile*-de°**fílə**, etc. En la pronunciación de algunas regiones españolas, y principalmente en pronunciación andaluza, toda *s* final ante cualquier consonante o ante pausa se reduce a una simple aspiración, generalmente sorda; la pronunciación correcta española, aun en su forma menos culta, rechaza esta transformación.

Por lo que se refiere al modo de la articulación, hay entre la *s* española y la *s* corriente en otros idiomas una diferencia importante; esta diferencia se manifiesta, principalmente en la posición de la punta de la lengua, la cual, en la *s* española, se eleva, como queda dicho, estrechándose, por su línea más exterior y más próxima al ápice, contra los alvéolos superiores, mientras que en la *s*

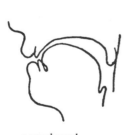

s predorsal

común francesa, italiana, alemana, etc., la parte de la lengua que forma la articulación es esencialmente el predorso, quedando pasivo el ápice, el cual desciende a veces y se apoya más o menos contra los incisivos inferiores. En una y otra articulación, la estrechez, de la cual resulta la fricación, viene a formarse sobre el mismo punto de la boca, oscilando, según los casos, entre los alvéolos y los dientes superiores; pero la parte de la lengua que forma esa estrechez, en la *s* española es más exterior y apical que en las demás variantes indicadas. Junto con esto, en la *s* española, la posición del predorso, detrás del punto de articulación, es, como queda indicado, ligeramente cóncava, mientras que en el tipo general, francés, italiano, etc., es más o menos convexa [1].

De aquí resulta que el timbre de estos sonidos es bastante distinto: el de la *s* española es más grave y más palatal que el de la otra *s*. El oído extranjero cree hallar en nuestra *s* algo del timbre de la *ch* francesa, semejanza que en la pronunciación peculiar de algunas comarcas españolas se destaca aún mucho más que en el habla literaria y normal.

La *s* andaluza y la de una gran parte de la América española es de tipo predorsal, aunque con notables variantes entre unos países y otros. La *s* apical de tipo castellano, con variantes también, se usa, según las pocas noticias que sobre esto tenemos, en parte de Méjico, de las Antillas y del Perú [2]. Hay actores andaluces que llegan a borrar todos los dialectalismos de su pronun-

---

[1] En algunas variantes de *s* predorsal, plana o convexa, la punta de la lengua suele intervenir también en la formación de la estrechez dentoalveolar, pero sin que este hecho figure como una circunstancia especial de la articulación. Datos experimentales sobre la *s* andaluza se hallan en Jos. CHLUMSKY, *L' «s» andalouse et le sort de l'«s» indo-européenne finale en slave,* en *Slavia,* Praga, 1929, VII, 750-753. Sobre la *s* francesa, véase M. GRAMMONT, *Traité pratique de prononciation française,* Paris, 1914, pág. 73; sobre la italiana, G. PANCONCELLI-CALZIA, *Italiano,* Leipzig, 1911, pág. 7; sobre la alemana, W. VIETOR, *Elemente der Phonetik,* 6.ª ed., Leipzig, 1915, § 87; sobre la inglesa, D. JONES, *English Phonetics,* Leipzig, 1922, §§ 294-296.

[2] P. HENRÍQUEZ UREÑA, *Observaciones sobre el español en América,* en *Revista de Filología Española,* 1921, VIII, 374-375.

ciación, menos el de la *s*; al oído castellano le basta este solo detalle para advertir la naturaleza forastera de una persona, pero sin que esto signifique que la *s* dorsal andaluza o hispanoamericana sea rechazada ni censurada en Castilla como un dialectalismo vulgar. Ejemplos: *s* con tensión media: *sello*-séḷᴐ, *sitio*-sítjᴐ, *consejo*-kᴐnséxo, *sabor*-sabóɹ, *señora*-seŋóre, *rosa*-r̄ǫse, *conseguir*-kᴐnsǝ- ǵɹ, *obispo*-obįspᴐ, *pesca*-péske, *despacio*-despáθjo, etc.; *s* débil: *adiós*-adjǫ́s, *señores*-seŋórǝs.

107. *S* SONORA.— Alveolar fricativa sonora: ort. *s*, fon. z. Articulación: glotis, sonora; los demás órganos, como en la *s* descrita en el párrafo anterior; tensión muscular, débil. La *s* sonora aparece únicamente, en nuestra lengua, en posición final de sílaba, precediendo inmediatamente a otra consonante sonora; en cualquier otra posición su presencia es anormal y esporádica. Es siempre, asimismo, una articulación breve y suave; la pronunciación lenta o fuerte impide su sonorización, reapareciendo en su lugar la *s* sorda. Ejemplos: *esbelto*-ezbéḷtᴐ, *mismo*-mízmᴐ, *asno*-áznᴐ, *isla*-ízle, *rasgo*-r̄ázgᴐ, *las botas*-laz bótes, *las manos*-laz mánᴐs, *los huesos*-lᴐz wésᴐs, *dos hierros*-dǫ́z yẹ́r̄ᴐs [1].

En el grupo *sr* (*israelitas, los reyes, dos reales*), la *s* se sonoriza como en los casos precedentes; pero la punta de la lengua, arrastrada por la enérgica articulación de la r̄ siguiente, abandona la forma característica de la estrechez redondeada que la punta de la lengua forma en la *s*, haciendo perder a ésta su timbre sibilante y produciendo propiamente, en vez de la *z* ordinaria y regular, una ɹ, o sea una *r* fricativa, § 114: iɹr̄aǝlíte, lᴐɹr̄éyǝs,

---

[1] En el caso de *dos hierros* y otros semejantes, la *s*, ante la palatal y, además de sonorizarse suele tomar cierto carácter de ž, análogo al de la *j* francesa.

dórreáles; otras veces, en pronunciación relativamente fuerte, la *s* se pierde por completo, aumentándose a manera de compensación, las vibraciones de la r̄ siguiente.

108. Concepto del ceceo.— En algunas partes de Andalucía, al lado del seseo, que da a la *c* y a la *z* el mismo sonido sibilante de la *s*, existe el ceceo, que consiste en pronunciar la *s*, la *z* y la *c* con un mismo sonido fricativo, de timbre análogo al de la θ española: *solo-θólo*, *peso-péθo*. La geografía del ceceo andaluz, como la del seseo, no ha sido aún convenientemente determinada. En los demás países de España y América el ceceo sólo parece ocurrir en casos particulares, como un simple defecto ortológico de carácter individual.

El ceceo no presenta siempre igual forma ni el mismo matiz. En unos casos es apical, coincidiendo esencialmente con la θ española; en otros es dorsal, con mecanismo análogo al de la *s* andaluza, y en otros resulta de articulaciones intermedias entre uno y otro tipo. En cualquier caso, lo característico del ceceo no consiste precisamente en ser apical o dorsal, interdental o dental, sino en el timbre fricativo del tipo de θ que resulta de la estrechez alargada, no redondeada como en **s**, que entre la lengua y el filo de los dientes se forma.

El teatro y la novela suelen utilizar el ceceo como recurso cómico, presentándole con el carácter de un rudo dialectalismo o como una chocante anormalidad. Basta este dato para formarse idea de la opinión que del ceceo se tiene y para comprender la conveniencia de corregir y evitar esta forma de pronunciación.

109. OTROS DEFECTOS DE PRONUNCIACIÓN RELATIVOS A
LA *s*.— En el Norte de España, entre vascos, navarros y
riojanos, la *s* suele ser pronunciada con un matiz chi-
cheante, más o menos desarrollado, que la distingue de
la *s* española normal. En realidad, como ya queda
dicho, la misma *s* española, en su propia estructura
ápicoalveolar, muestra un cierto punto de palatalización.
La *s* norteña refuerza este carácter palatal empleando
una mayor adherencia de los lados de la lengua al cielo
de la boca y disminuyendo al mismo tiempo el redondeamiento de la abertura ápicoalveolar.

La asimilación orgánica de la *s* final de sílaba respecto a cualquier consonante que no sea la r̄ en las
circunstancias citadas en el párrafo anterior, es un fenómeno considerado como un vulgarismo inaceptable en
la lengua culta. Debe evitarse, por consiguiente, la compenetración entre la *s* y una consonante sonora siguiente,
con pérdida de la sonoridad de dicha consonante, fenómeno frecuente en el habla vulgar de una gran parte del
Sur de España: la̭ḇótɐˢ, por *las botas*-laz ḇótɐs; la̭xayínɐˢ,
por *las gallinas*-laz ga̭línɐs; mím̦mɔ, por *mismo*-mízmɔ;
áɳnɔ por *asno*-áznɔ; íḻlɐ, por *isla*-ízla [1].

Recházase igualmente como vulgarismo la pronunciación de la *s* final como una simple aspiración, y asimismo su eliminación total en determinadas circunstancias, hechos corrientes, según es sabido, en el lenguaje
popular de varias regiones de España y América: páhtɐ,
por *pasta*-pá̭stɐ; ehpésɔ por *espeso*-espésɔ; ehtámɔ, por
estamos-eṣtámɔs; lah kásɐ, por *las casas*-las kásɐs.

Al corregir este uso se necesita cuidar de no caer en

---

[1] El circulillo puesto, en estos y en los demás casos, debajo de
los signos ḇ, m̦, n̦, ḻ, etc., indica falta de sonoridad en las articulaciones correspondientes.

el defecto contrario, que consiste en pronunciar la *s* final prolongándola, o, como suele decirse, «arrastrándola»: *lass passtass.* Otro defecto que es preciso evitar es la transformación vulgar de la *s* en *r* en formas como aɹθénsʊ, por *ascenso*-aʂθésʊ, por *exceso* eʂθésɔ; lɒɹ djéɲtəs, por *los dientes*-lɒẓ djéɲtəs.

110. PRONUNCIACIÓN DE LA *n.*— Alveolar nasal sonora; ort. *n*, fon. n. Articulación: labios y mandíbulas, según las vocales contiguas; la punta de la lengua, obedeciendo también a la influencia de dichas vocales, se

n alveolar

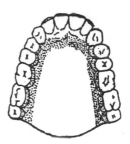

n álveolaɹ

apoya, según los casos, contra los alvéolos o contra las encías de los incisivos superiores, al mismo tiempo que los bordes laterales de la lengua tocan las encías y la cara interior de los molares, formando una completa oclusión bucal; la posición de la lengua, aparte de la pequeña abertura ápicoalveolar de la s, es, como se ve, muy semejante en la s y en la n; velo del paladar, abierto; el aire espirado sale por la nariz; glotis, sonora. Ejemplos: *noche*-nóĉə, *junio*-xúnjɔ, *carne*-kárnə, *gozne*-góẓnə, *himno*-ímnɔ, *asno*-áznɔ, *honra*-ónr̄ɐ, *enlace*-enláθə, *cansado*-kaṇsádɔ, *consignar*-kɒṇsịgnáɹ.

En contacto con una consonante siguiente que no sea alveolar, la *n* pierde su propio punto de articulación, asimilándose al de dicha consonante; la *n* puede resultar, por consiguiente, según los casos, bilabial, *en paz-em* **páθ**, § 87; labiodental, *confiar*-**koɱfiár**, § 89; interdental, *onza*-**óṇθɐ**, § 95; dental, *cántaro*-**káṇtɐro**, § 103; palatal, *ancho*-**áɲĉɔ**, § 122, y velar, *cinco*-**θíŋkɔ**, § 130.

En las sílabas *ins, cons* y *trans* se pronuncia en general una *n* débil, breve y relajada, que a veces se reduce simplemente a una pequeña nasalización de la vocal precedente, y a veces se pierde por completo; la conservación total de la *n* en dichas sílabas tiene un carácter afectadamente culto; su pérdida es constante en el habla popular; la pronunciación correcta, en este como en otros casos, se sirve, como se ve, de variantes intermedias, más o menos próximas a uno u otro extremo, según la ocasión y el tono en que se habla:

ejemplos	forma culta		semicultas	popular
instrucción	iṇstrugθjón	iⁿstrugθjón	īstrugθjón	istruθjón
construcción	koṇstrugθjón	koⁿstrugθjón	kõstrugθjón	kostruθjón
constipado	koṇstipádo	koⁿstɪpádɔ	kõstɪpádɔ	kostɪpác
instante	iṇstáṇte	iⁿstáṇtə	īstáṇtə	istáṇtə
transformar	transformár	traⁿsformár	trãsformár	trasformáɹ

La *n* final ante pausa es, generalmente, una *n* relajada en cuya articulación la lengua suele quedar adherida a los alvéolos más tiempo del que duran la presión del aire espirado y las vibraciones vocálicas; la articulación, en parte, acaba, por consiguiente, muda: *razón*-**ɼaθón**, *corazón*-**korɐθón**, *Juan*-**xwán**, *Joaquín*-**xɔakín**, *sostén*-**soṣtén**, *parten*-**pártən**; muchas personas, acaso por influencia dialectal, pronuncian en estos casos, en vez de la **n**, una **ŋ** velar: **ɼaθóŋ**, etc., § 130.

La *m* final de palabra, § 86, se pronuncia ordinariamente como la *n* y pasa por las mismas transformaciones que ésta bajo la influencia de la articulación inmediata siguiente: *álbum pequeño*-álbụṇ pekéṇo, *álbum cerrado*-álbụṇ θε̄ŕáđo, *máximum de carga*-mágsịmụṇ də kárga, *álbum hispanoamericano*-álbun ịspanoamerịkánɔ, *un míni-mum casi inconcebible*-úⁿ̩ mínịmụṇ kasịṇkọṇθəbíblə.

En el grupo *nm* la articulación de la primera consonan-te, en la conversación ordinaria, va generalmente cubier-ta por la de la *m*: la lengua realiza, de manera más o menos completa, el contacto alveolar de la *n*; pero al

l alveolar

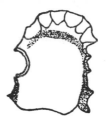

l alveolar

mismo tiempo la *m* forma su oclusión bilabial, siendo en realidad el sonido de esta última el único que acústi-camente resulta perceptible: *inmóvil*-íⁿ̩móbịl, *conmigo*-kọⁿ̩mígɔ, *con mucho gusto*-kọⁿ̩múĉo gụ̧sto, etc.; en pro-nunciación lenta, ambas articulaciones, **m** y **n**, produ-ciéndose sucesivamente, resultan claras y distintas.

111. La consonante *l*.— Alveolar fricativa lateral sonora; ort. *l*, fon. l. Articulación: la abertura de los labios varía según los sonidos vecinos; abertura de las mandíbulas, unos 5 mm.; la punta de la lengua se apoya, como en **n**, contra los alvéolos o las encías de los incisivos superiores; a cada lado de la boca o a un solo lado, según la costumbre individual, queda entre la lengua y los molares una abertura alargada, por donde el aire se escapa, produciendo una fricación suave; entre

vocales, la posición del dorso de la lengua es casi plana; final de sílaba o de palabra, y sobre todo en posición acentuada, se hace ligeramente cóncava; pero sin llegar en ningún caso a la articulación hueca o velar de la *l* inglesa o catalana, cuyo uso debe evitarse cuidadosamente en español; velo del paladar, cerrado; glotis, sonora. Ejemplos: *lado*-**láđǝ**, *cola*-**kólɐ**, *isla*-**ízlɐ**, *pliego*-**pljégǝ**, *clavo*-**klábǝ**, *doble*-**dóblǝ**, *arreglar*-**aῑ̄ǝglálᴊ**, *plantación*-**plaṇtɐθjón**, *alba*-**álbɐ**, *vulgo*-**búlgǝ**, *selva*-**sę́lbɐ**, *olvido*-**ǫlbíđǝ**, *falsedad*-**falsǝđáḍ**, *sol*-**sǫ́l**, *chacal*-**ĉakál**.

Sabido es que, en ciertos casos, la *l* final de sílaba toma el punto de articulación de la consonante siguiente,

l relajada

haciéndose: ante **θ**, interdental, *alzar*-**aḷθár**, § 96; ante **t, d**, dental, *alto*-**áḷtǝ**, *caldero*-**kaḷdérǝ**, § 104, y ante **ĉ, ŷ, ḷ, ņ**, palatal, *colcha*-**kóḷĉɐ**, etcétera, § 123. En pronunciación relajada, vulgar o familiar, suele articularse una *l* débil en que la punta de la lengua sólo roza ligeramente los alvéolos, sin formar con ellos un contacto completo. Esta *l* relajada se confunde fácilmente, en el habla popular de ciertas regiones, con la *r* relajada, § 115. La *l* final ante pausa, del mismo modo que la *n* en esta posición, suele articularse perezosamente, cesando las vibraciones laríngeas y la presión del aire espirado antes de que la lengua se separe de los alvéolos. Debe evitarse el ensordecimiento de la *l* en contacto con una consonante sorda, en formas como *plano, clase, pliego,* etc. [1].

---

[1] Para estudiar más detenidamente la articulación y modificaciones de la *l*, véase *Sobre la articulación de la «l» castellana*, en *Estudis fonetics*, Barcelona, 1917, I, 265-275.

112. La *r* simple.— Alveolar vibrante simple; ort. *r*, fon. **r**. Articulación: labios y mandíbulas, según los sonidos vecinos; los bordes laterales de la lengua, apoyándose contra la cara interior y las encías de los molares superiores, cierran la salida del aire por ambos lados del paladar; la punta de la lengua, convenientemente adelgazada, se eleva con gran rapidez, recogiéndose al mismo tiempo un poco hacia dentro y tocando con sus bordes, sin detenerse, los alvéolos de los incisivos supe-

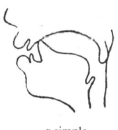

r simple.

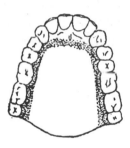

r simple.

riores; este contacto, aunque débil y momentáneo, forma, en pronunciación relativamente esmerada, una oclusión completa, después de la cual la lengua pasa a formar la articulación siguiente, o bien vuelve a su posición de reposo; velo del paladar, cerrado; glotis, sonora [1]. Corresponde normalmente este sonido, en la pronunciación correcta, a toda *r* ortográfica que no sea inicial de palabra ni vaya precedida de *n, l, s*. Ejemplos: *cero*-θérɔ, *coro*-kórɔ, *coral*-kor**ál**, *pereza*-per**éθ**ɐ; *prieto*-**prjét**ɐ, *tropel*-trop**él**, *trueno*-**trwén**ɔ, *fresco*-**frésk**ɔ, *siempre*-**sjémpr**ɐ,

---

[1] Se halla un detallado estudio de este sonido, con indicaciones sobre variantes dialectales, en S. Gili Gaya, *La «r» simple en la pronunciación española*, en *Revista de Filología Española*, 1921, VIII, 271-280.

bravo-**brábᴏ**, *sobre*-**sóbrə**, *sangre*-**sáŋgrə**, *corto*-**kɔ́rtᴏ**, *torpeza*-**tɔrpéθɐ**, *burla*-**búrlɐ**, *cuerno*-**kwɛ́rnᴏ**, *orden*-**ɔ́rðən**, *curso*-**kúrsᴏ**, *color*-**kolɔ́ɹ**, *llamar*-**ḷamáɹ**, *coger*-**kᴏxéɹ**.

Con la *r* vibrante alterna en la conversación corriente la *r* fricativa, de la cual se trata más abajo. Es indispensable que la **r** vibrante intervocálica conste de una sola vibración o golpe de la lengua contra los alvéolos; bastarían dos vibraciones para que la pronunciación de ciertas palabras resultase chocantemente deformada y aun para dar lugar en muchos casos a importantes confusiones de significación, pág. 120.

113. EL ELEMENTO VOCÁLICO DE LA *r* VIBRANTE SIMPLE.— Cuando la **r** vibrante simple va al lado de otra consonante, como en *prado, parte,* etc., se intercala entre la momentánea oclusión de la **r** y la consonante que la precede o sigue un pequeño elemento vocálico de timbre análogo al de la vocal de la misma sílaba a que la **r** pertenece. La intercalación de dicho elemento es espontánea e inconsciente. Su duración, aunque en muchos casos iguala y aun supera a la de la misma **r**, siempre es relativamente menor que la de una vocal breve. En algunas formas, sin embargo, llegó a adquirir el desarrollo de una verdadera vocal, que ordinariamente no ha prevalecido: *corónica* por *crónica, aforontar* por *afrontar, tíguere* por *tigre*, etc. [1].

La presencia del citado elemento vocálico puede ser utilizada como recurso auxiliar para la enseñanza de la **r** en aquellos casos en que, lográndose articular aceptablemente este sonido entre vocales, se encuentra dificultad para pronunciarlo unido a otra consonante. Dada

---

[1] Sobre las manifestaciones antiguas y modernas de este fenómeno, véase R. MENÉNDEZ PIDAL, *Orígenes del español*, Madrid, 1926, págs. 213-219.

la naturaleza de dicho elemento, puede decirse que la oclusión de la r vibrante simple es siempre intervocálica. Aun en los casos en que la r se halla en posición final, ante pausa, su oclusión va también seguida de elemento vocálico [1]. El carácter vibrante de la r aparece en realidad como resultado de la momentánea interrupción de un sonido vocálico, producida por una rápida oclusión ápicoalveolar.

En este sentido, la forma *parado*, por ejemplo, puede servir, como decimos, para llegar por reducción de la primera *a* a la pronunciación correcta de *prado* [2], así como *pereces* puede ser punto de partida para *preces, eremita* para *ermita, párate* para *parte*, etc.

parádo	pᵉrádɔ	prádɔ
peréθəs	pᵊréθəs	préθəs
crəmítɐ	erᵊmítɐ	ɇrmítɐ
párɐte	párᵊtə	pártə

Claro es que la vocal reducida necesita llegar a ser en todo caso bastante breve para no ser percibida como tal vocal. La pronunciación que dejase oír, por ejemplo, «pereciosa pirincesa», por «preciosa princesa», resultaría ridículamente afectada. Los actores emplean a veces, deliberadamente, dicha pronunciación para producir efecto cómico.

114. *R* FRICATIVA.— La pronunciación familiar, aun entre personas ilustradas, presenta una tendencia constante a la relajación de la *r*, cualquiera que sea su posición en la palabra; esta relajación, como queda indica-

[1] Véase *Revista de Filología Española,* 1918, V, 387.
[2] En una reducción análoga debió producirse efectivamente en quiritare *gritar,* *offerescere *ofrecer,* directu arag. *dreito,* etc.

do, convierte la *r* vibrante en *r* fricativa. En la *r* fricativa el movimiento de la lengua es más lento y suave que en la vibrante; la tensión muscular es menor; la punta de la lengua se aproxima a los alvéolos, sin llegar a formar con ellos un contacto completo; la *r* fricativa, por último, es prolongable; la vibrante, momentánea. Hay una gran semejanza de forma y de timbre, no de punto de articulación, naturalmente, entre la fricativa *r*, que escribiremos ɹ, y la fricativa đ, § 100; la ɹ viene a ser, en efecto, por la manera de formarse su articulación, una đ articulada en los alvéolos. Alguna vez, haciendo escribir al dictado a unos extranjeros, ha habido entre ellos quien ha creído oír *toro, mora,* etc., donde el que dictaba decía *todo*-**tóđɔ**, *moda*-**móđɐ**.

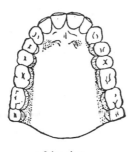

r fricativa

La ɹ fricativa aparece principalmente en lugar de la **r** vibrante en posición intervocálica: **θéɹɔ, kóɹo**, etc., y en lugar de la *r* final: **kolóɹ, salíɹ**, etc.; pero puede aparecer también, como queda dicho, en cualquier otra posición: **pɹjétɔ, bɹábɔ, kóɹtɔ búɹlɐ**; final ante pausa, como las consonantes **n, l, đ**, resulta a veces parcialmente muda. Aun cuando la forma vibrante predomina en la pronunciación culta y la fricativa en la familiar, realmente no hay entre ambas una separación absoluta: un ligero aumento o disminución de fuerza suele convertir la fricativa en vibrante o la vibrante en fricativa. A falta de la práctica necesaria para el dominio de dichas variantes, debe recomendarse preferentemente a los extranjeros el empleo de la forma vibrante. La *r* fricativa española es, pues, alveolar como la *r* vibrante; su duración y su timbre se mantienen también bastante cerca de los de esta última.

115. DEFECTOS RELATIVOS A LA PRONUNCIACIÓN DE LA *r*.— La ɹ fricativa y la l relajada presentan bastantes caracteres comunes para poder confundirse entre sí: esta confusión ocurre, en efecto, en el habla popular de varias regiones de España y América, donde tanto suele oírse: *carne*-kálnə, *torpe*-tólpə, *comer*-komél, como *bolsa*-bóɹsɐ, *falta*-fáɹtɐ, *papel*-papéɹ.

Algunas personas, sobre todo en pronunciación enfática, refuerzan con exceso la *r* final de sílaba, dándole más de una vibración; dicho reforzamiento se observa en especial entre salmantinos, zamoranos y leoneses; suelen también practicarlo los actores como detalle cómico: *tierno*-tjér̄no, *perla*-pér̄la, *dolor*-dolór̄.

La pronunciación vulgar, llevando hasta el fin la relajación de la ɹ fricativa, la vocaliza y borra enteramente detrás de los diptongos *ie, ue,* en formas de los verbos *haber, ser* y *querer*. El hecho aparece como antiguo vulgarismo extendido por todos los países de la lengua española. La síncopa de la ɹ arrastra también corrientemente a la *e* de los diptongos citados: *hubiera*-uƀjá, *hubiéramos*-uƀjámos, *fueras*-fwás, *fueran*-fwán, *quiero*-kjó, *quieres*-kjés, *quieras*-kjás, etc. En ocasiones se percibe aún algún resto de la *e*: uƀjᵊá, fwᵊá, kjᵊó. Con el mismo carácter vulgar se vocaliza y desaparece la ɹ intervocálica en *mira*-mjá, *para*-pá, *señora*-seɲá, y en todas las formas de *parecer*: paeθéɹ, páeθə, paeθémos, paeθíɐ, etc.

La *r* final ante pausa suele ser pronunciada por los asturianos con sonido sordo, formándola, por lo que a la articulación lingual se refiere, unas veces como vibrante y otras como fricativa: *llamar*-ḻamáɾ̥, *comer*-

komér, *venir-benîî*. Los andaluces, en esa misma posición, relajan y suavizan excesivamente la *r* o la suprimen por completo: *señor*-**seṇó**, *pintar*-**pintá**, *mujer*-**muhé**.

Un fenómeno dialectal, corriente en parte de Álava, Navarra, Rioja y Aragón y muy extendido en la América de la lengua española, consiste en la asibilación más o menos desarrollada, de la *r* interior de sílaba en formas como *tropa, otro, ministro, apretar, escribir, pondré, saldré, mimbre, sangre,* etc. El tipo de *r* que sirve de base a esta modificación es la ɹ fricativa. Detrás de *p, t, k,* la asibilación va unida al ensordecimiento de una parte de la ɹ. La fricación de esta ɹ aparece contaminada, según los casos, de **z** o **s**, presentando también algunas veces cierto matiz palatal de **ž** o **š**. Dicha variante de *r* ha sido representada con el signo ɹ̌. Donde este fenómeno aparece más desarrollado es en el grupo *tr*. La *t* es atraída por la *r* desde los dientes a los alvéolos llegando en ocasiones a fundirse ambos sonidos en un solo fonema ápicoalveolar semiexplosivo o africado, análogo al que aparece en el ingl. *tree:* **'ɹ́ópɐ, óɹ̥ɔ, minɪ́s'ɹ̥ɔ**. Análoga atracción experimenta la *d* en casos semejantes: **poṇᵈ̯ɹ̌é, saḷᵈ̯ɹ̌é** [1].

Entre los defectos en que suelen incurrir los extranjeros al pronunciar la **r** simple española figura asimismo el de la fricación y ensordecimiento de dicho sonido detrás de las consonantes **p, t, k**. Ingleses y angloamericanos necesitan esmerarse especialmente en separar y distinguir la **r** y la **t** en el grupo **tr**. Unos y otros tienen que evitar también el uso de su *r* fricativa ordinaria, distinta por su timbre y por su articulación no

---

[1] Se halla ampliamente estudiado este fenómeno en el artículo de A. ALONSO, *El grupo «tr» en España y América,* en *Homenaje a Menéndez Pidal,* Madrid, 1925, II, 167-191.

sólo de nuestra vibrante simple **r**, sino también de nuestra variante fricativa ɹ. Algunos angloamericanos acompañan la articulación de la *r* de un redondeamiento labial completamente extraño al español. Las personas que tengan este hábito deben ejercitarse en pronunciar repetidamente las combinaciones *ara, ere, iri,* cuidando de no hacer movimiento alguno con los labios [1]. Los franceses y los alemanes, por su parte, deben evitar cuidadosamente el uso de su *r* uvular.

116. La articulación de la *rr.*— Alveolar vibrante múltiple; ort. *r, rr,* fon. r̄. Articulación: labios y man-

r̄ múltiple.

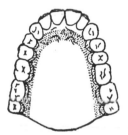

r̄ múltiple.

díbulas, según los sonidos vecinos; los lados de la lengua cierran, como en la **r**, la salida lateral del aire; la punta de la lengua se encorva hacia arriba, hasta tocar con sus bordes la parte más alta de los alvéolos, ten-

---

[1] A ingleses y angloamericanos se les puede sugerir la articulación de la *r* española por medio de la *d* o la *t* intervocálicas de su propio idioma. En palabras como *bidder, bitter, gadding, bottom,* dichas repetidamente y con rapidez, la consonante interior de cada palabra llega, en efecto, a pronunciarse de manera bastante semejante a la *r* simple española en *mire, para, moro,* etc. Pero no debe aconsejarse, como en alguna ocasión se ha hecho, que se añada una *u* como elemento adjunto a dichas *d, t.*

diendo hacia la mitad posterior de los mismos; el tronco de la lengua se recoge hacia el fondo de la boca; el predorso toma una forma hueca o cóncava. En el mismo instante en que la punta de la lengua toca los alvéolos, es empujada con fuerza hacia fuera por la corriente espiratoria; rápidamente su propia elasticidad le hace volver al punto de contacto; pero de nuevo es empujada hacia fuera con igual impulso, repitiéndose varias veces este mismo movimiento, que viene a ser como el aleteo de los bordes de una bandera desplegada y sacudida por el viento, o como la vibración de una hoja de papel puesta al hilo del aire en la hendidura de una ventana entreabierta. A cada contacto de la lengua con los alvéolos se interrumpe momentáneamente la salida del aire, resultando una serie rapidísima de pequeñas explosiones; velo del paladar, cerrado; glotis, sonora. Corresponde este sonido a la *rr* doble ortográfica y a la *r* sencilla inicial de palabra o precedida, dentro de la misma palabra, por *n, l, s.* Inicial de palabra, escrita *r: roca*-r̄ókɐ, *rueda*-r̄wéđɐ, *reja*-r̄éxɐ, *rubio*-r̄úbjɵ; inicial de sílaba, después de *n, l, s,* escrita *r: honrado*-ɵnr̄áđɵ, *enredo*-enr̄éđɵ, *Enrique*-enr̄íkə, *malrotador*-malr̄ɵtađǫ̣ɹ, *israelita*-i̯r̄aəlítɐ; inicial de sílaba, entre vocales, escrita *rr: perro*-pέr̄ɵ, *carro*-kár̄ɵ, *tierra*-tjέr̄a, *torre*-tǫ́r̄ə, *guerra*-gέr̄ɐ.

Inicial de sílaba acentuada (*roca, barrena*), la r̄ consta ordinariamente de tres vibraciones; precedida de *n, l, s* (*honrado*) suele constar de dos, y entre vocales, precedida de vocal tónica (*carro*), de cuatro. En pronunciación fuerte estas cifras suelen aumentar proporcionalmente; en cambio en pronunciación rápida y relajada, y en particular después de *s* (*israelita, dos reales*), no es raro oír una *rr* fricativa en la cual la lengua, aunque toma aproximadamente la posición de la r̄ vibrante, no forma oclusión con los alvéolos ni produce con claridad el movimiento vibratorio arriba descrito: *perro-*pɛ́ɹ̞ɔ, *recuerdo-*ɹ̞ɛkwɛ́rd̞ɔ, *carro-*káɹ̞ɔ, *israelita-*iɹ̞aɔlíte, etc. Lo más frecuente en el grupo *sr* es que se pierda la *s*, § 107, aumentándose, en cambio, hasta cinco o seis las vibraciones de la r̄. En sílaba inacentuada, el número de estas vibraciones suele ser dos en todos los casos, cualquiera que sea la posición del sonido [1].

La **r** simple y la r̄ múltiple se distinguen por varias circunstancias: la **r** consta de una sola vibración; la r̄, de dos o más vibraciones; la **r** es momentánea; la r̄, continua o prolongable; el movimiento de la lengua en **r** es realmente de fuera a dentro, mientras que en r̄, como hemos dicho, la punta de la lengua es empujada repetidamente de dentro a fuera; la tensión muscular, en fin, es en r̄ mucho mayor que en **r**. Cada uno de estos dos sonidos tiene en nuestro idioma su valor propio y característico, de tal modo, que su confusión, bastante frecuente entre los extranjeros que aprenden español, suele alterar gravemente en muchos casos la significación de las palabras. La comparación de los siguientes ejemplos dará la idea de la importancia que tiene en nuestra lengua saber distinguir entre sí dichos sonidos:

pero, fruta.	*perro*, animal.
cero, número.	*cerro*, monte.
coro, lugar del templo.	*corro*, círculo de gente.
caro, de excesivo precio.	*carro*, carruaje ordinario.
torero, lidiador de toros.	*torrero*, guarda de faros.

117. Defectos relativos a la *rr*.— La *rr* fricativa, ɹ, que suele producirse, como queda dicho, en la con-

---

[1] Pueden verse más detalles sobre este punto en *Las vibraciones de la «rr» española,* en *Revista de Filología Española,* 1916, III, 166-168.

versación rápida y descuidada, no se acepta en la lengua culta como forma corriente y normal. En las partes de España y América en que la *r* simple sufre en los grupos *tr, pr, cr,* etc., la asibilación indicada en el § 115, adviértese que la presencia de este fenómeno coincide con el uso de una *rr* ápicoalveolar fricativa, que se pronuncia asimismo con asibilación más o menos desarrollada: *perro*-**péɹ̃ɔ**, *torre*-**tóɹ̃ɔ**, *rosa*-**ɹ̃ósɐ**. La relajada ɹ, nacida como la ɹ, de una estrechez linguoalveolar, de timbre blando y suave, tiene propiamente su campo, dentro del ambiente castellano, en el lenguaje familiar. La asibilaba ɹ̃ es un sonido dialectal para el oído español. Esta ɹ̃ se distingue de la ɹ no sólo por su asibilación, debida a un cierto redondeamiento de la abertura apical, sino además por formarse con mayor tensión de los órganos articuladores y por ser menos sonora y vocálica que la relajada ɹ.

La vibrante múltiple **r** es un sonido indispensable para pronunciar correctamente el español. Franceses y alemanes necesitan evitar, como en el caso de la ɼ, el empleo de la *rr* uvular. Algunos ingleses, y más especialmente los angloamericanos, suelen dar a la *rr* un sonido fricativo, hueco y cóncavo, formado con la punta de la lengua elevada y vuelta hacia el paladar y acompañado a veces de labialización. El uso de este sonido hablando español altera y deforma gravemente la pronunciación de este idioma. No hay un medio eficaz que pueda ser recomendado para lograr indirectamente la pronunciación de la vibrante r̄. El estudiante sólo puede esperar el éxito de su propia habilidad imitativa, ayudada por un conocimiento claro del mecanismo de dicha articulación.

CONSONANTES PALATALES

118. PRONUNCIACIÓN DE LA *ch*.— Palatal africada sorda; ort. *ch*, fon. ĉ. Articulación: posición de los labios, según los sonidos contiguos; las mandíbulas se separan aproximadamente un milímetro, sin que su abertura llegue, por tanto, a hacerse visible entre los bordes de los incisivos; la lengua se eleva, convexa, tocando a cada lado de la boca, desde los molares hacia arriba, una zona bastante ancha del paladar; el predorso de la lengua continua este contacto por la parte de delante contra el prepaladar y los alvéolos; en la parte más alta de éstos la superficie de contacto es generalmente mucho

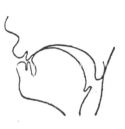

ĉ palatal.

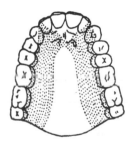

ĉ palatal.

más estrecha que a los lados de la boca, pero siempre es suficiente para interrumpir por un momento la salida del aire espirado. Esto constituye la primera parte de la articulación. Después, el predorso se separa gradualmente de los alvéolos y del prepaladar, formando con éstos durante un instante una estrechez por donde el aire se escapa, produciendo una breve fricación, semejante por su timbre al sonido de la *sh* inglesa. Tanto esta fricación como la oclusión que la precede son momentáneas, y se efectúan entre los mismos órganos y en el mismo punto del paladar; su duración total viene a ser como la de cualquier oclusiva simple. La punta de la lengua no desempeña en este caso función esencial, quedando generalmente libre y como suspendida frente a los incisivos superiores, o bien, como ocurre en la pronunciación de algunas personas, apoyándose más o menos contra los incisivos inferiores, sin que esto haga variar sensiblemente el timbre de dicha articulación. Tensión muscular, algo menor que en las oclusivas **p**, **t**, **k**; velo del paladar, cerrado; glotis, muda.

En pronunciación dialectal, la articulación de la *ch* española presenta multitud de variantes, tanto por lo que afecta a la extensión del contacto entre la lengua y el paladar, como por lo que se refiere al punto de articulación, a la posición especial de la punta y del dorso de la lengua y a la duración del elemento fricativo. En la pronunciación española correcta, la extensión del contacto linguopalatal varía también según la mayor o menor fuerza con que se produce el sonido [1].

En los tratados de español para extranjeros suele explicarse la *ch* española como un sonido compuesto de *t*+*ch* francesa; el elemento fricativo de nuestra *ch*, aun careciendo de la labialización que caracteriza al sonido francés, tiene, en efecto, cierta semejanza con dicho sonido; pero su elemento oclusivo, por lo que se refiere a la forma de la articulación, difiere esencialmente de la *t*, pues mientras la oclusión de ésta se produce, como

---

[1] Puede ampliarse el estudio de la *ch* normal española y de sus variantes y diferencias dialectales con los datos de S. GILI GAYA, *Observaciones sobre la* ĉ, en *Revista de Filología Española,* 1923, X, 179-182; comp. A. Alonso, en *Revue de Linguistique romane,* 1925, I, 174.

es sabido, con la punta de la lengua contra los dientes, §
99, la de la *ch*, por el contrario, se forma de manera que
ni los dientes ni la punta de la lengua tienen en ella
intervención directa. Tienen sonido más o menos semejante a nuestra *ch*, la *c* en ital. *cento*; la *tx* en cat.
butxaca; la *ch* en ingl. *church*, y la *tsch* en alemán
deutsch; pero la parte fricativa del sonido español es más
breve y más aguda que la que generalmente presenta
dicha articulación en los demás idiomas citados. Ejemplos: *chico*-ĉíkʊ, *muchacho*-muĉáĉʊ, *chichón*-ĉiĉǫ́n, *cincha*-
θíɲĉɐ, *ancho*-áɲĉʊ, *mucho*-múĉʊ, *corcho*-kǫ́rĉʊ, *percha*-
pę́rĉɐ, *escarcha*-eskárĉɐ, *colcha*-kǫ́lĉɐ, *charol*-ĉarǫ́l.

     119. La *y* africada.— Palatal africada sonora; ort.
y, hie, fon. ŷ. Articulación: glotis, sonora; el resto de la

ŷ palatal.

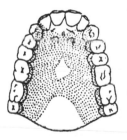

ŷ palatal.

articulación coincide esencialmente con lo que en el
párrafo anterior se ha dicho de la *ch*. Rasgos particulares: la zona de contacto entre la lengua y el paladar es
en ŷ más amplia que en ĉ; la parte de la lengua que
forma este contacto, aun siendo en ambas el predorso,
resulta en la ŷ un poco más interior que en la ĉ; en la ŷ
la punta de la lengua se apoya ordinariamente contra
los incisivos inferiores, quedando despegada, frente a

los dientes superiores, mayor parte de la lengua que en
la ĉ; la fricación con que termina la articulación de la ŷ,
además de ser sonora, es más suave que la de la ĉ,
presentando aquélla, de ordinario, mayor semejanza con
el sonido de la y fricativa que con el de la ž (*j* francesa);
en pronunciación enérgica, sin embargo, dicha fricación
se acerca al timbre de una ž no labializada.

La ŷ y la ĉ no se hallan, por consiguiente, en la
misma relación de sonora a sorda que b y p, d y t, etc.;
así como el elemento fricativo de la ŷ es y y no ž, el de
la ĉ es š y no ẙ; la sonora correspondiente a la ĉ es más
bien lo que se pronuncia a veces, como queda dicho, en
formas como *yo, ya,* etc., dichas de una manera enfática,
las cuales podrían ser transcritas z̊ó, z̊á [1].

Debe rechazarse la equivalencia ŷ=*d*+*y* que algunos
libros señalan, pues tanto la *d* en este caso como la *t* en
el caso de *t*+*ch* por ĉ, sólo son un obstáculo para
alcanzar la pronunciación correcta del sonido español.
Representan un sonido semejante al de la ŷ española la
g, gi, en ital. *gente, gia, cortigiani,* y la *g* en ingl. *gym-
nastic, agility, gentleman.*

El sonido de la ŷ aparece en nuestra pronunciación
representado por *y, hi* ortográficas, en posición inicial
de sílaba, precedidas inmediatamente de las consonantes
n, l: *cónyuge*-kóṇŷx̧ə, *conyugal*-koṇyu̧gál, *inyectar*-iṇŷęk
táɹ, *inyección*-iṇŷęgθjón, *enyesado*-eṇŷəsádɔ, *enyuntar*-
eṇŷu̧ntáɹ, *un yugo*-u̧ṇ ŷúgɔ, *el yunque*-ęl ŷúnkə, *el*

[1] Con el signo ž se indica, como ya se ha hecho en otros casos,
un sonido del típo del fr. *j*, y con š el correspondiente al tipo del
fr. *ch*; la ŷ representa una y sorda, y la z̊ una africada palatal que
se corresponde con la fricativa ž como la ŷ con la y. Comp. Jos.
CHLUMSKY, «*ddj*» *en gothique et ses analogies en espagnol,* en
Zvlášini otisk z Xenia Pragensia, Praga, 1929, págs. 339-341.

yerno-ȩl ŷȩrno, *con hierro*-koɲ ŷḗro, *sin hiel*-siɲ ŷȩ́l, *venden hielo*-béɲdeɲ ŷȩ́lo, *el yesero*-ȩl ŷeséro.

En posición inicial acentuada, después de pausa, alternan la africada ŷ y la y fricativa, predominando la primera en pronunciación lenta, fuerte o enfática, y la segunda en pronunciación familiar, rápida o descuidada: *yegua*-ŷȩ́gwa o yégwɐ, *yelmo*-ŷȩ́lmo o yȩ́lmo, *yesca*-ŷéska o yéskɐ, *yo*-ŷó o yó, *yugo*-ŷúgo o yúgo, *hierba*-ŷȩ́rba o yȩ́rbɐ, *yema*-ŷéma o yémɐ [1].

120. LA *y* FRICATIVA.— Palatal fricativa sonora; ort. *y, hi*, fon. y. Articulación: labios, según las vocales contiguas; mandíbulas, un poco más abiertas que en ĉ, ŷ; la punta de la lengua se apoya contra los incisivos infe-

y fricativa.

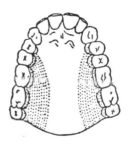

y fricativa.

riores; el dorso se eleva en forma convexa, tocando el paladar a ambos lados de la boca, y formando en el centro una abertura alargada, por donde sale el aire espirado; velo del paladar, cerrado; glotis, sonora. La amplitud de la abertura linguopalatal varía según la

---

[1] En el habla vulgar de algunas regiones se pronuncia gjȩ́l por *hiel*-yȩ́l; gjḗro por *hierro*-yḗro; gjéso por *yeso*-yéso, etc.; en otras la ŷ se forma con sonoridad demasiado débil o con parte de sordez, aproximándose al sonido de la ĉ.

fuerza de la pronunciación; la afectación y el énfasis, aumentando la elevación de la lengua, llegan a convertir la **y** en **ŷ** africada; la pronunciación relajada, por el contrario, aumentando la distancia entre la lengua y el paladar, hace que en algunos casos la **y** llegue propiamente a tener más timbre de vocal que de consonante. Entre uno y otro extremo la conversación ordinaria ofrece numerosas variantes; pero la forma más frecuente en la pronunciación correcta, por lo que se refiere a la posición de la lengua, es suficientemente cerrada para que no haya duda en considerarla como consonante fricativa. La articulación de la *y* normal española es, en efecto, algo más cerrada que la que se observa en al. *ja, jung;* fr. *hier, piller;* ingl. *yes, young*; la diferencia se advierte especialmente en la pronunciación de los norteamericanos, los cuales, en palabras españolas como *ayer, raya, mayo,* etc., pronuncian una *y* cuyo timbre resulta, en general, bastante más relajado y abierto que aquel a que el oído español se halla acostumbrado.

La consonante **y** y la vocal **i** presentan varios rasgos comunes; pero se diferencian, entre otras razones, por la forma de la abertura linguopalatal, que es redondeada en **i** y alargada en **y**; por el punto de articulación, que en ésta es algo más interior que en aquélla, y por la intervención de los labios, que mientras en la **i** toman una posición relativamente fija, en la **y** sólo realizan una función indiferente. La semiconsonante **j** y la semivocal **i̯** se diferencian de la **y** en no ser, como ésta, sonidos prolongables de timbre uniforme y definido dentro de la variedad correspondiente a cada caso.

El sonido de la **y** en la pronunciación española, escrito *y* o *hi-*, aparece normalmente, dentro del grupo fónico, en posición inicial de sílaba, siempre que no

precedan inmediatamente *n* ni *l*, y en posición inicial
absoluta, en la conversación rápida y, sobre todo, en
sílaba inacentuada: *cayado*-kayáɗɔ, *rayado*-r̄ayáɗɔ, *ayer*-
ayéɹ, *bueyes*-bwéyəs, *hoyo*-óyɔ, *sayal*-sayál, *ayuda*-ayúɗɐ,
reyerta-r̄eyértɐ, *la yema*-la yémɐ, *la hierba*-la yérbɐ, *de
hierro*-de yér̄ɔ, *mi yerno*-mi yérnɔ, *hermano y hermana*-
ermánɔ yermánɐ, *yacimiento*-yaθɪmjéntɔ, *yantar*-yaɲtáɹ.

121. Formas anómalas de la *y*.— En varias partes
de Castilla la Nueva y Andalucía la *y* intervocálica, en
formas como *ayer, mayo, saya, ayunar,* etc., es pronunciada como una ž, sin labialización, o como una variante
intermedia entre y y ž. El punto de articulación de la y
normal es más interior que el de dicha ž; la y se forma
en el prepaladar; la estrechez de la ž tiene lugar principalmente sobre los alvéolos, aun cuando al mismo tiempo la aproximación de los órganos continúe más o
menos hacia adentro. La posición del dorso es convexa
en la y y plana en la ž. La sección dorsal que forma la
articulación es algo más interior en la y que en la ž. La
corriente espiratoria y la tensión muscular son más
fuertes en la ž. La y tiene timbre blando y suave, fácil a
la vocalización. El timbre de la ž se caracteriza por un
cierto zumbido áspero producido por el rehilamiento de
los órganos en el punto de articulación. La pronunciación de la y como ž se ha hecho general en la Argentina:
ažéɹ, mážɔ, etc. Algunas variantes de este sonido, en el
habla vulgar del Sur de España, pierden o debilitan su
sonoridad hasta el punto de resultar próximas al sonido
š. Otras variantes aparecen como africadas o próximas
a la africación, con vacilaciones y diferencias también
en cuanto a la sonoridad. En pronunciación popular
madrileña es frecuente el sonido africado ẑ con sonoridad vacilante o incompleta: aẑéɹ, máẑɔ, etc.

122. Pronunciación de la *ñ*.— Palatal nasal sonora; ort. *ñ, n,* fon. ɲ. Articulación: abertura de los labios, según los sonidos contiguos; abertura de las mandíbulas, 4 mm. aproximadamente; la punta de la lengua se apoya contra los incisivos inferiores; el dorso de la lengua se adhiere ampliamente al paladar duro, empezando el contacto en los alvéolos y extendiéndose más o menos hacia el postpaladar, según la fuerza de la articulación; velo del paladar, abierto; como la lengua cierra por completo la cavidad bucal, el aire espirado durante la articulación sale únicamente por la nariz; glotis, sonora. Es el mismo sonido de la *gn* y *nh* en fr. *vigne,* italiano *ogni,* port. *senhor.* Ingleses y alemanes, en cuyos idiomas

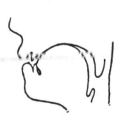

ɲ palatal.

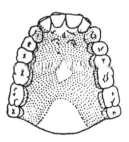

ɲ palatal.

no existe este sonido, encuentran cierta dificultad para pronunciarlo. Algunos tratados muy corrientes han extendido entre estos extranjeros el error de considerar equivalentes el sonido de la *ñ* y el de *n+y,* lo cual hace confundir en la pronunciación formas tan distintas como, por ejemplo, *Miño* y *minio, uñón* y *unión.* La *ñ* en una articulación simple, en la cual, mientras de una parte es innecesario el elemento apical de la *n,* de otra es indispensable una adherencia del dorso de la lengua al paladar, mayor que la que ordinariamente resulta de la articulación de la *y*. Aparte de la posición del velo del paladar, la articulación más semejante a la de la *ñ* es, en realidad, la de la *ŷ*; se obtendría propiamente una ņ pronunciando una *ŷ* con el velo del paladar abierto.

La *ñ* aparece, generalmente, inicial de sílaba: *viña-*bíņɐ, *pequeño-*pekéņɔ, *rebaño-*r̄ɛb̞áņɔ, *riñón-*r̄įņón, *cuña-*kúņɐ, *madroño-*mað̞róņɔ, *añadir-*aņɐd̞įμ. La *n* final de sílaba, en contacto con una consonante palatal, se pronuncia también ņ; pero, naturalmente, sin la explosión que completa el sonido de la ņ en la posición inicial: *ancho-*áņĉɔ, *concha-*kóņĉɐ, *mancha-*máņĉɐ, *cónyuge-*kóņŷμxə, *un yunque-*úņ-ŷúņkə, *conllevar-*koņ1əbáɹ, etc.

La pronunciación lenta y silabeada puede hacer que la *n* mantenga en estos mismos casos su forma ápico-alveolar, más o menos palatalizada, sin asimilarse por entero al modo de articulación de la palatal siguiente.

123. Pronunciación de la *ll*.— Palatal lateral sonora; ort. *ll, l*, fon. ḷ: Articulación: labios, según las vocales con-

ḷ palatal.

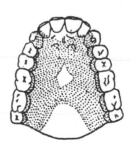

ḷ palatal.

tiguas; abertura de las mandíbulas, 6 mm. aproximadamente; la punta de la lengua toca los incisivos inferiores; el dorso, elevándose como en ņ y *ŷ*, forma con el paladar un amplio contacto; a ambos lados de la boca, hacia los últimos molares, la lengua, recogiéndose y separándose un poco de dichos dientes, forma dos aberturas estrechas, por donde sale el aire espirado; muchas personas, en lugar de estas dos aberturas, forman una sola, al lado derecho de la boca o al izquierdo, según la costumbre individual, sin que esto influya sensiblemente en el timbre del sonido; velo del paladar, cerrado; glotis, sonora. El mismo sonido se halla en ital. *foglia*, portugués *filho*, cat. *lliure*; se halla también en la pronunciación de algunas regiones francesas en palabras como *fille, vieille,* etc. Los alemanes y los ingleses, en cuyos idiomas no hay sonido equivalente al de la ļ, imitan deficientemente esta articulación, sustituyéndola por el grupo *l+y*, con lo cual confunden formas tan distintas como *hallar* y *aliar, hallados* y *aliados, escollo* y *escolio,* etc.; la ļ requiere, como circunstancia esencial de su articulación, un contacto entre el dorso de la lengua y el paladar mucho más extenso que el que del grupo *l+y* resulta. Además el elemento apical de la *l* no sólo es innecesario, sino inconveniente para pronunciar con propiedad la ļ normal española.

La ļ aparece en posición inicial de sílaba: *calle*-káļə, *pollo*-póļɔ, *estrella*-eṣtréļɐ, *caballo*-kabáļɔ, *cebolla*-θeḅoļɐ, *llave*-ļáḅə, *llano*-ļánɔ, *llamar*-ļamáɹ, *llover*-ļoḅéɹ. La *l* final de sílaba, en contacto suficientemente estrecho con una consonante palatal, resulta también ļ implosiva en la pronunciación ordinaria: *colcha*-kóļčɐ, *colchonero*-kọ̧ļčọnérɔ, *salchichón*-sạ̧ļčị̧čọ́n, *el chico*-ęļ číkɔ, *el yerno*-ęļ ẏérnɔ, *el llavero*-ęļ ļabérɔ.

124. EXTENSIÓN Y CONCEPTO DEL YEÍSMO.— A la pronunciación de la *ll* como *y* se le llama yeísmo: *cabayo, yave, gayina,* por *caballo, llave, gallina,* etc. La confusión de ambos sonidos aparece en su origen como resul-

tado de la relajación articulatoria de la ḷ. En el yeísmo
se dan, según los lugares y los casos, todas las modificaciones y variantes, ŷ, y, ž, ż, etc., con que se pronuncia
la *y*, §§ 119-121.

Aun siendo en español un fenómeno muy extendido,
el yeísmo no es realmente tan general como se suele
creer. En Castilla la Vieja, León, Asturias, Aragón y
Navarra, tanto entre las personas cultas como en el
habla popular, la distinción entre la *ll* y la *y* es, con
pocas excepciones, un hecho regular y corriente. Los
gallegos, vascos, catalanes, valencianos y mallorquines,
pronuncian asimismo el español distinguiendo ambos
sonidos.

En Castilla la Nueva hay provincias en que predomina la distinción — Guadalajara y Cuenca — y otras
en que predomina el yeísmo —Madrid, Toledo, Ciudad
Real. El yeísmo de la capital española es un rasgo
esencialmente popular que se extiende más o menos a
las demás clases sociales. Hay ciertas diferencias, sin
embargo, entre el yeísmo de la clase media madrileña,
el del pueblo bajo y el peculiar del habla chulapa.

Las regiones más yeístas de España son Extremadura,
Murcia, Andalucía y Canarias, sin que tampoco en
estas regiones el yeísmo sea forma única y exclusiva. La
impresión recogida sobre este punto en las poblaciones
principales ha servido generalmente para calificar en
conjunto el habla de cada región. A medida que se
conoce mejor la lengua popular, van apareciendo zonas
de *ll* donde antes se pensaba que sólo había *y*.

Esto mismo viene ocurriendo por lo que se refiere a
los países hispanoamericanos. La vaga y antigua opinión
de que toda la América de lengua española es yeísta
tropieza cada día con alguna rectificación importante.
Por las noticias hasta hoy publicadas sabemos que la

distinción entre la *ll* y la *y* se practica, de un modo corriente y regular, del mismo modo que en el Norte de España, en varias provincias de la Argentina, Chile, Perú, Colombia y Ecuador [1].

La lengua literaria, manteniendo la tradición histórica del idioma, distingue, como en las provincias y regiones citadas, la *ll* y la *y*. Tiene esta distinción la ventaja de facilitar la escritura ortográfica y de no confundir fonéticamente formas como *pollo* y *poyo, valla* y *vaya, olla* y *hoya, malla* y *maya, halla* y *haya,* etc. En Madrid, a pesar del yeísmo de una gran parte de la población, las personas cultas distinguen la *ll* de la *y*. Parece mal que un conferenciante o un orador, no siendo hispanoamericano ni andaluz, diga *foyeto, hueya* y *siya*. En el efecto de conjunto de la pronunciación andaluza o hispanoamericana, el yeísmo resulta natural. En todo caso es un hecho fácil de notar que la confusión entre la *ll* y la *y* no es tenida exactamente entre las personas instruídas en el mismo concepto de dialectalismo culto que se concede al seseo, § 93 [2]. En el teatro no regional uno y otro fenómenos son igualmente rechazados.

[1] P. HENRÍQUEZ UREÑA, *Observaciones sobre el español en América,* en *Revista de Filología Española,* 1921, VIII, 368, y *El supuesto andalucismo de América,* en los *Cuadernos* del Instituto de Filología de Buenos Aires, 1925, tomo I, núm. 2. Véase también *Revista de Filología Española,* 1923, X, 37-39.

[2] Este mismo sentimiento se advierte en testimonios de escritores hispanoamericanos, como puede verse por el siguiente ejemplo de un autorizado profesor argentino: «El yeísmo es vicio que debemos combatir y desarraigar completamente, por lo menos del lenguaje culto», BASTIANINI, *Prosodia*, Buenos Aires, 1914, pág. 35.

CONSONANTES VELARES

125. Pronunciación de la consonate *k*.— Velar oclusiva sorda; ort. *c, qu, k,* fon. **k**. Articulación: posición de los labios y de las mandíbulas, según los sonidos contiguos; el postdorso de la lengua se eleva contra el velo del paladar, cerrando por completo la salida del aire espirado; la punta de la lengua desciende aproximadamente hasta las encías de los incisivos inferiores; velo del paladar, cerrado; glotis, sorda; explosión, un poco más débil que en **p, t**. Debe evitarse la explosión aspirada y sorda con que muchos extranjeros pronuncian la **k**, sobre todo en casos como *quieto, quieres,* etc. En contacto con las vocales *u, o, a,* el punto en que se forma la oclusión es plenamente velar; pero con las vocales *i, e,* más que velar es propiamente post palatal; dicho punto, bajo la influencia de las vocales contiguas, avanza, pues, desde el fondo de la boca hacia fuera, según la

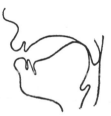

k, g velares.

serie **ku, ko, ka, ke, ki**; la punta de la lengua avanza o retrocede también siguiendo en cada caso el movimiento del dorso. Ejemplos: **k** inicial de sílaba, escrita *c* ante *a, o, u,* y *qu* ante *e, i: caza*-**káθɐ**, *loco*-**lókɔ**, *terco*-**térkɔ**, *cinco*-**θíŋkɔ**, *querer*-**keréɹ**, *inquirir*-**iṇkɪríṃ**, *quince*-**kíṇθə**, *kilogramo*-**kilográmɔ**, *cubano*-**kubánɔ**; **k** final de sílaba, escrita *c: actor*-**aktóɹ**, *doctor*-**dɔktóɹ**, *pacto*-**páktɔ**, *efecto*-**eféktɔ**, *perfecto*-**pɐrféktɔ**.

Conviene advertir que en el grupo *ct* la *c* se pronuncia solamente como **k** implosiva, sin explosión perceptible. Además, la lengua, para articular esta *k*, sólo llega de ordinario a formar una verdadera oclusión un instante antes de pasar a la posición de la *t* siguiente, resultando, por tanto, fricativa, en la conversación corriente, una gran parte de dicha *k*. Con esto la **k** que se pronuncia en el grupo indicado produce un efecto más blando y suave que la **k** inicial de sílaba. Dicha pronunciación podría representarse con combinaciones como **agtói**, **agᵍtói**, **aᵍktói** o **agᵏtói**. Claro es que en pronunciación fuerte el elemento sonoro, oclusivo o fricativo desaparece y la *k* resulta desde el principio completamente sorda y oclusiva. Aun en los casos en que el sonido empieza como **g** o **g**, si al final alcanza la forma y timbre de **k**, el efecto de este último elemento suele ser el que predomina en la impresión acústica del conjunto [1].

La **k** es final en algunas palabras de origen extranjero; esta **k** se pronuncia también corrientemente implosiva y relajada, llegando a veces a oírse como una **g** más o menos sorda; *frac*-**frák**, *cognac*-**konák**, *vivac*-**bibák**, *bock*-**bók**, *cok*-**kók**. En la palabra *cinc* se pierde de ordinario la *c* final, pronunciándose únicamente **θín** o **θíŋ**. El habla vulgar suprime asimismo la *c* final en los demás casos: **frá**, **koná**, **kó**, etc. Para la pronunciación de la *c* en los grupos *cc, cs, cn*, v. §§ 128 y 129.

126. Pronunciación de la **g** oclusiva.— Velar oclusiva sonora; ort. *g, gu,* fon. **g**. Articulación: glotis, sonora; tensión, media; el resto de la articulación, como en **k**. Aparece en posición inicial absoluta, escrita *g* ante *a, o, u,* y *gu* ante *e, i: ganancia*-**ganãnθje**, *greda-*

---

[1] La pronunciación vulgar suprime la **k** del grupo *ct* o la somete, según los casos, a diversas modificaciones: *dotor,* *caráiter, aspeuto, aztor, fastor,* etc.

grédɐ, *gallo*-**gálɔ**, *guerra*-**gḗɐ**, *gobierno*-**gobjḗrnɔ**. Aparece también en posición interior de palabra o grupo en contacto con una nasal precedente: *rango*-**ɍángɔ**, *sangriento*-**saŋgrjḗɳtɔ**, *venganza*-**beŋgánθɐ**, *tinglado*-**tiŋgláɖɔ**, *tengo*-**téŋgɔ**, *un grado*-**ún grádɔ**.

127. LA *g* FRICATIVA.— Velar fricativa sonora; ort. *g*, *gu*, fon. **g**. Articulación: labios y mandíbulas, según las vocales contiguas; el postdorso de la lengua se eleva, como en la g oclusiva, contra el velo del paladar, pero sin llegar a formar con éste un contacto completo; el aire espirado sale por la estrechez que de la aproximación de dichos órganos resulta, produciendo una suave fricación; velo del paladar, cerrado; glotis, sonora; tensión, débil. La fricativa **g** se halla, con respecto a la g oclusiva, en la misma relación que las fricativas **ƀ**, **đ**, y con respecto a **b**, **d**, **ŷ**. La amplitud de la abertura linguovelar varía según la fuerza de la pronunciación y según la posición del sonido en el grupo fónico. La pronunciación rápida y relajada y la posición intervocálica producen las formas más abiertas; la pronunciación lenta, enérgica o enfática y el contacto con otras consonantes favorece la tendencia contraria. En el primer caso, palabras como *agua, aguardar, aguador,* etc., suelen pronunciarse casi como **áwa, awɐr-dár, awɐđóɹ,** etc.; en el segun-

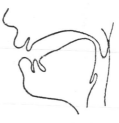

g fricativa.

do, la *g* de *dogma, digno,* etc., suele llegar hasta la articulación completamente oclusiva. El carácter culto o popular de las palabras influye también en estas diferencias. Resulta, pues, normalmente fricativa toda *g* ortográfica ante *a, o, u (gu* ante *e, i)* que en la pronunciación no se halle inicial absoluta ni precedida de *n*, únicos casos en que, como queda dicho, aparece la **g** oclusiva de una manera constante: *arruga*-aīúgɐ, *llegada*-ḷegádɐ, *rogar*-īọgár, *higuera*-igérɐ, *seguir*-segíʮ, *alegre*-alégrə, *agradable*-agraḍábḷə, *siglo*-sígḷɔ, *arreglado*-aīəglá-ḍɔ, *cargo*-kárgɔ, *colgar*-kọlgár, *rasguño*-īazgúɲɔ, *mayorazgo*-mayɔrázgɔ, *digno*-dígnɔ, *resignación*-īęsignaθjọ́n, *ignorante*-įgnɔráɲte, *dogmático*-dọgmátįkɔ.

128. PRONUNCIACIÓN DE LOS GRUPOS *cc* Y *cn*.— El grupo *cc* se pronuncia ordinariamente **gθ**; la **g** en este caso es débil y relajada, y además, bajo la influencia de la **θ** siguiente, suele resultar en parte ensordecida: *dirección*-**diręgθjọ́n**, *acción*-**agθjọ́n**, *instrucción*-īṣtrųgθjọ́n, *selección*-**selęgθjọ́n**, *dicción*-**dįgθjọ́n**. En formas fuertes o enfáticas *cc* se pronuncia **kθ**: **dirękθjọ́n**, **akθjọ́n**, etc.; el habla vulgar, por el contrario, reduce este grupo a una sola *c*: **direθjọ́n**, **aθjọ́n**, **įṣtrṳθjọ́n**, etc. El grupo *cn*, en la conversación ordinaria se pronuncia, generalmente, **gn**: *técnica*-**tégnįkɐ**, *tecnicismo*-**tégnįθízmo**, *anécdota*-**anégḍɔta**; en pronunciación fuerte resulta **kn** o **gn**: **téknika** o **tégnika**, etc. En realidad no hay diferencia alguna de articulación ni de sonido entre la *c* de *técnica* y la *g* de *signo*.

129. PRONUNCIACIÓN DE LA *x*.— Históricamente, la *x* de nuestra actual escritura equivale al grupo *cs*; pero su pronunciación sólo se ajusta al valor literal que este grupo representa en casos muy marcados de dicción culta y enfática. En la conversación corriente, la *x* ante consonante se pronuncia como una simple *s*: *extraño*-eṣtráɲɔ, *explicación*-esplikɐθjọ́n, *exponer*-esponéɹ, *excelente*-eṣθɔléɲtə, *excepción*-eṣθębθjọ́n, *exclamar*-esklɐmáɹ, *excursión*-eskụrjọ́n, *extensión*-eṣtensjọ́n. Entre vocales se pronuncia como **gs** con una **g** débil y relajada que a

veces, como la del grupo *cc*, resulta también en parte
ensordecida: *examen*-ęgsámẽn, *eximio*-ęgsímjo, *éxito*-ęgsı-
to, *exótico*-ęgsótıko, *exención*-ęgsenθjón, *máxima*-mágsı-
mę, *existencia*-ęgsı̨stéŋθja. La s en estos casos tiene siempre en español sonido sordo. Franceses e ingleses,
influidos por sus idiomas respectivos, incurren de ordinario en el error de dar a dicha s sonido sonoro,
pronunciando ęgzámen, ęgzímjo, etc. Ante una *h*, la *x* se
pronuncia como si fuera intervocálica: *exhalar*-ęgsáláɹ,
exhibición-ęgsibı̨θjón, *exhortación*-ęgsǫrtaθjón, *exhumar*-
ęgsumár. El habla vulgar pronuncia la *x* intervocálica
con el mismo valor de s que la *x* final de sílaba:
esámẽn, esı̨ştéŋθję, etc. La pronunciación correcta admite,
generalmente, la *s* por *x* intervocálica en *exacto*-esákto,
auxilio-aųsíljɔ y *auxiliar*-aųsiljáɹ.

130.   LA NASAL VELAR.— Velar nasal sonora; ort. *n*,
fon. ŋ. La *n* final de sílaba, en contacto con una consonante velar siguiente, se asimila
en la conversación ordinaria, por
lo que a la posición de la lengua
se refiere, a la articulación de
dicha consonante velar; la articulación de la ŋ se forma, por consiguiente, con el postdorso de la
lengua elevado contra el velo de
paladar, y no, como sucede en la

Nasal velar ŋ.

n normal, § 110, con la punta de la lengua contra los
alvéolos superiores; velo del paladar, abierto; glotis,
sonora. El contacto linguovelar, durante la articulación
de la ŋ es completo cuando esta consonante va seguida de
alguna de las oclusivas g, k; pero no suele serlo ante la
fricativa x y mucho menos ante la semiconsonante w, llegando la ŋ con frecuencia en este último caso a reducirse a

una simple nasalización de la vocal anterior, y también, a veces, de la w siguiente. Ejemplos: *cinco-*θίŋkɔ, *banco-*báŋkɔ, *ronco-*r̄óŋkɔ, *manco-*mã́ŋkɔ, *lengua-*léŋgwɐ, *pongo-*póŋgɔ, *en casa-*eŋ kásɐ, *sin gana-*sįŋ gánɐ, *monja-*mṍŋxɐ, *enjambre-*eŋxámbrə, *fingir-*fįŋxį́, *un huerto-* ũ-wɛ́rtɔ, *sinhueso-*sĩ-wésɔ, *con huevo-*kõ-wébɔ [1].

131. Pronunciación de la j.— Velar fricativa sorda; ort. *j, g,* fon. x. Articulación: labios y mandíbulas, según las vocales contiguas; el postdorso de la lengua se eleva contra el velo del paladar, sin llegar a interceptar completamente la salida del aire espirado; la punta de la lengua desciende, como en las demás consonantes velares, bajo el nivel de los incisivos inferiores; velo del

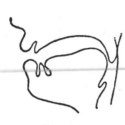

x fricativa.

paladar, cerrado; glotis, sorda. La articulación de la *j* se forma en un punto algo más interior que la de las velares g, ǥ, k; es la más interior de las articulaciones españolas; en algunos casos, seguida de las vocales *u, o, a,* más que velar resulta propiamente uvular, formándose entre el postdorso de la lengua y la úvula o apéndice del velo del paladar, con las vocales *i, e* se forma un poco más hacia fuera que con *a, o, u,* produciéndose a veces contra el postpaladar: *regimiento, dirigir,* pero sin llegar nunca a ser tan avanzada como, por ejemplo, la *ch* del al. *ich.* La fricación de esta consonante es, en general, más áspera que la de las otras fricativas españolas. En pronunciación enérgica la *j* pasa con facilidad de fricativa a vibrante;

[1] El habla vulgar en el caso de *n+hue,* como ante *hue* inicial, § 65 n., desarrolla ordinariamente una *g* o una *b* oclusiva: úŋ-gwɛ́rtɔ, sįŋ gwésɔ, kɔŋ gwébɔ, o úm bwɛ́rtɔ, sįm bwésɔ, etc.

en pronunciación relajada, por el contrario, llega a reducirse a una simple aspiración. Esta forma aspirada con variable amplitud del canal articulatorio es general en algunas regiones españolas y en los países hispanoamericanos: *caha, tehado, hurro*, por *cuja, tejado, jarro*, etc.; en pronunciación culta o normal la forma más corriente es la fricativa. El sonido de esta última es muy semejante al de la *ch* alemana en *Kuchen, machen*, etc. Los ingleses y los norteamericanos, al hablar español, suelen pronunciar una *j* demasiado abierta y aspirada. Ejemplos: *rojo*-ȓǫ́xɔ, *coger*-kǫxéɹ, *hijo*-hịxɔ, *jarro*-xáȓɔ, *gemir*-xemịɹ, *girar*-xiráɹ, *fingir*-fịŋxịɹ, *enjuagar*-eŋxwagáɹ, *ingerir*-ịŋxerị, *adjurar*-abxurár, *aguja*-agúxa, *oreja*-ǫréxɐ, *navaja*-nabáxɐ, *regimiento*-ȓęxịmjéntɔ, *jugador*-xụgɐdóɹ.

Final de palabra, la *j* suena más débil que en los ejemplos precedentes: *boj*-bǫ́ˣ, *borraj*-bǫȓáˣ, *herraj*-ęȓáˣ. Por un arcaísmo ortográfico, esta *j*, aun pronunciándose con el sonido velar, se representa con el signo *x* en algunos nombres propios: *Sax*-xá̧ˣ, *Barrax*-baȓá̧ˣ, junto a *sajeño* y *barrajeño*, denominativos de los naturales de dichos pueblos. La *j* de *reloj*-ȓęló se pierde corrientemente en la conversación ordinaria.

132. RESUMEN.— Las consonantes españolas sufren numerosas e importantes modificaciones. Su articulación su timbre aparecen menos firmes y uniformes que los de las vocales, § 70. La consonante final, sobre todo, en sílaba fuerte o débil, es una articulación relativamente relajada, que obedece a toda clase de influencias por parte de los sonidos vecinos. En dicha posición, como se ha visto, las oclusivas p, t, k se hacen a veces fricativas ƀ, đ, g; las sordas s, θ, en ciertos casos, se sonorizan z, ẓ, y las alveolares l, n, s se convierten en

labiodentales m̩, interdentales ḷ, n̪, dentales ḷ, ṇ, ṣ, palatales ḷ, ṇ o velares ŋ.

La nasal final, cuyo timbre resulta en gran parte independiente de la disposición de los órganos de la boca, es, sin duda por esa misma circunstancia, la que más fácilmente modifica su articulación, de donde resulta la larga serie de sonidos nasales m, m̩, ᵐn̩, n̪, ṇ, n, ṇ, ŋ. La mayor relajación de las consonantes ocurre cuando se hallan en posición final ante pausa o también cuando dos de ellas se juntan detrás de una vocal en una misma sílaba: *ads-cri-to, pers-pi-caz, obs-tá-cu-lo,* etc. En la posición final, ante pausa, las sordas *s, z, j,* experimentan mayor relajación que las sonoras *r, l, n*; la *-d,* sin embargo, se relaja ordinariamente más que ninguna otra.

Muchas de las modificaciones citadas se producen de una manera vacilante e insegura, influyendo en su cumplimiento y en su mayor o menor desarrollo hasta las más leves y sutiles circunstancias. Esta vacilación es característica no sólo de los fenómenos de asimilación que tienen lugar entre consonantes contiguas, sino de la manera de producirse articulaciones principalmente intervocálicas, como las fricativas ƀ, đ, g, cuyo grado de abertura y de tensión varía con facilidad a cada paso. La frecuencia de estos sonidos, la relativa rareza de las oclusivas correspondientes b, d, g, y la transformación, en ciertos casos, de las oclusivas p, t, k, en fricativas más o menos sonoras, son rasgos salientes dentro del consonantismo español.

Las consonantes y las vocales, según queda indicado, § 70, entran aproximadamente en la misma proporción en el conjunto fonético del idioma. El efecto de esta proporción tiene además en su ventaja, como se

verá más adelante, §§ 177-179, la ordinaria semejanza
de cantidad o duración con que dichos sonidos se combinan entre sí. Las consonantes sonoras, en el cuadro
de nuestros sonidos, son más numerosas que las sordas,
§§ 15 y 78. Aparte de esto, algunas de dichas consonantes sonoras, como la **r**, la **l** y la **n**, se destacan entre
todas por su extraordinaria frecuencia. Las consonantes
sonoras que más abundan son principalmente las fricativas, nasales y vibrantes; las oclusivas, tanto sonoras
como sordas, figuran en menor proporción.

Entre las consonantes sordas, las oclusivas y las
fricativas se dan en partes casi iguales. La **s** es más
frecuente que cualquiera de las oclusivas **p**, **t**, **k**, pero la
θ, y la **x** y especialmente la **f** se dan en proporción más
pequeña que dichas oclusivas. La frecuencia de la **s**
iguala a la de las sonoras más abundantes. Los sonidos
menos frecuentes son la **f** y la **ĉ**. En cifras aproximadas
se puede calcular la proporción media de las vocales en
un 50 por 100, la de las consonantes sonoras en un 30
por 100 y la de las sordas en un 20 por 100. Puede
decirse que el predominio de vocales y consonantes
sonoras y la precisión, sencillez y claridad del vocalismo,
pág. 73, constituyen la base y fundamento del carácter
general de la pronunciación española.

LOS SONIDOS AGRUPADOS

133. Enlace de los sonidos en el grupo fónico.— Los sonidos comprendidos dentro de un mismo grupo fónico, entre dos pausas sucesivas de la articulación, cualquiera que sea el número de palabras de que conste dicho grupo, aparecen en la pronunciación tan íntima y estrechamente enlazados entre sí como los sonidos que componen una misma palabra. Este enlace de los sonidos, ya sea considerado en la palabra aislada, o ya en el grupo fónico, da lugar en español a importantes modificaciones fonéticas, cuyo conocimiento, como ya ha podido verse por los capítulos anteriores, es indispensable para la enseñanza de nuestro idioma.

134. Enlace de las vocales.— Cuando dentro de una misma palabra o grupo fónico aparecen juntas dos o más vocales sucesivas, lo primero que importa saber es si estas vocales se han de pronunciar en sílabas distintas, o si todas o algunas de ellas han de agruparse en una sola sílaba. Aun en el caso de que cada vocal forme por sí misma una sola sílaba, el paso de una vocal a otra vocal inmediata se hace siempre en nuestra pronunciación gradualmente y sin interrupción de sonoridad. Las cuerdas vocales, desde el principio al fin de todo grupo vocálico, y sin perjuicio de las modificaciones de tono, intensidad, etc., que dentro de él sean necesarias, mantienen su movimiento vibratorio de una manera continua, siendo a veces perceptible, en pronunciación lenta, el timbre especial que corresponde a cada uno de los tiempos de la transición que efectúan los órganos para pasar de una vocal a otra.

Como es sabido, esto no ocurre del mismo modo en todos los idiomas. En lenguas anglosajonas, y sobre todo en alemán, el enlace de la vocal final de una palabra con la vocal inicial de la palabra siguiente, o de dos vocales de una misma palabra, como en al. *The ater, be erben, ge eignet,* etc., va impedido por la oclusión laríngea que se hace de ordinario ante la segunda vocal separándola bruscamente de la anterior. En la pronunciación española, por el contrario, se enlazan las vocales sin corte ni separación de la sonoridad vocálica, pasando suave y gradualmente de uno a otro sonido tanto en grupos interiores de palabra, *beodo, poeta, maestra, suave, zahurda, mohino,* como entre palabras enlazadas, *de oro, lo echa, a esta, su ave, la una, lo hizo,* etc. [1].

135. Reducción del grupo vocálico a una sola sílaba.— Nuestra pronunciación tiende, preferentemente, a convertir, siempre que es posible, todo conjunto de vocales en un grupo monosilábico; pero diversas circunstancias históricas, analógicas o eruditas suelen oponerse en muchos casos a dicha tendencia, dando lugar, fuera del caso de los diptongos y triptongos etimológicos, a vacilaciones que a veces hacen posible en una misma palabra una doble forma de pronunciación. En general, en lenguaje rápido, la reducción de los grupos vocálicos a una sola sílaba es más frecuente que

---

[1] La *h*, según queda dicho, § 77, es un signo meramente ortográfico, sin valor ninguno en la pronunciación, enlazándose, por consiguiente, los sonidos entre los cuales se encuentra como si de hecho la *h* no existiese: *ahora*-ao̯ra, *exhibición*-eg̜sibeθjón, *deshojar*-desoxár, *los hijos*-los íxɔs, *los honores*-los onórəs.

en lenguaje lento; si las vocales no son acentuadas, su reducción, en igualdad de circunstancias, se produce más fácilmente que si alguna de ellas lleva acento; si son iguales, se contraen asimismo más fácilmente que si son diferentes, y si proceden del enlace de palabras distintas, mejor que si se hallan dentro de una misma palabra.

Los prosodistas se han esforzado inútilmente en reducir a reglas fijas tales vacilaciones; dada la libertad de que la lengua dispone en este punto, lo único posible es tratar de señalar en cada caso la forma que hoy tiene un uso más corriente en la pronunciación correcta. Ofrece un valor principal a este propósito el testimonio de los buenos poetas modernos. El oído de un buen poeta es siempre un excelente guía en lo que se refiere, dentro de su idioma, al acento y al cómputo silábico de las palabras [1]. Por otra parte, aun cuando en el lenguaje poético haya palabras, giros y modos de expresión que no se usen de ordinario en la lengua corriente, sabido es que en lo que a la articulación y a la dicción se refiere, no existe en español una pronunciación poética distinta de la que se usa en el discurso, en la escena o en la conversación de las personas ilustradas [2].

---

[1] Sobre la utilidad del verso como testimonio prosódico, véase lo dicho por R. J. CUERVO, *Apuntaciones críticas sobre el lenguaje bogotano,* 6.ª ed., París, 1914, § 50.

[2] La única diferencia que cabe señalar es la libertad que el poeta puede tomarse de silabear o acentuar algunas palabras de cierto modo que, por arcaísmo o por cultismo, puede, en la conversación, no ser de uso común, como ocurre, por ejemplo, en *vi-a-je-ro* por *via-je-ro, i-di-o-ma* por *i-dio-ma, cam-bi-ar* por *cam-biar, parasito* por *parásito,* etc. El uso siempre raro de formas de lenguaje poético como *entonce, apena, felice,* se halla entre los poetas de hoy casi enteramente desterrado.

136. Principio fundamental de la reducción de las vocales a grupos silábicos.— Fonéticamente, dos vocales, cualesquiera que sean, son siempre susceptibles de reducirse a una sola sílaba, aunque en determinados casos, por razones gramaticales o de otro carácter, deje de cumplirse dicha reducción. Tres o más vocales pueden, por el contrario, en ciertas combinaciones, ser fonéticamente irreducibles a un solo núcleo silábico. Para que en estos casos sea posible la reducción es preciso que las vocales, según el grado de perceptibilidad de cada una de ellas, se hallen combinadas, dentro de cada grupo, de mayor a menor, *aei, aeu, aoi, aou, aae, aau,* etc., o de menor a mayor, *iea, uea, ioa, uoa, iaa, uaa, ioo,* etc., o bien que la vocal o vocales más perceptibles de cada grupo, o sea las de articulación más abierta, se hallen en el centro del mismo, mientras que las menos perceptibles, o de articulación más cerrada, ocupen los extremos, con lo cual el movimiento de los órganos, abriéndose y cerrándose una sola vez para pronunciar cada grupo, coincide en lo esencial con el movimiento que requiere la articulación de cualquier sonido simple. Pueden presentarse, por consiguiente, dentro de este último caso, en pronunciación monosílaba, grupos de tres o más vocales como, por ejemplo, *iao, eai, eau, uoi, ioae, ioau, uaei, uoau, ioaeu,* etc., § 69. La reducción de los grupos vocálicos a una sola sílaba es, en cambio, imposible cuando entre dos vocales relativamente abiertas aparece una vocal más cerrada: *aoa, aia, aie, euo, ouo,* etc.; el movimiento de estrechez articulatoria a la correspondiente depresión de perceptibilidad que la vocal más cerrada representa en dichos casos constituye precisamente el punto de división silábica entre las demás vocales del grupo, § 26.

Ejemplos de grupos formados por tres o más vocales, irreducibles a una sola sílaba:

aoa	csta o aquella	éṣ-ta̧-ɔa-ké-l̦ɐ
aoa	blanca o azul	blán-ka̧-ɔa-θúl
aea	ya he hablado	ŷáe-a bla-dɔ
aia	sangrienta y ancha	saŋ-grjén-ta-yáŋ-ĉɐ
aie	apaga y enciende	a-pá-ga-yeṇ-θjén-də
eie	calle y escuche	ké-l̦e-yes-kú-ĉə
eue	parece hueco	pa-ré-θe-wé-kɔ
euo	siete u ocho	sjé-te-wó-ĉɔ
oie	mucho hielo	múĉɔ-yé-lɔ
ouo	uno u otro	ú-no wó-trɔ
oia	voy a morir	bó̧i̧-a mo-rí̧u̧
oaia	no hay ánimo	nɔá̧i̧-á-ni̧-mo
aiue	casa y huerta	ká-sa̧i̧-wértɐ
uaiai	agua y aire	á-gwa-yá̧i̧-rə

Algunos de estos ejemplos presentan variantes por lo que se refiere a la incorporación silábica del elemento que divide el grupo de vocales. En «ya he hablado» es posible silabear **ŷá-éa-blá-đo**, aun cuando la forma más corriente suele ser la indicada arriba; en pronunciación lenta sc diría, por supuesto, **ŷá-é-a-blá-đo**. En «voy a morir» puede también oírse **bó-ya-mo-rí̧u̧**, y formas intermedias en que la *y* figura más o menos en ambas sílabas: **bó̧i̧-ᵞa-mo-rí̧u̧**. Lo mismo puede decirse de «no hay ánimo»: **nɔá̧i̧-ᵞánı̧mo**. Las conjunciones *y, o, u,* se unen ordinariamente a la vocal quc las sigue. En «casa y huerta» la *y* se une a la *a* anterior por no ser vocal el sonido siguiente. De todos modos los grupos vocálicos citados forman siempre más de una sílaba.

Las modificaciones que las vocales experimentan al agruparse en núcleos silábicos fueron indicadas al hablar de los diptongos, triptongos, sinéresis y sinalcfas, §§ 66-69. Estas denominaciones, relacionadas con el distinto carácter gramatical de cada grupo, no representan diferencia alguna por lo que se refiere a la pronunciación. El grupo *au*, por ejemplo, se pronuncia del mismo modo en *laurel*, diptongo, que en *la unión*, sinalefa, y el grupo *eo* es igual fonéticamente en *te ofrecía*, sinalefa, que en *teología*, sinéresis [1].

137. Vocales iguales, sin acento, entre palabras diferentes o en una misma palabra.— Tanto en el grupo fónico como en la palabra, dos o más vocales iguales, sucesivas, sin acento, se pronuncian corrientemente como si se tratase de una sola vocal inacentuada: *ángulo oscuro, implacable encono, acreedores, vehemencia, cooperar, preeminente, alcoholismo, zoología.*

> Única antorcha que mis pasos guía [2].
> Truéquese en risa mi dolor profundo [3].
> Un tiempo hollaba por alfombra rosas [4].
> Ven mi tumba a adornar, triste vïola [5].
> ¡Oh los que, afortunados poseedores,
> habéis nacido de la tierra hermosa! [6].

La pronunciación lenta y esmerada suele hacer, sin embargo, que en casos como *acreedores, zoología,* etc., y sobre todo en *leeremos, creeríamos, creerían*, influídos por las formas acentuadas *leer* y *creer*, suenen ambas vocales separadamente [7].

---

[1] Las obras en que se hallan reunidos más abundantes materiales sobre la silabización de los grupos vocálicos en español son: A. Bello, *Opúsculos gramaticales. Ortología y arte métrica*, Madrid, 1890; E. Benot, *Prosodia castellana y versificación*, Madrid, 1892, y F. Robles Dégano, *Ortología clásica de la lengua castellana*, Madrid, 1905.

[2] N. Pastor Díaz. [3] Espronceda. [4] G. Gómez de Avellaneda. [5] E. Gil. [6] A. Bello. [7] El hiato y la sinéresis alternan en los siguientes versos de Juan Ramón Jiménez: «Que me despiertas con tu vehemencia», *Sonetos espirituales,* XXII, 2, y «De color y de luz hondo y vehemente»., *Ibíd.,* XXXVI, 4.

138. VOCALES IGUALES, CON ACENTO, ENTRE PALABRAS DI-
FERENTES.— Aun cuando alguna de las vocales lleve
acento fuerte, si el grupo resulta del enlace de palabras
contiguas, dichas vocales se pronuncian también ordinariamente como si se tratase de una sola vocal acentuada: *el aire entra silbando, la presa hace un ancho
remanso, más ven cuatro ojos que dos.*

> Y en l*a a*ncha sala la familia toda [1].
> Y*o o*s daría mi sangre de mancebo [1].
> Y en ti mir*é el* emblema de mi vida [2].
> Que mis ojos, qu*e él* tiene por tan bellos [3].

Esta reducción, sin embargo, en el habla corriente
no suele verificarse cuando se pronuncia con lentitud o
con afectación, ni tampoco en el verso cuando sobre
alguna de las expresadas vocales cae un acento principal
de carácter rítmico o enfático:

> El vulgo indigno de tu nobl*e e*stro [1].
> Y *e*ra llorar t*u ú*nico destino [4].

139. VOCALES IGUALES, CON ACENTO, EN UNA MISMA PALA-
BRA.— Cuando las vocales iguales se hallan dentro de
una misma palabra, su reducción a una sola sílaba es
también corriente en la pronunciación rápida y familiar;
pero con más frecuencia que cuando su enlace resulta
del contacto de unas palabras con otras, cada vocal se
pronuncia en una sílaba distinta en el momento en que
la expresión se hace algo esmerada o ceremoniosa:
alcohol-**ạlkộl** o **alkọộl**, *azahar*-**aθár** o **aθaár**, *albahaca*-
ạlḅáke o **ạlḅaáke**. Hay, además, algunas palabras,
como *creencia*-**kreéɳθje**, *mohoso*-**moóso** y *loor*-**loộr**, en

---

[1] V. W. Querol. [2] E. Gil. [3] Campoamor. [4] Espronceda.

que el uso rechaza constantemente la reducción de las vocales a una sola sílaba.

En *leer, lee, creer, creé, paseemos,* etc., aparte de la mayor o menor lentitud y esmero de la pronunciación, influye la colocación de estas palabras en el grupo fónico, formándose de ordinario con sinéresis en la conversación corriente si se hallan dentro de dicho grupo, como en *voy a leer un libro, no es posible creerlo todo,* mientras que, por el contrario, mantienen preferentemente la forma bisílaba si se hallan en posición final, como en *lo acabo de le-er, no se puede cre-er.*

Dentro del verso, los poetas confirman estas diferencias mezclando las formas monosílabas y las bisílabas, según requiere el tono en que se habla en cada caso:

> El az*a*h*a*r y los jazmines (8 sílabas) [1].
> Huelle los az*a*-h*a*res y jazmines (11) [2].
> Aquel que sin dormirse l*ee*r encuche (11) [3].
> Después de l*e-e*r dos veces (8) [4].
> Que ver y cr*ee*r y no más (8) [5].
> Cr*e-e*r en la existencia de la tierra (11) [5].

140. VOCALES DIFERENTES SIN ACENTO, ENTRE PALABRAS ENLAZADAS O EN UNA MISMA PALABRA.— Los grupos de vocales diferentes e inacentuadas que resultan del enlace de las palabras o que aparecen dentro de una misma dicción, se reducen ordinariamente a una sola sílaba si su disposición se ajusta al principio explicado en el § 136. Estas vocales, aun conservando siempre suficientemente claro su carácter individual, se forman, como queda dicho, de manera un tanto relajada e imprecisa,

---

[1] Duque de Rivas. [2] A. Bello. [3] A. Lista. [4] Zorrilla. [5] Campoamor.

§§ 68 y 69; su brevedad es además tanto mayor cuanto más numeroso es el grupo vocálico: *todo* a*quello, triste* o*caso, entre* i*lusiones, pudo* a*usentarse, héroe* i*nmortal, palacio* a*ugusto, comprabais, llamasteis, rabia fragua.* au*rora.* a*hijado, traición,* au*toridad, traerán,* a*hogado, argénteo, momentáneo, peinado, feudal, leopardo, teología, coagulado, coeficiente, oigamos, continuo, etc.*

> Dar supist*eis* en flor la dulce vida [1].
> Soñaba al hér*oe* ya, la pleb*e* atènta [2].
> En ní*veo* traje desceñid*o* envuelta [3].
> Ensueño de s*uavísima* ternura [2].
> Cual si hiciese un esfuerzo sob*rehumano* [3].
> En vano *reavivando* mi memoria [4].
> Símbol*o au*gusto del amor eterno [5].
> La muert*e* implora allí, la muert*e ai*rada [6].
> El nec*io au*daz de corazón de cieno [2].
> Huy*e* el monstr*uo a* exhalar s*u a*cerba pena [7].
> Tímid*o* el ind*io a* Eur*o*pa *a*rmipotente [8].
> Y el móvil ác*ueo a* Eur*o*pa s*e* encamina [9].

141.   MODIFICACIONES ANALÓGICAS DE LOS GRUPOS IN-ACENTUADOS.— La analogía con ciertas formas acentuadas, como *cruel, león, leal, roer, fiar, criar, expiar,* etc., cuyas vocales se pronuncian formando sílabas distintas § 144, hace vacilar la pronunciación en palabras como *cruel*dad, *leonés, lealtad, roedor, fiador, criador, criatura, expiación,* etc., las cuales, si bien en pronunciación rápida siguen ordinariamente la regla general, reduciendo sus grupos vocálicos a una sola sílaba, suelen, por el contrario, en pronunciación relativamente lenta o esmerada, mantener la misma división silábica con hiato,

---

[1] J. N. Gallego. [2] Espronceda. [3] G. Núñez de Arce. [4] Campoamor. [5] V. W. Querol. [6] Quintana. [7] A. Lista. [8] A. Bello [9] E. Benot.

propia de sus correspondientes formas acentuadas. En el verso, dichos grupos inacentuados aparecen también en forma bisílaba o monosílaba:

> Baja a mi mente inspiración cristiana
> y encienden en mí la llama cre-*a*dora (11) [1].
> ¡Oh tú mi antiguo fi-*a*dor, el viento (11) [2].
> Enj*a*-ezado de plata (8) [3].
> Salve, llama cre*a*dora del mundo (10) [4].
> Espantosa exp*i*ación de tu pecado (11) [4].
> Un coleto a la le*o*nesa (8) [3].
> Hacia la nada la cre*a*ción camina (11) [5].
> La cobarde cr*u*eldad hija del miedo (11) [5].

142. VOCALES DIFERENTES, CON ACENTO, ENTRE PALABRAS ENLAZADAS.— Las vocales que constituyen el grupo, no hallándose en contradicción con el principio fonético ya conocido, § 136, se reducen también de ordinario en este caso a una sola sílaba. El acento de la vocal fuerte extiende su intensidad a todo el conjunto vocálico. Si figuran en el grupo dos vocales acentuadas, ambos acentos se funden en uno solo apoyándose especialmente sobre la vocal más abierta. Ejemplos: *según se ha notado, de ambos modos, vendrá en seguida, hablemos de otra cosa, lo abrigó en su seno, medité un momento, no hay quien lo haga mejor, con pie indiscreto, desplegó audaz las alas, venció a un jayán soberbio.*

> Un hombre entr*ó e*mbozado hasta los ojos [4].
> ¡Oh!, qué mujer, qu*é i*magen ilusoria [4].
> Así *e*l just*o* h*a*lla al fin de su derrota [6].
> Que h*oy* nuestro hogar en su recinto encierra [7].
> ¡Ah!, s*i* h*oy* pudiera resonar la lira [8].

[1] Zorrilla. [2] Campoamor. [3] Duque de Rivas. [4] Espronceda. [5] F. Balart. [6] V. Ruiz Aguilera. [7] V. W. Querol. [8] Núñez de Arce.

No tiene lugar, de ordinario, dicha reducción cuando se habla lenta o enfáticamente, ni cuando el acento que llevan las vocales enlazadas es el último del grupo:

> Que con toda s*u-a*lma lo quería [1].
> Sonó pausada en el reloj *la-u*na.
> Blancos cabellos cuya amad*a-h*ebra [2].
> Y hoy guardo en él como en sagrad*a-u*rna [2].
> Detenida en el polvo de *la-h*oja [3].

143. SINALEFAS VIOLENTAS.— Aunque posible fonéticamente, el uso evita la sinalefa de los grupos *aei, eei oei,* cuando el elemento interior del grupo es la conjunción *e: riqueza* e i*ndustria, pobre* e i*nútil, callado* e i*nmóvil, «Como siempre reidora* e i*nconstante»* [4]. El oído encuentra dura y violenta la reducción de dichos grupos a una sola sílaba: «*Nos dure con eterno* e i*nmortal canto»* [5]. La reducción parece menos dura y violenta cuando la *e* no es conjunción: *trae* i*nfinitas variedades, cae* i*nmolado sobre el ara.*

Evítase asimismo la sinalefa, aun siendo posible, en aquellos casos en que el elemento interior del grupo es la conjunción *o: ancho* o e*strecho, justo* o i*njusto, dichosa* o i*nfeliz, alegre* o e*nojado, estudia* o e*nseña, soberbio* o *humilde, suelta* o u*nida, «Su pariente* o a*deudado»* [6]. Los versos en que dichos grupos aparecen medidos alguna vez con reducción son, generalmente, rechazados por el oído: «*En fin triste* o a*legre acaba»* (8 sílabas) [7]; «*Que en hierbas se recline* o e*n hilos penda»* (11 sílabas) [8]. Como en el caso de la *e,* la reducción parece menos violenta cuando la *o* interior del grupo no es la conjunción: *férreo* a*nillo, hercúleo* e*sfuerzo, empíreo* a*zul.*

---

[1] Espronceda. [2] V. Ruiz Aguilera. [3] J. Selgas. [4] Juan R. Jiménez. [5] Gutierre de Cetina. [6] Romance de «Cabalga Diego Laínez. [7] Cervantes. [8] Góngora.

No se aceptan tampoco sin protesta del oído sinalefas formadas por los grupos *uia, uie, eui, iui,* de las cuales suele encontrarse, sin embargo, algún ejemplo en los poetas antiguos y modernos:

> Que no fu*í a* Lima por ti [1].
> Fu*í e*l mejor de mis iguales [1].
> Fu*í a* serviros a la guerra [2].
> Que s*e* hu*i*rá por ser veloz [3].
> As*í* hu*i*rán, pues, mis esperanzas todas [4].
> Me fu*í a*l balcón y vi en la verde altura [5].
> Tonada que fu*í a* coger [5].

144. GRUPOS CON ACENTO, INTERIORES DE PALABRA, CON *i, u* COMO ELEMENTO SECUNDARIO.— Cualquiera que sea la vocal que lleve el acento, estos grupos se pronuncian generalmente en una sola sílaba cuando el elemento más débil del conjunto vocálico se halla constituído por los sonidos *i, u.* Cada grupo forma un diptongo o triptongo: *aire, gaita, llamáis, aciago, vaciáis, despreci*áis, *causa, flauta, guapo, cuarto, amortigu*áis, *reina, ten*éis, *pliego, prieto, prueba, trueno, diente, cambi*éis, *apacigüéis, neutro, duelo, cuestión.*

En ciertos casos, sin embargo, la tendencia fonética a reducir los grupos de vocales a una sola sílaba lucha con influencias etimológicas o analógicas, siendo posible pronunciar una misma palabra con reducción o sin reducción. El lenguaje lento, el acento enfático y la posición final favorecen en dichos casos el hiato. La pronunciación rápida y el tono corriente y familiar dan preferencia a la sinéresis.

a) La tradición etimológica hace frecuente el hiato

---

[1] Lope de Vega. [2] Ruiz de Alarcón. [3] Rojas Zorrilla. [4] Quintana.
[5] Juan R. Jiménez.

en *suave, anual, santuario, cruel, tiara, prior, embrión, piano, gorrión, biombo, miasma, avión, arriero, hiato, acuoso, fastuoso, tortuoso,* etc., y en los compuestos *maniobra, boquiancho, cariharto, cuellialto, triángulo, trienio, dieciocho, veintiocho.*

b) La analogía favorece el hiato, especialmente en las formas verbales, cuando dentro del mismo verbo de que se trata hay casos en que las vocales *i, u,* llevan el acento fuerte: *fiar, fianza (fían); guiaba (guía); liamos (lías); piando (pían); criado, crianza (crían); acentuar (acentúo), actuamos (actúan),* etc. Ocurre también entre los nombres: *diario, diana, diurno, dieta (día); brioso (brío); riada (río); viaje (vía)* [1].

Los poetas se sirven del hiato o de la sinéresis, según el tono de la expresión y el lugar que ocupa la palabra, y sobre todo, según las exigencias del verso:

> La hirió Di-ana con su-ave flecha [2].
> Suave respira el viento, el mar salado [3].
> Porfi-ados al par de la demanda [4].
> En vano porfiaba Inés (8 sílabas) [5].
> Mas tu cru-el constancia ya me advierte [3].
> Allí lánguido yace el cruel guerrero [6].
> Con que tú sonri-endo lo compones [7].
> Yo iré sonriendo y fiel a mi destino [7].

145. GRUPOS CON ACENTO, INTERIORES DE PALABRA, CON *a, e, o* COMO INACENTUADAS.— Trátase de las combinaciones *áe, ae, éa, eá, áo, aó, éo, aí, aú, úa, íe, íai,* etc.

---

[1] El uso corriente ha normalizado la sinéresis en formas que antes se emplearon con vacilación, y que aún, de vez en cuando, suelen aparecer con hiato en el lenguaje poético: *armonioso, axioma, diablo, diálogo, fiel, idioma, juez, melodioso, patriarca.* «Domando el rebelde, mezquino idi-oma», Bécquer.

[2] Hermosilla. [3] Arriaza. [4] Maury. [5] Zorrilla. [6] Martínez de la Rosa. [7] Juan R. Jiménez.

El acento puede ir en primero o último lugar sobre cualquiera de las cinco vocales. El elemento débil o secundario de cada combinación es siempre uno de los sonidos *a, e, o.* En la pronunciación de las palabras aisladas la forma regular de estos grupos es el hiato; en lenguaje lento, esmerado o enfático y en posición final de frase o verso, el hiato es asimismo lo corriente: *para-íso, vizca-ino, ego-ísmo, hero-ína, sa-úco, ba-úl, sa-eta, re-acio, serpe-an, sombre-aban, alde-a, cre-ar, le-ón, pante-ón, mare-o, pase-o, be-odo; rí-o, confí-o, ro-er, po-eta, clo-aca, to-alla, desa-hogo, bu-ho, pú-a, gradú-a.*

En la conversación ordinaria y aun en el lenguaje métrico, el uso permite reducir también estos grupos a una sola sílaba cuando el acento que les corresponde no desempeña en la frase o en el verso un papel principal. Las frases siguientes, dichas en tono rápido y natural, son pronunciadas corrientemente con sinéresis: *el paseo del Prado, rodeado de flores, el poeta del pueblo, la aldea de su madre, lo trae de la mano.*

Los poetas reflejan, como en las combinaciones tratadas en el párrafo anterior, la libertad con que la lengua procede en este punto:

La diadema re-al se confundía [1].
Y un escudero real con fuerte mano [1].
En tierra ca-en sin cesar al filo [2].
Caen sobre el mar y a un tiempo le concitan [3].
Triste el la-úd renueva destemplado [4].
Un templado laúd habí-a (8 sílabas) [5].
Cre-í que el pobre corazón ya estaba [6].
Y es vil escoria lo que creíste alma [6].

[1] Duque de Frías. [2] Hermosilla. [3] Luzán. [4] Martínez de la Rosa. [5] Duque de Rivas. [6] Juan R. Jiménez.

146. FRECUENCIA Y CONCEPTO DE ALGUNOS CASOS DE SI-
NÉRESIS.— La sinéresis de *caer, paseo, traen, poeta, aldea,*
etc., ocurre con más frecuencia que la de *río, frío, mio,*
actúo, gradúa, etc. El habla popular hace relativamente
más uso de la sinéresis de unas y otras formas que la
lengua culta. La conversación y el discurso la practican
asimismo con mayor abundancia que el lenguaje versifi-
cado. La sinéresis de *laúd, baúl, país, maíz, vizcaíno,*
bilbaíno, frecuente entre el vulgo, en España, y muy.
extendida, aun en clases más altas, en América, se usa
rara vez, en el ambiente castellano, entre las personas
instruídas. Sólo en lenguaje rápido y en posición relativamente débil o secundaria dentro de la frase o del
verso cabe emplear alguna vez la pronunciación **páis**,
bául, **bilbáino**, etc. Fuera de dichas circunstancias, la
sinéresis de tales formas se considera como un rasgo
fonético de carácter vulgar [1].

147. PRONUNCIACIÓN DE LOS ADVERBIOS «AHORA»,
«AHÍ» Y «AÚN».— Entre las palabras que con más libertad
se mueven entre el hiato y la sinéresis figuran los adverbios *ahora, ahí* y *aún.* Cada una de estas palabras presenta, por consiguiente, dos formas de pronunciación:
a-ó-re, **áo-re**; **a-í**, **áí**; **a-ún**, **áun**. La lengua literaria no
rechaza la pronunciación de dichas formas con si-
néresis, siempre que las circunstancias lo consien-
tan. No se trata de un fenómeno que sólo se produzca excepcionalmente como la contracción de *país,*
laúd, etc., o que deba ser siempre considerado como
vulgar. Tanto en el teatro como en la cátedra y en

---

[1] Sobre la extensión y concepto social de estas formas en España
y América, véase A. ALONSO, *Problemas de dialectología hispanoa-*
mericana, Buenos Aires, 1930, págs. 9-31.

la conversación de las personas más cultas se oye decir, por ejemplo, con sinéresis, *ahora viene-ąò-ra-bjé-nə*, *ahí está-áį-eṣ-tá*, con la misma naturalidad y frecuencia que *aun es pronto-ąu̯-nés-prón̦-to*, *aun no sale-ąu̯n-nó-sá-lə*.

De las modificaciones prosódicas de *aún* se ha hablado con frecuencia, por haber llamado, sin duda, la atención la doble manera de escribirse esta palabra: *aun, aún* [1]. El caso de *aún* no representa, sin embargo, fonéticamente, ningún fenómeno especial. La tendencia a reducir a una sola sílaba los grupos de vocales en hiato y la poṡibilidad de pronunciar dichos grupos con hiato o con sinéresis, es un hecho que, como venimos viendo, se manifiesta también en otras muchas palabras. Los términos *ahora* y *ahí*, especialmente, aparecen, por el orden y frecuencia de sus cambios fonéticos, en condiciones muy semejantes a las del adverbio *aún*.

La sinéresis de *ahora, ahí, aún* [2] es general cuando estas formas van situadas en la frase delante de las palabras a que afectan o modifican: a*hora lo veremos,* a*hí pueden dejarlo,* au*n no ha venido.* La pronunciación lenta y el deseo de reforzar la significación de las formas adverbiales hacen, sin embargo, que alguna vez en esta

---

[1] Th. A. Fitz-Gerald, *The adverb «aún»*, en *The Modern Language Journal,* 1923, VII, 355-359; S. G. Morley y A.-L. Gregory, *Modern «aun» and «aún»*, en la misma revista, 1926, X, 323-336; véase también *Revista de Filología Española*, 1925, XII, 370.

[2] No se trata de la partícula *aun* con la significación de *hasta* ni en las formas *ni aun, aun cuando*, donde es siempre monosílaba y ordinariamente inacentuada, § 169*b*, sino del *aun* o *aún* acentuado, equivalente a *todavía*, con significación puramente temporal o con matiz ponderativo o adversativo.

misma posición se use también el hiato. Los ejemplos siguientes muestran el uso ordinario con sinéresis:

> Guerra, nombre tremendo, *a*hora sublime [1].
> Yo nunca supe cantar | Y *a*hora canto sin saber [2].
> La voz de: —«*A*hí está, señores, | *a*hí está», que brota y bulle [3].
> Que *au*n no tienes niño el alma [2].
> *Au*n parece, Teresa, que te veo [4].

Detrás de las palabras a que se refieren, los adverbios *ahora, ahí, aún* se pronuncian corrientemente con hiato: *son* ahora *muy ricos, estaban* ahí *sentados, no salen* aún *de clase.* La pronunciación rápida y la falta de énfasis consienten también a veces la sinéresis en esta posición. Los siguientes ejemplos representan el uso general, con hiato:

> Áspero *a*-hora y bravo
> al desacostumbrado yugo torne [5].
> Aunque apenas *a-ú*n le apunta el bozo [3].
> Yo digo *a-ú*n: —¿Por qué callé aquel día? [6].

A las razones de lentitud o rapidez y de énfasis o falta de énfasis, que alteran, como queda dicho, la práctica corriente, se añaden, por lo que a los poetas se refiere, las exigencias de la medida del verso, las cuales bastan por sí mismas para que de vez en cuando se aplique a las formas citadas la sinéresis o el hiato contra la regla general, sin gran protesta del oído:

> Y esa verde corona que en las vides
> *a*-hora ves, mañana desparece [7].
> *A-ú*n el melancólico sonido [8].
> Perfuman *au*n mis rosas la alba frente [9].

---

[1] Quintana. [2] Balart. [3] Zorrilla. [4] Espronceda. [5] Bello. [6] Becquer. [7] J. G. González [8] J. Isaacs. [9] A. Machado.

148. El grupo acentuado *ía*.— La pronunciación culta y esmerada emplea normalmente el hiato: *tia*-tí-ɐ, *día*-dí-ɐ, *había*-a-ƀí-ɐ, *hacía*-a-θí-ɐ. El habla vulgar, dentro de determinadas circunstancias relativas a la posición de la palabra en la frase, practica corrientemente la sinéresis: **tjá, djá, a-ƀjá, a-θjá.** En lenguaje rápido y en posición poco acentuada, la sinéresis del grupo *ia* se tolera, en ciertos casos, aun entre las personas instruídas. La condición esencial es que la pronunciación no sea lenta, fuerte ni esmerada.

En nombres de uso no muy frecuente, como *vía, ría, bujía, orgía, ironía*, etc., la sinéresis, en la lengua normal, aparece sometida a las mismas limitaciones indicadas respecto a los grupos *ío, íe, úa, úo,* etc., §§ 145-146. En nombres más usados, como *tía, día, María, García,* o en formas verbales, como *servía, comías, perdían,* y, sobre todo, en las formas auxiliares *había, habría, tenía, tendría, venía, sería,* la conversación ordinaria y corriente practica la sinéresis con mayor frecuencia y libertad.

Cabe, por ejemplo, la sinéresis, sin protestas del oído, en las siguientes frases, diciéndolas con naturalidad y rapidez: *al* día *siguiente, pocos* días *después, su* tía *Dolores, doña Ma*ría *Martínez, Garc*ía *Gutiérrez, no serv*ía *para nada, se hab*ía *puesto de pie, estar*ían *cansados, no podr*ían *llegar a tiempo.* Un mismo individuo dirá estas frases con hiato o con sinéresis, según la lentitud o rapidez y según el esmero o descuido con que hable. Lo propio del habla vulgar no consiste sino en hacer la reducción del grupo *ía* en formas de expresión más lentas o fuertes de lo que el uso correcto permite.

Al extranjero que no posea un dominio suficiente del idioma, la práctica inadecuada de esta sinéresis puede fácilmente hacerle incurrir en vulgarismo.

La sinéresis suele también alcanzar al grupo *íai* en *habíais, estaríais, podríais,* etc.; pero tanto en estos casos como cuando el grupo *ía* va antes de la sílaba final —*habíamos, sabíamos, pondríamos*— la sinéresis, por lo que se refiere a la conversación normal, es menos frecuente que en las formas antes citadas.

En cuanto al lenguaje métrico, los versos siguientes, de diversas épocas, entre otros muchos que podrían citarse, presentan también ejemplos de *ía* con sinéresis:

> Parte del aire que sol*ía* dar vida [1].
> Quer*ía* llevarlo todo a pura espada [2].
> Y a Troya hab*ían* venido en once naves [3].
> Dec*ía* entre sí confuso no sabiendo [4].
> Para quien al d*ía* siguiente (8 sílabas) [5].

Los casos de esta especie son relativamente abundantes, sobre todo entre los poetas del siglo XVI, quienes siguiendo probablemente el ejemplo de los poetas italianos, dieron entrada en el lenguaje poético a este fenómeno de la pronunciación usual [6]. Los poetas modernos, a pesar de tal precedente y del apoyo que sobre este punto sigue ofreciendo la lengua hablada, evitan ordinariamente el empleo de dicha sinéresis:

> Pon*í-a*n la inocencia candorosa [7].
> Yo segu*í-a* escuchando embebecido [8].
> No pod*í-a* dormir siendo yo un santo [9].
> Y en un d*í-a* no más se ama y se olvida [9].
> No me hab*í-a* ya dormido (8 sílabas) [10].

---

[1] Garcilaso. [2] Ercilla. [3] Hermosilla. [4] J. G. González. [5] Duque de Rivas. [6] La extensión y el carácter popular de la sinéresis del grupo *ía* en la pronunciación española indican que el hecho mismo, como fenómeno fonético, no tuvo que ser importado, sino solamente la libertad o licencia de emplearlo en el verso (comp. VIÑAZA, *Bibl.,* col. 2103). [7] J. Arolas. [8] Núñez de Arce. [9] Campoamor. [10] J. R. Jiménez. Hay también casos de

149. El grupo acentuado *ui.*— Las palabras en que aparece este grupo pueden considerarse divididas, por lo que a la pronunciación se refiere, en tres secciones distintas:

a) Palabras en que la combinación *ui,* cualquiera que sea su origen, se pronuncia como diptongo, **wí**: *juicio, buitre, cuita, benjuí, muy, cuido, cuidas, fuí, fuiste,* etc. El arcaísmo *ju-ício* sólo por excepción suele hoy encontrarse alguna vez en los poetas. La pronunciación antigua de las formas *muy, cuita, cuida, cuide,* etc., con acento sobre la *u,* **úi̯,** a la cual se hizo ya alusión, § 66, n., es aún corriente en Asturias y en algunos otros puntos del Norte de España: **múi̯, kúi̯tɐ, kúi̯dɐ.** Bello la indicó asimismo como conservada en Chile [1]. La forma corriente y general es evidentemente **wí.** Un poeta no podría hoy, como en otro tiempo, emplear *cuida* en rima con *muda* o *duda,* sino con *mida, vida,* etc.

> Donde ninguno de ninguno cuida
> pronto se aprende a conocer la vida [2].
> De mi mano cuida... | Que le dió medida [3].

b) Palabras que se pronuncian con diptongo, **wí,** y con hiato, **u-í,** dándose preferencia al diptongo: *ruido, ruin, ruina, arruino, arruina, suizo, circuito, fortuito, gratuito, casuísta,* etc. La forma corriente en cualquier caso, hasta en posición final, es el diptongo. El hiato, tratándose de estas palabras, responde en general a una pronunciación más cuidada y escogida que la de la lengua ordinaria. En *ruido, ruin, ruina* y *suizo,* el hiato es

sinéresis, como en el siguiente verso de Valle-Inclán: «En los ojos del santo resplandecía la estrella» (14 sílabas).

[1] A. Bello, *Opúsculos gramaticales, Ortología,* Madrid, 1890, págs. 212-213.

[2] Espronceda. [3] E. Marquina.

menos raro que en *circuito* y *fortuito*; en *gratuito* ocurre
con relativa frecuencia. En el verso aparece más veces
que en la conversación, y en los poetas antiguos más
que en los modernos. Hay diferencias individuales; unas
personas emplean el diptongo con más regularidad que
otras. Los ejemplos siguientes dan idea de la extensión
del diptongo en la poesía moderna:

> Hacia las r*ui*nas de feudal castillo (11 sílabas) [1].
> Turban de aquellas r*ui*nas (7) [1].
> Un ser miserable y r*ui*n (8) [1].
> Y sólo se escucha el r*ui*do (8) [1].
> Sorda al r*ui*do del fuego y de las balas (11) [2].

En estos mismos poetas se encuentran también a
veces con hiato las palabras que aquí aparecen con
diptongo. La libertad de servirse en el verso de una u
otra forma presenta casos como los siguientes:

> Esas r*u-i*nas claman contra el nombre [3].
> Sobre las r*ui*nas en que España llora [4].
> El bullicio del mundo y su r*u-i*do [5].
> Por las losas deslízase sin r*ui*do [5].
> El mundo todo a funeral r*u-i*na [5].
> El justo cielo le anunció su r*ui*na [5].

c) Palabras que se usan con hiato, **u-í**, y con diptongo, **wí**, predominando el hiato: *jesuíta, huída, huir,
incluir, concluir, concluído, recluído, construí, instruiste,
substituímos, retribuisteis,* etc. Las mismas personas que
en una lectura ordinaria y normal dicen r̄wí-dɔ, swí-θɔ,
etc., en igualdad de circunstancias pronuncian xe-su-í-
tɐ, u-í-dɐ, u-ír, iŋ-klu-íɹ, kɔŋ-klu-i-dɔ, etc.

---

[1] Núñez de Arce. [2] Campoamor. [3] J. Arolas. [4] Zorrilla. [5] Espronceda. *Ruido,* medido como trisílabo, aparece también, por
ejemplo, en el siguiente verso de Rubén Darío: «Lejano un eco
vago, un ligero r*u-i*do» (14 sílabas).

La conversación rápida y familiar permite aquí el uso del diptongo, así como en el caso de *ruido, ruina,* etc., la pronunciación esmerada suele servirse del hiato. No hay una división clara y precisa, por consiguiente, entre las palabras de este grupo y las del grupo anterior. Se trata solamente de una mayor frecuencia y regularidad de aquéllas en el uso del diptongo y de éstas en el del hiato.

La *u* de *huída, huir,* etc., se enlaza en sinalefa con una vocal anterior: *después de la huída*-**despwéẓ đə (lạ ụ)-íđɐ**, *avergonzado de huir*-**aβẹrgọṇθáđo (đe ụ)-íɹ**. El paso de la **ụ** a la **i** suele producirse a través de una **w** más o menos perceptible; pero no se consideraría correcto desligar por completo la *u* de la sílaba anterior pronunciando simplemente **la-wí-đɐ, đe-wíɹ** [1].

La forma predominante en el verso, así en lo antiguo como en lo moderno, es también, por supuesto, el hiato:

> Que habéis conclu-ído ayer (8 sílabas) [2].
> Y al hu-ír las infelices (8) [3].
> ¿Adónde podrás hu-ír? (8) [4].
> Al hu-ír de algún hombre, Galatea (11) [5].
> Saben bien los amantes instru-ídos (11) [5].
> Den tu amor a las gracias conclu-ído (11) [5].
> O derru-ída enseña (7) [6].
> Circu-ídos por montes de violeta (11) [6].
> ¡Ah!, qué flu-ír tan suave (8) [7].

La palabra *flúido,* sustantivo o adjetivo, de acuerdo con *circuito, fortuito y gratuito,* se pronuncia generalmente con diptongo **wí**: *el flúido eléctrico*-**ẹl flwíđɔ elék-**

---

[1] La ortografía y pronunciación de los participios en -*uído* ha sido discutida por S. G. Morley, E. C. Hills y H. Keniston, en *Hispania,* 1921, IV, 187-191, 301-304; 1922, V, 167-169, y por A. Alonso, en *Revue de Linguistique romane,* 1925, I, 178.

[2] Zorrilla. [3] Arolas. [4] Núñez de Arce. [5] Campoamor. [6] A. Machado. [7] J. R. Jiménez.

trįko. Algunas personas, no obstante decir *circuito, fortuito* y *gratuito* con **wi**, suelen pronunciar, influídas por el acento de la ortografía académica, **flú-ị-dɔ** o **flúị-dɔ** [1]. Otras personas, en mayor número que las anteriores, hacen la palabra trisílaba con acento en la *i*, dándole, por consiguiente, la misma forma que al participio de *fluir*: **flu-í-dɔ**. Esta pronunciación aparece, por ejemplo en el siguiente endecasílabo de A. Machado:

> En el oro flu-*í*do y verdinoso [2].

De todos modos, la forma más corriente en que dicha palabra se usa es, como queda indicado, **flwí-dɔ**.

150. EL GRUPO ACENTUADO iu.— Se pronuncia con diptongo *triunfo*-**trjúm̥-fɔ**; con hiato, *diurno*-**di-úr-nɔ**, y de ambos modos, aunque dando preferencia al diptongo, *viuda*-**bjú-dɐ** o **bi-ú-dɐ**, y *veintiuno*-**beịn-tjú-nɔ** o **beịn-tị-ú-nɔ**. En forma rápida y poco acentuada se dice también, con diptongo, *diurno*-**djúr-nɔ**. La antigua pronunciación *víuda*, con acento en la *í*, es hoy desusada y extraña [3]. La libertad de emplear esta palabra con diptongo, **jú**, o con hiato, **i-ú**, en la pronunciación actual, se ve reflejada, por ejemplo, en los siguientes endecasílabos de Campoamor:

> A las vi*u*das, casadas y solteras.
> La vi-*u*da que aspira a reincidente.

---

[1] Contra esta pronunciación actúa la manifiesta tendencia del idioma a dar preponderancia al segundo elemento vocálico, tanto en los grupos *ui, iu,* como en *oe, eo,* §§ 68 *b* y 150.

[2] Cabría leer, aunque con violencia, *flú-i-do*, pero el mismo autor evitó toda duda haciendo imprimir dicha palabra con acento sobre la *i* (*Páginas escogidas,* Madrid, 1917, pág. 173).

[3] Tirso de Molina, por ejemplo, rimaba *viuda:rica, viuda:pisan;* en el romance de *Abenamar* son asimismo asonantes: «Casada soy que no *viuda*» y «Muy grande bien me *quería*».

151. La posición acentuada final.— Tanto la sinéresis como la sinalefa, según se ha visto en los párrafos anteriores, aparte de depender de diversas circunstancias relativas al acento y a la mayor o menor rapidez de la pronunciación, se cumplen más fácilmente dentro del grupo fónico que en posición final. La posición interior permite pasar suavemente sobre una sílaba determinada, aunque lleve acento, siempre que después de ella haya alguna otra sílaba fuerte que sirva de apoyo al movimiento rítmico de la pronunciación. La posición acentuada final, término ordinario de dicho movimiento, se halla naturalmente fuera de la posibilidad de disminuir su propio relieve a base de un apoyo posterior.

De aquí que las palabras acentuadas *días, paseo, venían,* por ejemplo, pueden oírse, efectivamente, con sinéresis, en frases como *cuatro días despues, dió un paseo por la mañana, todos venían cansados,* mientras que esas mismas palabras mantienen regularmente su hiato en *después de cuatro dí-as; por la mañana dió un pase-o, muy cansados vení-an.* La posición final dificulta la contracción silábica aun en formas tan propensas a la sinéresis como los adverbios *ahora, ahí* y *aún.* El verso, en este como en los demás casos, proporciona ejemplos claramente expresivos de dichas diferencias:

> El d*í*a que me aborreces, ese d*í-a* (11 sílabas) [1].
> Siempre es cierto lo p*e-o*r (8) [2].
> No siempre lo p*eo*r es cierto (8) [2].
> Ella volvió diciendo: —Hablad *a*-h*o*ra (11) [3].
> Ah*o*ra en el alba casta de tus brazos (11) [4].

152. Cambio de lugar del acento.— Al juntarse en una misma sílaba acentuada, de intensidad relativamen-

---

[1] Quevedo. [2] Calderón. [3] Zorrilla. [4] J. R. Jiménez.

te débil, dos o más vocales diferentes, el acento, cualquiera que sea su posición etimológica, cae sobre la vocal más perceptible. Una vocal de perceptibilidad débil sólo puede predominar en un grupo silábico sobre otra vocal de perceptibilidad mayor, cuando un fuerte acento espiratorio, cayendo especialmente sobre dicha vocal débil, refuerza su sonido y le hace destacarse sobre la vocal que la acompaña. La vocal débil pierde esta preponderancia en el momento en que le falta el apoyo especial del acento [1]. En *día, había, aún, laúd,* por ejemplo, la vocal que recibe el acento al verificarse la sinéresis es, pues, principalmente la *a,* con lo cual la *i* y la *u,* del mismo modo que en los diptongos de *diablo, aliado* y *causa,* quedan convertidas, según los casos, en semivocales o en semiconsonantes. Lo mismo ocurre en las combinaciones de las vocales *i, ú,* acentuadas, con la *e* y con la *o.* Los grupos *éa, aé, aó,* etc., se convierten también, a su vez, en *eá, áe, áo,* etc.:

Aun (áu̯) parece, Teresa, que te veo [2].
Y no hay pláya | Sea (əá) cualquiera [2].
Escribano, al caer (áe) el sol [3].
Cantó al (oá) amor en su cercado huerto [4].
¿Qué es sin ti el (jé) mundo? Un valle de amargura [5].
Que con Quevedo descendió a (joá) la tumba [6].

Desde muy antiguo esta dislocación del acento tomó un carácter permanente en *reina* y *vaina,* que en otro tiempo se pronunciaron *reína* y *vaína.* Análoga tendencia se manifiesta hoy en formas como *período, etíope, cardíaco, monomaníaco,* etc., las cuales, no obstante lle-

---

[1] Véase M. GRAMMONT, *Revue des Langues Romanes,* 1916, LIX, 406. [2] Espronceda. [3] Zorrilla. [4] V. W. Querol. [5] Campoamor. [6] Núñez de Arce.

var escrito el acento sobre la *i*, se pronuncian, en general, destacando la vocal siguiente y convirtiendo el grupo en un diptongo ascendente: **perjóɗɔ, etjópə, karɗjákɔ**, etc. En *oceano* y *alvéolo* la pronunciación se aparta también corrientemente de la escritura, colocando el acento sobre la segunda vocal del grupo, pero conservando, en general, las cuatro sílabas de cada palabra: **o-θə-á-nɔ, al-ƀe-ó-lɔ**. En lenguaje rápido se hacen trisílabas.

153. PRINCIPIOS DE LA AGRUPACIÓN SILÁBICA ENTRE VOCALES Y CONSONANTES.— La estrecha relación que existe entre la forma de la sílaba y las modificaciones que experimentan los sonidos que la constituyen hace necesario saber distinguir claramente, dada cualquier palabra o frase, los límites de cada grupo silábico. La determinación del punto en que se dividen o separan dos sílabas contiguas presenta en muchos casos importantes dificultades.

Por la ley de constitución de la sílaba se sabe, por ejemplo, que una consonante entre dos vocales separa necesariamente a dichas vocales en sílabas distintas; pero falta saber si esa misma consonante entra a formar parte del núcleo silábico de la primera vocal o de la segunda o si se reparte entre una y otra. El hecho se complica cuando entre vocal y vocal figuran varias consonantes. En las manifestaciones de esta materia, junto a principios de carácter general intervienen razones históricas y tendencias particulares que hacen que los hechos no se desarrollen del mismo modo en todos los idiomas. En términos generales la pronunciación española procede en este punto de la manera siguiente:

a) Una sola consonante entre dos vocales se agrupa silábicamente con la segunda vocal: *hora*-ó-rɐ, *rezo*-r̄ę́-θɔ, *pereza*-pe-ré-θɐ.

b) Los grupos *pr, pl, br, bl, fr, fl, tr, dr, cl, cr, gr, gl,* forman sílaba asimismo con la vocal que les sigue: *oprimir*-o-pri-mị́ɹ, *copla*-kó-plɐ, *abrigo*-a-brí-gɔ, *pueblo*-pwé-blɔ, *sufrir*-su-frị́ɹ, *atrevido*-a-tre-bí-dɔ, *padre*-pá-ðrə, *reclamo*-r̄ę-klá-mɔ, *acreditar*-a-kre-di-táɹ, *negro*-né-grɔ, *siglo*-sí-glɔ.

c) En cualquier otra combinación de dos consonantes, iguales o diferentes, la primera se agrupa con la vocal anterior y la segunda con la siguiente: *perla*-pér-lɐ, *alto*-ál̦-tɔ, *resplandor*-r̄es-plan̦-dóɹ, *observar*-ob-sér-báɹ, *innoble*-in̦-nó-blə, *ennegrecer*-en-ne-gre-θéɹ.

d) Tratándose de tres consonantes, las dos primeras forman sílaba con la vocal que precede y la tercera con la que sigue: *intersticio*-in̦-tęrş-tí-θjɔ, *perspicaz*-pęrs-pi-káθ, *conspirar*-koⁿs-pi-ráɹ, *instinto*-iⁿs-tị́n-tɔ.

e) Cuando en un grupo de tres o más consonantes las dos últimas son *pr, pl, br, bl, fr, ft, tr, dr, cl, cr, gr, gl,* únense éstas con la vocal siguiente y las demás con la vocal anterior: *desprecio*-des-pré-θjɔ, *completo*-kọm-plé-tɔ, *hombre*-ọ́m-brə, *temblor*-tem-blóɹ, *inflamar*-im̦-fla-máɹ, *destrozar*-dęş-tro-θáɹ, *tendré*-teņ-dré, *conclusión*-koņ-klu-sjọ́n, *escribir*-es-kri-bị́ɹ, *sangre*-sáŋ-grə, *inglés*-iŋ-glés, *construcción*-koⁿş-trụg-θjọ́n, *abstraer*-abş-tra-éɹ, etc.

Sobre la práctica de estos principios conviene además tener en cuenta las observaciones especiales reunidas en los siguientes párrafos.

154. Sɪʟᴀʙᴇᴏ ᴅᴇ ʟᴀ ᴄᴏɴsᴏɴᴀɴᴛᴇ ɪɴᴛᴇʀᴠᴏᴄáʟɪᴄᴀ.— La consonante intervocálica, en la conversación rápida, se enlaza en realidad con las dos vocales contiguas, de tal modo que el tiempo de su propia intensión se funde con la distensión de la vocal precedente, y el de su distensión con la intensión de la siguiente; pero la mayor parte de la tensión articulatoria de dicha consonante y

el efecto principal de su sonido caen, como queda dicho, dentro del núcleo silábico de la segunda vocal: *te-me-ro-so, a-de-re-zo, ju-ve-nil*, etc.

En palabras como *aborígenes, adaptar, enajenar, in-oportuno, desobediencia, subordinar, nosotros*, etc., la consonante final de las partículas *ab-, ad-, en-, in-, des-, sub-, nos-*, aunque en la escritura, al dividir línea, sea costumbre representarla etimológicamente unida a la vocal anterior, *in-oportuno, des-obediencia, nos-otros*, en la pronunciación se trata corrientemente como intervocálica, agrupándola con la vocal siguiente: **a-ƀo-rí-xə-nes, a-đap-tár, e-na-xe-nár, i-no-pọr-tú-nꞓ, de-so-ƀe-đjéṇ-θjɐ, su-ƀọr-dị-nái, no-só-trꞓs**, etc. La *h* que puede aparecer en ciertos casos entre la consonante y la vocal no impide el expresado enlace: *deshilado* **de-si-lá-đo**, *enhebrar-***e-ne-ƀrái**, *inhumano-***i-nũ-mấ-nꞓ**. Lo mismo se hace con la consonante final de *mal, bien*, en formas compuestas como *malandanza-***ma-laṇ-dáṇ-θɐ**, *bienestar-***bje-neṣ-tái**, *bienaven-turado-***bje-na-ƀeṇ-tu-rá-đo**, etc.

Dentro del grupo tónico, la consonante final de una palabra, en contacto con la vocal inicial de una palabra siguiente, se trata también como intervocálica en la pronunciación rápida, agrupándola silábicamente con dicha vocal inicial: *el oro* **e-ló-ro**, *un hombre-***ú-nốm-bre**, *muchos honores* **mú-ĉo-so-nó-rəs**, *luz amarilla-***lú-θa-ma-rí-ḷa**, etc. En virtud de este enlace, casos de significación tan distinta como los siguientes, resultan exactamente iguales en la pronunciación: *el hado* y *helado-***e-lá-đꞓ**, *en ojo* y *enojo-***e-nọ́-xꞓ**, *el ejido* y *elegido-***e-lẹ-xí-đꞓ**, *las aves* y *la sabes-***la-sá-ƀəs**, *el heno* y *heleno-***e-lé-nꞓ**, *en aguas* y *enaguas-***e-ná-gwɐs**, *el hecho* y *helecho-***e-lé-ĉꞓ**.

Cuando la vocal que precede a la consonante inter-vocálica es la que lleva el acento fuerte, como, por ejem-

plo, en *copa, pavo, casa, cena, pieza,* etc., la atracción
que dicho acento ejerce sobre los sonidos vecinos hace
que el enlace entre la vocal acentuada y la consonante
siguiente sea más fuerte y estrecho que cuando dicha
vocal es inacentuada. En pronunciación fuerte y enfática,
y sobre todo cuando la consonante intervocálica es **n, l,**
o alguna de las fricativas sordas **s, θ, f, x,** dicha atracción
suele producir cierto alargamiento en la tensión de la
consonante, la cual se reparte entre las dos vocales
contiguas, tendiendo en cierto modo a la duplicación de
dicha consonante: *pasa-*pás-sɐ, *cesa-*θés-sɐ, *tufo-*túf-fɔ,
*dice-*díθ-θə; pero lo corriente es que este desdoblamiento
no sea tan considerable que el oído reciba propiamente
la impresión de una consonante doble, como ocurre,
por ejemplo, con la consonante doble italiana o con la
que también se oye en español en casos como *un niño-*
ún nĩɲɔ, *dos santos-*dós sáṇtɔs, etc. [1].

La consonante final absoluta, *haz, jamás, papel, ora-*
ción, amor, funde su intensión con la distensión de la
vocal precedente; su tensión es ordinariamente, aunque
larga, débil y relajada, y su distensión resulta, en general,
imperceptible, cesando, en gran parte o por completo,
el impulso espiratorio antes de que los órganos abando-
nen la posición correspondiente a la articulación de la
consonante; véanse §§ 72, 102, 110 y 111.

155. SILABEO DE DOS CONSONANTES IGUALES.— Dos consonantes iguales, en contacto, se pronuncian como si se
tratase de una sola consonante relativamente larga y
repartida entre las dos sílabas inmediatas; la intensión
de esta consonante, con alguna parte de su tensión,
corresponde a la sílaba precedente, y el resto a la si-

---

[1] Trátase de este punto con más detenimiento y extensión en
Revista de Filología Española, 1918, V, 388-391.

guiente, hallándose, por tanto, el límite de ambas sílabas hacia el centro de la tensión de dicha consonante larga. La duración de ésta no es, pues, igual precisamente a la suma de dos consonantes simples; pero a falta de otro medio mejor empleamos en la escritura fonética una consonante doble para representarla: *innumerable-*ịnnū́mərábḷə, *innato-*ịnnáto, *sin necesidad-*sịnneθesịdáḍ, *obvio-*ǫ́bbjo, *subvención-*sụbbenθjǫ́n, *edad dichosa-*edáḍ ḍiĉósa, *juventud dorada-*xubeṇtúḍ ḍoráḍa, *corcel ligero-*kǫrθéḷ lịxéro, *el lobo-*ẹl lóbo, *los señores-*lọs seꞑórəs, *dos sobrinos-*dǫ́s sobrínos, *luz cenital-*lúθ θenịtáḷ, *diez cigarros-*djéθ θigárᵉs.

Aun cuando el acento de fuerza, alargando la tensión de una consonante intervocálica inmediatamente posterior a dicho acento, tienda a aproximar su articulación a la de la consonante doble, tal como aparece en los ejemplos antes citados, el grado de duración y de desdoblamiento de aquélla es en todo caso bastante inferior al de la consonante propiamente doble para que el oído pueda distinguir con facilidad la diferencia entre ambos casos. Para percibir esta diferencia basta comparar los siguientes ejemplos:

*un ovillo-*ú-no-bí-ḷo   *un novillo-*ún-no-bí-ḷo
*son hombres-*só-nóm-brəs   *son nombres-*sǫ́n-nóm-brəs
*aquel oro-*a-ké-ló ro   *aquel loro-*a-kéḷ-lǫ́-ro
*más obran-*má-só-brᵉn   *más sobran-*más-só-brᵉn

En la conversación rápida, la vibrante múltiple *rr,* intervocálica, reparte sus vibraciones entre las dos sílabas contiguas: *carro-*kár̄-ᵉo, *parrilla-*par̄-rí-ḷᵉ, *carrera-*kar̄-r̄é-rᵉ, etc.; pero en pronunciación lenta, toda la articulación de la *rr* se agrupa únicamente con la segunda vocal: ká-r̄o, pa-r̄í-ḷᵉ, ka-r̄é-rᵉ, etc.

156. SILABEO Y MODIFICACIONES DE LOS GRUPOS DE CONSONANTES DIFERENTES.— El grupo de dos consonantes distintas formado por una oclusiva ortográfica o una *f*, más una *r* o *l*, se pronuncia, como queda dicho, formando una sola sílaba con la vocal siguiente: *a-pre-sar, co-pla, a-tro-pe-lla-do*, etc. Del mismo modo, la *b* de las partículas *ab-, ob-, sub-* se une a la sílaba siguiente cuando ésta comienza con *l: o-bli-gar, su-ble-va-ción, a-bla-ti-vo, o-blon-go;* exceptúase *sub-lu-nar.* Ante r̄ inicial, en palabras de composición conocida, mantiénese la *b* en la sílaba etimológica: *subrayar-*sub̯-r̄θa-yáɹ, *subrogar-*súb̯-r̄ǫ-gáɹ, *subrepticio-*sub̯-r̄ep-tí-θjǝ, *abrogar-*ab̯-r̄ǫ-gáɹ. En el grupo *dl*, la *d* se pronuncia con la sílaba anterior y la *l* con la siguiente: *to-mad-lo, mi-rad-lo.* En *tl* hay vacilación: unos pronuncian *at-las, at-le-ta*, y otros *a-tlas, a-tle-ta;* pero en la conversación ordinaria, la pronunciación más corriente es àd̯-les, etc., como se dijo en el § 98.

Tanto la **l** como la **r**, en cualquiera de los casos anteriores son plenamente sonoras; en pronunciación enérgica, y sobre todo en habla dialectal, una oclusiva sorda precedente suele, en parte, contaminarlas con su sordez: *aprieta, réplica, trigo, pliego*, §§ 111 y 115.

En los grupos de dos consonantes que no respondan a ninguna de las combinaciones a que los anteriores casos se refieren, la primera de ellas constituye sílaba, como es sabido, con la vocal precedente y la segunda con la siguiente, quedando, sin embargo, una y otra enlazadas de tal manera, que la distensión de la primera y la intensión de la segunda se realizan ordinariamente dentro de un mismo tiempo: *hor-no, pạs-to-res, al-tar.*

Este enlace produce en muchos casos, entre las consonantes, numerosas e importantes transformaciones, cuyos efectos se manifiestan de un modo especial sobre la consonante más débil, que es precisamente, como final de sílaba, la primera del grupo. De varias de estas transformaciones se hizo mención oportunamente en el análisis particular de las consonantes; pueden reducirse en conjunto a la siguiente enumeración:

a) En el grupo de dos oclusivas sordas, *pt, ct,* la primera es implosivo-oclusiva y la segunda oclusivo-explosiva; durante la oclusión, los órganos pasan de la primera consonante a la segunda, sin que la transición sea acústicamente perceptible; la división silábica recae, pues, sobre dicha oclusión: *apto*-**áp-tɔ**, § 79; *doctor*-**dɔk-tóɹ**, § 125; la primera consonante en este caso es, en general, una articulación relajada que a veces se reduce a fricativa y a veces se pierde totalmente en la pronunciación, aun cuando, como ocurre en *septiembre, suscriptor,* etc., siga conservándose en la escritura.

b) Las sonoras *b, d* ante oclusiva sorda se convierten en **p, t,** o más frecuentemente se reducen a sus fricativas correspondientes: *obtener*-**ǫƀ-te-néɹ**, § 80; *adquirir*-**ađ-kı̣-ríɹ**, § 100; en el encuentro con otra sonora análoga se reducen a fricativas las dos consonantes del grupo: *abdicar*-**ạƀ-đı̣-káɹ**, § 81; *advertir*-**ạđ-ƀę́r-tı̣**, § 100.

c) Cualquier oclusiva ortográfica ante nasal se reduce a la fricativa sonora correspondiente; *abnegación*-**aƀ-nə-ga-θjǫ́n**, § 81; *atmósfera*-**ađ-mǫ́s-fə-ra**, § 98; *admirable*-**ađmı̣rábḷə**, § 100; *técnica*-**tę́g-nı̣-ka**, § 128; *digno*-**đı̣́gnɔ**, § 127. En el grupo *bm,* siendo ambas del mismo órgano, la primera casi va absorbida por la segunda: *submarino*-**sụƀ-mɐ-rí-nɔ**, § 80.

d) Ante consonante fricativa, las oclusivas ortográficas se pronuncian ordinariamente como fricativas, resultando más o menos sonoras o sordas, según los casos: *eclipsar*-**e-klı̣ƀ-sáɹ**, § 79; *concepción*-**kǫṇ-θę̣ƀ-θjǫ́n**,

§ 83; *subyugar*-sụb̶-yu-gáɹ, § 81; *adyacente*-ađ-ya-θéṇ-tə, § 100; *acción*-ag-θjón; § 128; *examen*-ẹg-sá-mẽn, § 129.

e) La consonante *n* final de sílaba toma el punto de articulación de la consonante siguiente: *en paz*-em-páθ, § 86; *conforme*-kọṃ-fọ́r-mə, § 89; *onza*-ọ́ṇ-θɐ, § 95; *conde*-kọ́ṇ-də, § 103; *ancho*-aṇ-ĉə, § 122; *nunca*-nű̜ŋ-kɐ, *lonja*-lọ́ŋ-xɐ, § 130. En el grupo *nm* la *m* cubre o absorbe totalmente a la *n: inmóvil*-ị̶ᵐ-mó-b̶ịl, § 110.

f) La consonante *l* pasa por asimilaciones análogas a las de la *n* ante una interdental, dental o palatal siguiente: *calzado*-kạḷ-θá-ɑ̣ə, § 96; *altura*-ạḷ-tú-rɐ, § 104; *colchón*-kọḷ-ĉón, § 123.

g) Las fricativas sordas *s, z* finales de sílaba reciben articulación débil y relajada: *castillo*-kaş-tí-ḷə, § 72; *ascenso*-aş-θén-sə, § 106; *pizca*-pị́θ-kɐ, *amanezca*-a-mã-néθ-kɐ, § 72. En el grupo *zt*, sin embargo, la *t* es arrastrada por la θ precedente, haciéndose, como ella, interdental: *hazte acá*-áθ-ţə̣a-ká, § 97. Cuando la segunda consonante del grupo es sonora, la *s* y la *z*, en la conversación corriente, se sonorizan, disminuyendo, además, sensiblemente en intensidad y duración: *diezmo*-djéẓ-mə, § 94; *mismo*-mị́z-mə, *isla*-ị́z-lɐ, § 107. Ante la vibrante ŕ se pierde la *s* totalmente, o bien se transforma en una ɹ breve y fricativa, en tanto que la ŕ por compensación suele reforzarse, aumentando el número de sus vibraciones: *dos reales*-dọ̣ɹŕəáləs, § 107.

h) En los grupos de tres o más consonantes, la articulación de la primera de las dos consonantes que se asocian con la vocal precedente, se pronuncia débil y relajada; la lengua tiende, en general, a eliminarla. La segunda consonante del grupo es siempre una *s*, también relativamente débil: *obstáculo*-ọb̶ş-tá-kʊ-lo, *adscrito*-ađs-krí-tə, *constante*-kọⁿştáṇ-tə, etc., §§ 84, 100, 110.

INTENSIDAD

157. DIFERENCIAS DE INTENSIDAD.— La intensidad se manifiesta en el lenguaje por movimientos sucesivos de aumento y disminución en correspondencia con las variaciones de energía con que se desarrolla el impulso espiratorio. Existen diferencias de intensidad no sólo entre las distintas sílabas de una palabra, sino entre los sonidos que integran una misma sílaba y aun entre los tiempos o partes de un mismo sonido. En la enseñanza práctica de la pronunciación basta, sin embargo, saber distinguir a este propósito las diferencias de intensidad que las sílabas presentan entre sí. Llamamos a las sílabas fuertes o débiles, según el grado relativo de su intensidad, § 22. Prodúcense, además, en determinadas circunstancias variantes de intensidad inferiores o superiores, según los casos, al valor relativo que normalmente corresponde a cada uno de dichos términos.

158. CAUSAS QUE DETERMINAN LAS DIFERENCIAS DE INTENSIDAD.— Las modificaciones que experimenta la intensidad en el lenguaje obedecen a diversas circunstancias: unas, psicológicas, relacionadas con el sentimiento particular que acompaña en cada caso a la expresión; otras, lógicas, en relación con la mayor o menor importancia que atribuímos en el conjunto de la frase a la significación de cada palabra; otras, físicas o fisiológicas, depen-

dientes de la naturaleza del sonido y de la articulación; otras, rítmicas, subordinadas a la general tendencia o inclinación que hace distinguir alternativamente las manifestaciones sucesivas de un mismo fenómeno, y otras, por último, históricas, íntimamente unidas a la tradición lingüística de cada idioma. Las modificaciones emocionales, lógicas, físicofisiológicas y rítmicas de la intensidad obedecen a leyes generales que producen manifestaciones más o menos análogas en todos los idiomas; las diferencias de carácter histórico constituyen, por el contrario, uno de los rasgos más característicos que distinguen a los idiomas entre sí. En este sentido, la intensidad histórica es la que principalmente importa considerar en la enseñanza de la pronunciación.

159. Intensidad histórica española.— El acento de intensidad, que en el estado actual de la pronunciación española influye más que ningún otro elemento en la estructura prosódica de nuestras palabras, proviene directamente, en la mayor parte de los casos, de la acentuación latina. El acento recaía, en latín, sobre la penúltima sílaba de las palabras cuando esta sílaba era larga, y sobre la antepenúltima cuando la penúltima era breve. Las palabras latinas, bajo las leyes peculiares de la fonética española, modificando unos sonidos y eliminando otros, sobre todo por lo que se refiere a los que se encontraban en las sílabas anteriores y posteriores al acento, aparecen hoy en nuestro idioma profundamente transformadas; pero a través de las más graves transformaciones, la sílaba portadora del acento ha mantenido, generalmente, en español su identidad sustancial con la correspondiente base latina. En toda palabra española que tenga acento propio y, por consiguiente, que no sea enclítica ni proclítica, § 27, dicho acento ocupa un

lugar fijo e invariable. A veces, bajo una misma forma se dan dos o tres palabras distintas, que fonéticamente sólo se diferencian por el lugar que en cada una de ellas corresponde el acento de intensidad: *límite, limite, limité; célebre, celebre, celebré; depósito, deposito, depositó; miro, miró; calle, callé; llamo, llamó,* etc. Aun en aquellas formas de significación invariable, como *gentil, lunes, caballo,* etc., la equivocación del acento altera y desfigura la fisonomía de las palabras, haciendo que en algunos casos resulten casi incomprensibles. El oído español es evidentemente más sensible a las modificaciones del acento de intensidad que a las de otros elementos fonéticos. Toda falta o impropiedad en esta materia constituye un grave defecto de pronunciación.

160. Determinación del lugar del acento.— Por razón del lugar que ocupa en cada caso la sílaba acentuada, existen en español tres clases de palabras; agudas, con el acento de intensidad sobre la última sílaba: *razón*-**r̄aθón**, *perdiz*-**perđíθ**; llanas, con el acento sobre la penúltima: *hermano*-**ermáno**, *castillo*-**kaṣtíl̮o**, y esdrújulas, con el acento sobre la antepenúltima: *rápido*-**r̄ápįdo**, *máquina*-**mákįna**. En formas compuestas, el acento llega a alejarse aún más de la sílaba final: *cómetelo*-**kómətəlo**, *adviérteselo*-**adbjértəsəlo**; *acercándoseme*-**aθerkáņdosəme**, *comiéndosemelo*-**komjéņdosəməlo**; a estas formas se les llama sobresdrújulas [1]. Aprendemos a dar a cada palabra su acentuación tradicional por el uso que hemos advertido en la pronunciación de nuestros mayores. La determinación científica del lugar del acento, aparte de las dificultades especiales de algunos casos, puede

[1] A las palabras agudas suele también llamárseles *oxítonas;* a las llanas, *graves y paroxítonas*, y a las esdrújulas, *proparoxítonas*.

lograrse, en general, por medios filológicos; pero a falta de estos medios, que no suelen ser del dominio de muchas personas, la ortografía española puede servir de guía en el estudio de la pronunciación para resolver prácticamente la mayor parte de las dudas que sobre este punto se ofrezcan.

En multitud de casos la ortografía indica, en efecto, el lugar del acento de intensidad, escribiendo, como es sabido, la vírgula ' sobre la vocal de la sílaba acentuada. La determinación de esta sílaba en las palabras que se escriben sin acento puede conseguirse teniendo en cuenta las observaciones siguientes.

161. Palabras llanas.— Se pronuncia llana, con acento sobre la penúltima sílaba, toda palabra de dos o más sílabas escrita sin acento y terminada en vocal o en las consonantes *n, s: casa*-kásɐ, *dice*-díθə, *pequeño*-pekéɲɔ, *ventaja*-beṇtáxɐ, *consuelo*-kɔnswélɔ, *virgen*-bírxən, *examen*-ɛgsámən, *batlan*-bájlɐn, *martes*-mártəs, *jueves*-xwébəs.

Toda palabra terminada en vocal, en *n* o en *s* que no sea llana, llevará indicada en la escritura la acentuación que le corresponda: *rubí*-r̄ụbí, *cantó*-kaṇtó, *llegará*-l̦egará, *razón*-r̄aθǫ́n, *volcán*-bɔlkán, *vencerán*-beṇθərán, *jamás*-xamás, *marqués*-markés, *fisiólogo*-fiṣjólɔgo, *vírgenes*-bírxənes, *jóvenes*-xóbənes, *régimen*-r̄éxɪmɛ̃n.

162. Palabras agudas.— Se pronuncia aguda, con acento sobre la última sílaba, toda palabra de dos o más sílabas escrita sin acento y terminada en cualquier consonante que no sea *n* ni *s: mujer*-mụxéɹ, *grabador*-grabɐdǫ́ɹ, *añadir*-aɲɐdíɹ, *clavel*-klabél, *gentil*-xeṇtíl, *audaz*-ạụdáθ, *arcaduz*-arkɐdụ́θ, *virtud*-bɪrtụ́d̦, *llamad*-l̦amád̦, *reloj*-r̄ɛló, *vivac*-bibák, *querub*-kerụ́b.

Toda palabra terminada en consonante que no sea *n* o *s,* a la cual corresponda acentuación llana o esdrú-

jula, llevará indicado ortográficamente el lugar del acento:
*nácar-*nákaɹ, *alcázar-*ạlkáθaɹ, *fácil-*fáθịl, *débil-*débịl, *cáliz-*
kálịθ, *césped-*θésped, *áspid-*áspịd, *álbum-*álbụn.

163. PALABRAS ESDRÚJULAS.— Las formas esdrújulas
y sobresdrújulas llevan siempre indicada ortográficamente
la sílaba acentuada: *águila-*águlɐ, *árboles-*árboles, *sílaba-*
síleba, *gramática-*gramátịka, *acérrimo-*aθérịmo, *recíbelo-*
r̄ɐθíbəlo, *déjasela-*dᶒxɐsəla, *cómpramelo-*kómprɐməlo, *añá-*
*dasele-*aɲádɐsəle, *explícamelo-*esplíkɐməlo.

164. ACENTUACIÓN DEL PLURAL.— Las formas de plural mantienen el acento de intensidad sobre la misma
sílaba en que lo lleva la forma singular respectiva. Esta
inmovilidad del acento hace que muchas palabras que en
singular son agudas o llanas resulten, por terminar en
consonante, llanas o esdrújulas, respectivamente, al tomar
la desinencia de plural: *razón-*r̄aθón, *razones-*r̄aθónəs;
*collar-*koḷáɹ, *collares-*koḷárəs, *árbol-*árbọl, *árboles-*árbcles,
*virgen-*bíɹxən, *vírgenes-*bíɹxənes. Se apartan de la regla
general *carácter-*karáktᵉɹ y *régimen-*r̄éxịmẽn, cuyos plurales trasladan el acento sobre la sílaba que sigue inmediatamente a la que lo lleva en el singular: *caracteres-*
karaktérəs, *regímenes-*r̄éxímənəs.

165. EL ACENTO Y LA INACENTUACIÓN.— Por razón
del acento las sílabas se dividen, como queda dicho, en
fuertes y débiles. La pronunciación española reparte
claramente entre ambas categorías prosódicas las sílabas
de una palabra o frase. Claro es que lo fuerte o acentuado
y lo débil o inacentuado ni representan valores invaria-
bles, ni se hallan siempre, desde un punto de vista
relativo, a una distancia determinada y fija. El uso
permite que dentro de cada una de dichas categorías, por razones rítmicas o psicológicas, la sílaba acentuada sea más o menos fuerte y la inacentuada más o

menos débil, respetando los límites necesarios para que una y otra especie no se confundan entre sí. Lo ordinario es que cada palabra tenga una sílaba acentuada, y que si la palabra es monosílaba, su sílaba única sea fuerte: *pan, luz, mil, va.* Hay, sin embargo, algunas palabras que sólo constan de sílabas inacentuadas, y otras, en número menor, que tienen dos acentos. Estas últimas son, por supuesto, palabras compuestas [1].

Existe una estrecha relación entre el acento de intensidad y la función sintáctica que la palabra desempeña. Se acentúan normalmente los verbos, adverbios, sustantivos, adjetivos y las formas enfáticas de los pronombres. La inacentuación se manifiesta, por el contrario, en aquellas palabras que, como los artículos, preposiciones y conjunciones, desempeñan el papel secundario de relacionar entre sí los elementos más importantes de la oración.

La correspondencia entre la función sintáctica y el acento llega hasta el punto de que hay sustantivos, adjetivos y adverbios que se pronuncian como formas débiles al acomodarse a ser empleados en ciertos casos en un concepto inferior a su propio valor gramatical hallándose asimismo partículas relativas o conjuntivas que, por su parte, se pronuncian con acento fuerte cuando alguna especial circunstancia, en determinadas ocasiones, refuerza o destaca su papel. En los casos en que el paso de una función a otra no ha llegado aún a definirse con la necesaria claridad, el uso vacila entre la

---

[1] Tiene dos acentos la forma *asimismo* y también los adverbios en *mente*, uno en el elemento adjetivo y otro en la terminación: *fuérteménte, admiráblexménte, iguálménte.* Es también frecuente, aunque no unánime, la pronunciación biacentual de *guárdiacivíl, cámposánto, tódavía, biénvenída* y *enhórabuéna.*

acentuación y la inacentuación. Otras veces la vacilación responde a diferencias dialectales, de las que el que habla no siempre tiene idea clara y concreta.

Una de las mayores dificultades con que los extranjeros tropiezan al hablar español consiste en saber qué palabras se pronuncian normalmente inacentuadas en este idioma y qué otras son las que, usándose de ordinario como formas fuertes, se dicen en determinados casos sin acento. El conocimiento de este punto es asimismo necesario para el estudio histórico de la lengua, y sobre todo para el análisis rítmico del verso.

166. ACENTUACIÓN DE LAS FORMAS VERBALES.— La única clase de palabras que no presenta formas inacentuadas es el verbo. No pierden el acento ni siquiera los verbos auxiliares, a pesar del carácter secundario de su función sintáctica. Ninguna diferencia se advierte a este propósito comparando entre sí; por ejemplo, la pronunciación de las formas auxiliares y sustantivas o pronominales, indicadas en cursiva en las frases siguientes:

son	admirados	*son*	armonioso
es	tomado	*esto*	pido
ha	llegado	*año*	malo
he	cosechado	*eco*	sonoro [1]

167. FORMAS NOMINALES INACENTUADAS.— *a)* Términos de tratamiento. Son siempre inacentuadas, ante el nombre a que se refieren, las formas corrientes de tratamiento: *don, doña, fray, sor, san, santo, santa.* Se acentúan *santo* y *santa* con valor de adjetivos o sustan-

---

[1] El estudio experimental de estos casos y de los que se citan en los párrafos siguientes puede verse en el artículo titulado *Palabras sin acento*, en *Revista de Filología Española*, 1925. XII, 335-375.

tivos. Pierden su acento ordinario las palabras *señor, señora, señorito, señorita, padre, madre, hermano, hermana, tío, tía,* usadas como formas de tratamiento en locuciones vocativas: «*señor* Martínez», «*señorita* María», «*padre* Andrés», «*tío* Juan». Se acentúan, sin embargo, estas mismas palabras cuando la invocación toma cierto carácter enfático o cuando, sin dejar de ser formas de tratamiento, van en frases no vocativas: «vino el *señor* Martínez», «ha escrito el *tío* Juan», etc.

b) Vocativos. En toda locución breve de carácter vocativo y en expresiones cortas de cariño o reproche, pierde de ordinario su acento cualquier nombre, sustantivo o adjetivo, que ocupe el principio de la invocación: «¡*buen* hombre!», «¡*mala* lengua!», «¡*gran* pícaro!», «¡*Dios* mío!», «¡*cara* de rosa!» Fuera de este caso, se acentúan siempre estas mismas palabras.

c) Denominaciones compuestas. En los nombres personales compuestos, como «*Juan* José», «*Juan* Francisco», «*José* María», «*Pedro* Antonio», «*María* Josefa», «*María* Rosa», etc., se pronuncia como forma débil el primero de los dos elementos de cada nombre, aun cuando a veces se escriba con acento. Lo mismo ocurre ordinariamente en los nombres compuestos toponímicos, en que el primer elemento es alguna forma de uso tan común que no basta por sí sola para designar el lugar de que se trata: «*Aldea* del Rey», «*Casas* de Haro», «*Fuente* el Fresno», «*Puente* la Reina», «*Torre* del Conde», «*Villa* del Prado», etc.

d) Nombres prepositivos. Se usa corrientemente sin acento la palabra *casa* en la locución *casa de,* vulg. *ca e,* y *ca,* ant. *cas de:* «voy *casa de* mi padre». En igual caso se hallan *cara* en la locución *cara a* (comp. *frente a* y *hacia* < *faz a*), *boca* en combinación con *arriba* y *abajo* y *patas* en «*patas* arriba»: «se volvió *cara a* la pared», «con el espanto cayeron *boca* arriba y *boca* abajo», «una mosca yace *patas* arriba en medio de la caja». Combinados también con *arriba* y *abajo* suelen usarse sin acento, aunque con menos regularidad que las formas anteriores, los nombres *cuesta, calle* y *río*.

e) Numerales. Se dicen con acento los numerales simples, cardinales u ordinales: «*cinco* días», «*diez* semanas», «*octavo* año», «*décima* edición». Las formas apocopadas *cien, primer, tercer* se acentúan como las demás: «*cien* caballos», «*primer* curso», «*tercer* año». En el mismo caso se halla *postrer*. En las cantidades compuestas sólo se acentúa, por lo general, el último elemento: «*treinta* y cinco», «*cuarenta* y siete», «*vigésimo* quinto». Los ordinales, como menos usados, muestran mayor resistencia a la desacentuación que los cardinales. Por excepción, la forma *ciento,* con o sin apócope y en singular o plural, sólo se desacentúa precediendo inmediatamente a *mil*: «*cien* mil duros», «*ochocientas* mil pesetas». Se dice con acento en cualquier otro caso: «*ciento* treinta y dos metros». La forma *mil,* apartándose también de la regla general, lleva siempre acento, cualquiera que sea su posición: «*mil* doscientos caballos», «dos *mil* años».

f) Indefinidos. Los indefinidos, adjetivos o pronombres, apocopados o no, se pronuncian con acento: *otro, alguno, algún, ninguno, ningún, algo, alguien, nadie.* El distributivo *cada* presenta diferencias regionales, predominando la forma inacentuada: «*cada* día está más alto».

168. Vocablos pronominales inacentuados.— *a)* Personales. En lo que respecta a los pronombres personales son acentuadas las formas de nominativo y las de complemento indirecto: *yo, tú, él, nosotros, vosotros,*

ellos, por *mí,* para *ti,* sobre *sí,* etc. Son inacentuadas las formas de complemento directo: *me, nos, te, os, le, la, lo, les, los, las,* y el reflexivo *se:* «*me* paro a mirar», «*os* vimos venir», «*se les* perdió», etc.

b) Posesivos. Se acentúan los pronombres posesivos *mío, tuyo, suyo, nuestro, vuestro,* con sus formas de femenino y de plural: «*mía* fué la culpa», «esta carta es *tuya*», «*vuestro* es el porvenir», «la deuda es *nuestra*». Los adjetivos posesivos *mi, tu, su, nuestro, vuestro,* etc., se pronuncian sin acento: «*mis* mejores años», «*tus* dos hermanas», «*vuestros* parientes», etc. En Castilla la Vieja, Asturias y León, contra el uso general de la lengua literaria, las formas *mi, tu, su,* etc., se pronuncian como palabras acentuadas: «*mís* casas», «*sú* tío», «*sús* obras», etc.

c) Demostrativos. Son siempre acentuados, tanto en función de pronombres, escritos con acento, *éste, ése, aquél,* etc., como con valor adjetivo, escritos sin acento, *este, ese, aquel,* etc. El énfasis podrá dar al pronombre más acento que al adjetivo, o al adjetivo más que al pronombre, según las circunstancias de cada caso. En la pronunciación corriente, ni afectada ni enfática, ninguna diferencia se advierte entre unas y otras formas. La misma acentuación fonética tiene, por ejemplo, a pesar de lo que aparenta la escritura, la forma *esa* en «*esa* senda solitaria» que en «*ésa* fué su gran desgracia», o la forma *aquella* en «*aquella* tarde de otoño» y en «*aquélla* trajo la suerte», etc. [1].

---

[1] El habla vulgar y familiar suele emplear *esta* sin acento en las expresiones de carácter adverbial: «*esta* mañana», «*esta* tarde» y «*esta* noche». La inacentuación de los adjetivos demostrativos es corriente, como rasgo dialectal, en la Rioja y en Navarra.

d)   Relativos. Son inacentuados *que, quien, quienes, cuyo, cuyos, cuya, cuyas, cual, cuales,* usados meramente como relativos. Se acentúan, por el contrario, como interrogativos, determinativos o exclamativos. En los ejemplos siguientes, de Lope y de Alarcón, figuran formas acentuadas e inacentuadas:

> *¿Quién* sino *quien* sois pudiera
> valerme en tanto peligro?
> *¡Qué* dijeran los *que* están
> buscando *qué* murmurar!

Se acentúan *cual* y *cuales* precedidos y determinados por el artículo: «un daño contra el *cual* no hay remedio posible». Las formas *tal* y *tales* llevan siempre acento: «de *tal* palo, *tal* astilla».

169.   ADVERBIOS INACENTUADOS.— Por regla general los adverbios, como queda indicado, se pronuncian con acento: *ahora, antes, cerca, lejos, sí, no, bien, mal, muy,* etc. Se apartan de la regla general los casos siguientes:

a)   Relativos. Los adverbios *donde, cuando, cuanto, como,* expresando una relación simplemente adverbial, se pronuncian como formas débiles y se escriben sin acento. Estas mismas palabras, usadas con valor interrogativo, determinativo o exclamativo, se acentúan en la pronunciación y en la escritura. Recuérdase siempre a este propósito la conocida redondilla de Iriarte:

> — He reñido a un hostelero.
> — *¿Por qué?, ¿dónde?, ¿cuándo?, ¿cómo?*
> — *Porque donde, cuando como,*
> sirven mal, me desespero.

La forma verbal *como,* del tercer verso, aun cuando se escriba sin acento, es, por supuesto, fonéticamente acentuada. *Tanto, tanta* y sus plurales se dicen siempre como formas fuertes. Por el contrario, *tan* se dice como palabra débil: «*tan* alto como las nubes».

b) Temporales. La palabra *luego* se dice con acento empleándola como forma propiamente temporal: «*luego* lo veremos», y sin acento si se usa con significación consecutiva: «pienso, *luego* existo». *Aún* se pronuncia con acento, formando una o dos sílabas, § 147, con la significación esencial de 'todavía': «*aún* tengo fuerzas», «vive *aún*», y sin acento, formando una sola sílaba, con el valor de 'hasta' o reforzando a *ni*: «*aun* de sí mismo desconfía», «no descansaba ni *aun* para comer». El adverbio *mientras* se acentúa con la significación absoluta de 'entretanto': «acabad de arreglaros; *mientras,* terminaré esta carta»; es inacentuado cuando se usa con el valor conjuntivo de 'entretanto que': «*mientras* acabáis de arreglaros acabaré esta carta». En la forma *recién,* tal vez por diferencias regionales, hay vacilación, predominando el uso acentuado.

c) Cuantitativos. *Medio,* pronunciado con acento como adjetivo, «*medio* día», no se acentúa como adverbio, «*medio* dormido». *Más* y *menos,* fuertes como adverbios, «*más* de una vez», «*menos* de la cuenta», son débiles cuando enlazan, a modo de conjunciones, cantidades o conceptos que se suman o restan: «cuatro *más* siete», «habló de todo *menos* de su boda». La forma *más* es comúnmente débil, aunque se escriba con acento, en la locución conjuntiva *más que,* equivalente a *sino:* «no hacía *más* que divertirse». *Casi* vacila fácilmente entre la acentuación y la inacentuación, aun en una misma persona, según el tono en que se habla, siendo la forma inacentuada la que de ordinario corresponde a la expresión no afectada y corriente.

170.   Preposiciones, conjunciones y artículos.— Constituyen esencialmente estas palabras, según queda dicho,
la clase inacentuada. Se dan entre ellas, sin embargo,
algunas excepciones:

a)   Preposiciones. La forma *según* se dice normalmente con acento, lo mismo cuando tiene carácter pre-
positivo que cuando se usa como adverbio: «*según* las
circunstancias», «*según* iban pasando». Son inacentuadas,
por el contrario, aunque con vacilaciones, según el énfasis,
y con diferencias entre unos individuos y otros, las
locuciones prepositivas *excepto, salvo, mediante, durante,
respecto a* y *junto a:* «*excepto* dos de ellos todos han
dado fruto», «*junto a* la puerta hay un árbol». La
preposicón se acentúa, en fin, usada como pregunta
elíptica en el habla familiar: «—No podrán marchar
mañana.— *¿Por...?* —Porque está cortado el camino.»

b)   Conjunciones. La partícula *y* se acentúa cuando,
con valor adverbial o pronominal, encabeza una frase
interrogativa: «*¿Y* tu padre?» «*¿Y* si estuviera equivoca-
do?». Se acentúa asimismo *pues,* como pregunta elíptica
o en uso pospuesto: «—No debieras salir esta noche.
—*¿Pues?* —Podrías hacer falta aquí»; «Busca, *pues,* el
sosiego dulce y caro.» Es también frecuente la acentuación de *pero,* dicho en tono relativamente elevado, ante
pausa, con reforzamiento de su sentido adversativo. Son,
en cambio, inacentuadas en la conversación corriente las
locuciones conjuntivas *puesto que, supuesto que:* «*puesto
que* no te gusta, no lo comas».

c)   Artículos. El artículo definido se pronuncia sin
acento: «*el* niño», «*la* fuente», «*los* días». El indefinido se
acentúa: «*un* niño», «*una* fuente», «*unos* días». Los plurales *unos, unas,* se emplean también sin acento cuando
sirven para dar valor aproximativo, sin énfasis,

a la cantidad a que preceden: «*unos* quince años», «*unas* treinta personas».

171. Diferencias de acentuación entre la pronunciación y la escritura.— Las palabras *período, cardíaco, alvéolos, Océano,* ya citadas, § 152, no se acentúan en la pronunciación corriente como indica la escritura, sino como figuran en la siguiente transcripción: **perjódɔ, karđjákɔ, ạlbɜólɔs, oθɜánɔ**. A las palabras *poliglota, pentagrama, metamorfosis, metempsicosis,* y a otras más corrientes, como *miligramo, centigramo, decigramo, centilitro, decalitro,* etc., les corresponde acentuación llana según la última edición del *Diccionario* académico, 1925; pero se pronuncian generalmente como formas esdrújulas: **políglɔta, peṇtágrɐma, metamórfɔsị̣s, metɜmpsíkɔsị̣s, milígrɐmo, θeṇtílịtro,** etc. La acentuación llana se va haciendo corriente en *kilogramo-***kilɔgrámɔ,** y es ya general en *epigrama-***epịgrámɐ** y *telegrama-***telɜgrámɐ,** las cuales, sin embargo, aun se usan como esdrújulas fuera del habla culta. Se escribe *cartomancía, quiromancía* y *nigromancía,* con acento sobre la *i;* pero se pronuncia **kartomáṇθja, kiromáṇθja,** y **nigromáṇθja.** Se escribe *conclave* o *cónclave, medula* o *médula, cíclope* o *ciclope, fárrago* o *farrago;* pero lo corriente en la pronunciación es la acentuación esdrújula: **kóŋklɐbe, médʉla, θíklɔpe, fárɐgo.**

172. El acento en la frase.— Cualquiera que sea la combinación en que las palabras aparezcan dentro de la frase, su acento se mantiene de un modo invariable sobre la misma sílaba en que lo llevan aisladamente consideradas; pero suelen darse diferencias en cuanto al grado de intensidad entre las diversas sílabas fuertes de una misma frase. La palabra, por razón de su acento, se subordina en la oración al grupo de intensidad;

cada grupo de intensidad, como ya se dijo, § 27, lleva un solo acento principal; pero hay que tener en cuenta, además, que este acento no es siempre igualmente fuerte en todos los grupos que constituyen una frase. Por lo general en cada frase hay siempre un acento principal que, reforzado por circunstancias lógicas o emocionales, predomina sobre los restantes, recayendo precisamente sobre aquella palabra en cuya significación hace mayor apoyo el pensamiento; así, en la frase *arrebataron* | *las hojas* | *a los árboles*, el acento predominante lo llevaría el primero, el segundo o el tercer grupo, según la importancia relativa que cada uno de estos términos tuviese en relación con el sentido especial que quisiéramos dar en cada caso a dicha frase.

173. ACENTO RÍTMICO.— Como queda dicho, las modificaciones del acento no sólo establecen diferencias entre las sílabas fuertes de un mismo grupo fonético, sino también entre las sílabas débiles; pero estas diferencias, traspasando los límites de la acentuación histórica, constituyen propiamente una cuestión de ritmo. No conocemos suficientemente la naturaleza del acento rítmico, ni los principios por que éste se rige en la lengua española; sin embargo, en series silábicas de cierta extensión, el oído, por lo que al acento se refiere, cree percibir un movimiento alternativo de aumento y disminución, en virtud del cual las sílabas débiles, a partir de la sílaba fuerte de cada grupo, se distinguen entre sí, destacándose u oscureciéndose sucesivamente. Parece indudable que en la producción de este efecto intervienen complejamente, además de la intensidad, otros elementos del sonido. Los siguientes ejemplos darán idea de este fenómeno; los números indican esquemáticamente el relieve relativo de cada sílaba:

2-1-3: repetir, comparar, contener, amistad, pesadez, aprendiz, andaluz, general, rapidez, cantador, suspirar, tenedor, expresión, catalán, resistir. etc.

3-1-2: rápido, tímido, pánico, cúspide, árbitro, sábana, cántico, mítico, pésimo, célebre, límite, tómalo, etc.

1-3-1-2: retórica, fonética, mismísimo, católico, fatídico, periódico, estímulo, fanático, acérrimo, frenético, explícate, espérame, la música, etc.

2-1-3-1: abadesa, cariñoso, marinero, desventura, panadero, zapatero, la mañana, entre todos, etc.

2-1-2-1-3-1: contraproducente, significativo, experimentado, desembarcadero, plenipotenciario, correligionario, lo que prometieron, contra lo tratado, etc.

En los grupos formados por cuatro o cinco sílabas con acento principal sobre la cuarta, el acento secundario no recae sobre la sílaba segunda, como haría esperar el principio alternativo, sino sobre la primera:

2-1-1-3-[1]: emperador, conversación, reconquistar, explicaciones, entremetido, oscurecido, sacrificado, sobre la frente, por la mañana, en la corriente, etc.

En virtud del acento rítmico, los pronombres enclíticos llegan a alcanzar, en determinados casos, como muestran los siguientes ejemplos, de Cervantes, Lope, Tirso y Moreto, respectivamente, el nivel de intensidad que de ordinario corresponde a las sílabas fuertes:

Que os tengo de hurtar un niño | Antes de los meses dos,
Y aun si las uñas aliño... | Dios me entiende, vámonós.
Si el rey menester hubiere | Dineros, pídamelós,
Porque de marcos de plata | Tengo lleno un torreón.
Molinero sois amor | Y sois moledor;
Si lo soy apártesé, | Que le enharinaré.
¿No hallaré justicia yo? | En la tierra, dúdolo.

CANTIDAD

174. CANTIDAD RELATIVA.— La cantidad que importa prácticamente conocer en todo idioma es la cantidad relativa, § 21. Esta cantidad obedece en español a razones meramente fonéticas. Los sonidos españoles no son largos o breves por tradicción histórica o etimológica, sino por influencia de diversas circunstancias relacionadas con la intensidad, tono y timbre con que en cada caso se pronuncian, con el lugar que ocupan en el grupo fonético, con la naturaleza de los sonidos contiguos y con la estructura de la sílaba en que se encuentran. Las modificaciones de la cantidad española afectan, por consiguiente, a la forma y fisonomía de las palabras; pero no alteran la significación de éstas, al contrario de lo que ocurre, como se ha visto, § 159, con las modificaciones de la intensidad.

175. RAPIDEZ ORDINARIA DE LA CONVERSACIÓN.— El uso general entre las personas ilustradas señala un cierto *tempo* o rapidez ordinaria en la conversación española. Este *tempo* varía según diversas circunstancias y, sobre todo, según el orden de emociones que afecta en cada caso a la expresión; pero estas modificaciones emocionales tienen también, por su parte, un carácter general. En determinados casos el lenguaje puede parecer, por consiguiente, demasiado rápido o demasiado

lento, según el sentido y la proporción en que se aparte de los límites relativos que normalmente dicho *tempo* presenta.

Hay, en efecto, personas que, por temperamento o por costumbre, se expresan habitualmente con una velocidad distinta de la del uso común.

Faltan datos precisos para saber si la rapidez de la conversación normal española es mayor o menor que la de otros idiomas; a los extranjeros les parece generalmente lo primero; pero cualquier lengua extranjera, antes de familiarizarse con ella, produce, sin duda, en este punto análoga impresión. En el siguiente trozo, leído en alta voz en el tono ordinario que correspondería usar ante los estudiantes de una clase poco numerosa, la mayor parte de las personas consultadas han empleado de sesenta a sesenta y cinco segundos:

«— ¿Qué hace usted, señor? ¿Por qué no va a su tertulia? Todavía están en los poyetes el señor cura, el boticario y el escribano. Váyase usted a hablar con ellos.

— Ya es tarde; pronto se volverán y desisto de ir hasta allí. Prefiero volverme charlando contigo.

— ¿Y de qué hemos de charlar nosotros? Yo no sé decir sino tonterías. No he leído los libros y papeles que usted lee, y como no le hable de los guisos que mi madre hace o de mis bordados y costuras, no sé de qué hablar a su merced.

— Háblame de lo que hablas a Antoñuelo cuando estás con él de palique.

— Yo no sé lo que es palique, ni sé si estoy o no estoy a veces de palique con Antoñuelo. Lo que sé es que yo no puedo decir a su merced las cosas que a él le digo.

— ¿Y qué le dices?

— ¡Pues no quiere usted saber poco! Ni el padre Anselmo, que es mi confesor, pregunta tanto.

— Algo de muy interesante y misterioso tendrá lo que dices a Antoñuelo, cuando ni al padre Anselmo se lo confiesas.

— No se lo confieso porque no es pecado, que si fuese pecado se lo confesaría. Y no se lo cuento tampoco, porque a él no le importa nada, y a usted debe importarle menos que a él.»— JUAN VALERA, *Juanita la Larga,* cap. VII.

176. CANTIDAD VOCÁLICA.— Se han aplicado corrientemente al español las mismas leyes de cantidad vocálica atribuídas al francés, al italiano y a los demás idiomas neolatinos. Según estas leyes, se ha considerado larga toda vocal acentuada ante consonante sencilla seguida de otra vocal; se ha tenido por breve toda vocal acentuada seguida de dos o más consonantes, y se ha creído breve asimismo toda vocal no acentuada. Para que tales indicaciones puedan tener en la práctica alguna utilidad, conviene señalar especialmente el valor relativo que a la denominación de vocales largas corresponde en lo que se refiere a la pronunciación española. La cantidad vocálica española ofrece, además, particularidades importantes que no están comprendidas en las citadas leyes.

Si se considera la duración normal de las vocales largas en otros idiomas, puede decirse que en la pronunciación ordinaria española no hay vocales propiamente largas. El español que aprenda a hablar alemán se acostumbra con dificultad a dar la cantidad debida a las vocales acentuadas en palabras como *haben, lieben, Woge,* etc.; por el contrario, un defecto muy señalado en la pronunciación de nuestra lengua hablada por alemanes, consiste en hacer excesivamente largas esas mismas vocales en formas como *mano, mira, lobo,* etc. La *a* acentuada, por ejemplo, en esp. *casa, nata, ala,* no se pronuncia como en al. *Nase, Vater, malen,* sino como en al. *kasse, natter, alle.* Para acertar, pues, con la cantidad vocálica española, los alemanes necesitan dar aproximadamente a nuestras vocales largas la duración relativa que corresponde en su idioma a las vocales breves. Los ingleses y norteamericanos exageran especialmente la duración de nuestra vocal acentuada en las palabras agudas finales de grupo: *comer, repetir, esperó,* etc. Nuestras vocales débiles, por su parte, tampoco suelen llegar al extremo de reducción que en otros idiomas presentan; de donde resulta, entre las vocales fuertes y débiles españolas, una semejanza cuantitativa que, no dando lugar, en este punto, a contrastes muy perceptibles, contribuye especialmente a la claridad y precisión que los extranjeros advierten en nuestro idioma en la pronunciación de dichos sonidos.

Como regla práctica debe, pues, entenderse que las vocales españolas, en la conversación corriente, fuera del lenguaje afectado o enfático, son siempre breves, y que la denominación de largas que se aplica a estas vocales en determinados casos, sólo representa cierto grado de superioridad relativa con respecto a los diversos matices de duración que el uso distingue dentro de la brevedad general de todas ellas.

177. Vocales acentuadas.— En este sentido, la vocal acentuada española es, pues, relativamente larga en las palabras agudas, siempre que éstas no terminen en consonante *n* o *l*: *papá, matar, verdad, rapaz, compás;* es semilarga en palabras agudas terminadas en *n, l,* y en sílaba abierta de palabras llanas: *sultán, natal, para, pava, pasa, pala, pana, pata,* y es breve en sílaba cerrada de palabras llanas y en sílaba abierta o cerrada de palabras esdrújulas: *pardo, pasta, tanta, pacta, páramo, tábano, pájara, cáscara, cántico, táctica* [1]. En pronuncia-

---

[1] Véase *Cantidad de las vocales acentuadas,* en *Revista de Filología Española,* 1916, III, 387-408.

ción afectada o enfática puede ser larga, sin embargo, toda vocal acentuada, cualquiera que sea la forma de la sílaba en que se halle.

La relación entre estos grupos aparecerá clara comparando los siguientes ejemplos; los números indican en centésimas de segundo la duración absoluta de cada vocal acentuada, tomando como base el *tempo* medio de la conversación ordinaria:

breves		semilargas		largas	
torta	9,5	mora	14	cantó	19
cáscara	8	pasa	12	compás	16
tífico	7,5	rifa	11,5	anís	15
cerca	8	cebo	12	canté	16
cúrala	10	puro	15	tú	20

Duración media: breves 8,6; semilargas 12,9; largas 17,2.

Dentro de cada uno de estos grupos aparecen también diferentes matices: entre las vocales largas es algo más larga la vocal acentuada en *papá, matar,* que en *rapaz, compás;* entre las semilargas es asimismo algo más larga la de *para, pava,* que la de *pasa, pata,* y entre las breves es un poco menos breve la de *páramo, parte,* que la de *rápido, táctica.*

Estas diferencias obedecen, como se ve, al número y naturaleza de las consonantes que siguen en cada caso a la vocal acentuada: ante las articulaciones **r, ħ, đ, g, y,** que son las más breves entre las consonantes españolas, § 179, la vocal acentuada se abrevia menos que ante las demás consonantes; pero de estos y de otros pormenores que podrían añadirse a este respecto puede, evidentemente, prescindirse en la enseñanza práctica de la pronunciación.

Los siguientes ejemplos servirán, sin embargo, para

formarse idea de dichas diferencias; los números, como en los casos anteriores, indican la duración absoluta de cada vocal en centésimas de segundo:

papá	18,5	*rapaz*	15
para	15	*bala*	11
pava	14	*capa*	11
nada	14	*tasa*	11,5
paga	10	*paja*	11,5
páramo	10	*rápido*	8

Duración media de los casos comprendidos en la primera columna 14,1; de los comprendidos en la segunda 11,3.

178. VOCALES INACENTUADAS.— La vocal inacentuada en la conversación ordinaria es generalmente breve. La diferencia en este caso entre sílaba abierta y sílaba cerrada es insignificante. La duración relativa de la vocal inacentuada viene a ser un poco menor que la de la vocal breve acentuada. La postónica interior en las palabras esdrújulas es, entre las vocales débiles, la que normalmente presenta mayor brevedad: *sábana, capítulo, específico,* etc. La protónica interior no es de ordinario sino un poco más breve que la inicial inacentuada, siendo en general excesiva la reducción con que la pronuncian, hablando español, los norteamericanos y los ingleses: *retener, perezoso, capital, literatura,* etc.

En pronunciación lenta la cantidad relativa de las vocales inacentuadas aumenta sensiblemente, aproximándose a la de aquellas que llevan el acento. La inicial de grupo es tanto más breve cuanto más lejos se halla de la sílaba acentuada: *careta, paradero, carabinero, caracterizado,* etc. La vocal final absoluta inacentuada es ordinariamente semilarga; *paso, hermana, gallo, rosa,* etc., pero en posición interior de grupo, esta

vocal final de palabra presenta una brevedad semejante
a la de las demás vocales inacentuadas.

Los siguientes ejemplos entresacados de largas y minuciosas experiencias [1], permitirán apreciar más concretamente las relaciones entre estos casos:

	inicial	protónica	tónica	postónica	final
paso	”	”	10,8	”	10,8
peseta	6,5	”	10	”	11,7
perezoso	6,5	6	10	”	10,5
coral	7,2	”	13,5	”	”
rapidez	6,1	5,8	14	”	”
sátiro	”	”	9,5	6	12
fonética	6	”	8,5	4,5	11,5
paralítico	6,5	5,7	8,5	4,6	11,7

Duración media: inicial 6,4; protónica 5,8; tónica 10,6; postónica 5;
final 11,4.

La vocal inacentuada en posición final absoluta es,
como se ve, la más larga de las vocales débiles; su
duración iguala o supera, en general, a la de la vocal
fuerte precedente. En pregones callejeros y en todos los
casos en que la distancia obliga a esforzar la voz, la
cantidad relativa de la final inacentuada es aún mayor
que en la conversación corriente. En el habla popular
de algunas regiones españolas, y sobre todo en pronunciación aragonesa, la cantidad de dicha vocal final es
asimismo mayor que en la pronunciación correcta. La
semejanza de cantidad entre dicha final y la vocal acentuada no impide, sin embargo, que el efecto acústico de
aquella, por su relajación articulatoria, §§ 45, 57 y 60,
por la inferioridad de su acento y por el tono grave que
con frecuencia le corresponde, resulte menor que el de la

---

[1] Véase *Cantidad de las vocales inacentuadas,* en *Revista de Filología Española,* 1917, IV, 371-388.

vocal acentuada. Su caso es, pues, semejante al de las consonantes *d, n, l,* etc., en posición final absoluta, las cuales, aun siendo también relativamente largas, resultan de ordinario, como se ha indicado, §§ 74, 110, 111, etc., más tenues y menos perceptibles que en cualquiera otra posición. Los extranjeros suelen, sin embargo, reducir demasiado el sonido de nuestra vocal final.

179.   DURACIÓN DE LAS CONSONANTES.— Las diferencias de duración entre las consonantes son, en general, menores que entre las vocales; pero tienen también indudable importancia en el estudio de nuestra pronunciación. Dichas diferencias dependen, principalmente, de la posición de las consonantes en el grupo fonético y de la naturaleza articulatoria de cada sonido [1].

En posición intervocálica, inmediatamente detrás de la vocal acentuada, *paso, pala,* las consonantes son más largas que en ninguna otra posición. Finales de sílaba interior, *pasta, alba,* son muy poco más cortas que intervocálicas. Separadas de la vocal acentuada, *posición, olivar,* son asimismo un poco más cortas que en contacto con dicha vocal. En posición inicial o final absoluta, *sabio, jamá*s, etc., su articulación suele ser relativamente larga; pero la parte de su sonido propiamente perceptible es siempre breve. Los extranjeros suelen hacer demasiado largas nuestras consonantes finales, §§ 72 y 109.

Dada una misma posición, las fricativas sordas **f, θ, s, x** son marcadamente más largas que las fricativas sonoras **ƀ, đ, đ, y.** Las oclusivas **p, t, k** y las africadas **ĉ, ŷ** resultan muy semejantes por su duración a las fricativas sordas. Las nasales y laterales **m, n, ŋ, l, ļ** vienen

[1] Véase *Diferencias de duración entre las consonantes españolas,* en *Revista de Filología Española,* 1918, V, 367-393.

a ser intermedias entre las fricativas sordas y las sonoras. La vibrante múltiple r̄ es una de las consonantes más largas; la vibrante simple r es la más breve. Estas diferencias se manifiestan sobre todo en posición intervocálica, yendo la consonante inmediatamente precedida de la vocal acentuada. Todas las consonantes pueden reducirse o alargarse, menos la vibrante simple r, que es siempre momentánea e invariable. Los siguientes casos dan idea de las indicadas diferencias:

ciga*rr*o	13,6	dispa*r*o	2,5
jira*f*a	13,5	esco*b*a	6,5
repa*s*o	12,3	espa*d*a	6
despa*ch*o	12,5	desmayo	6,5
bella*c*o	11,2	lec*h*uga	6

Duración media: primera columna 12,6; segunda 5,5.

Adviértese que la duración relativa de las consonantes breves es en general muy semejante a la de las vocales breves, y que la de las demás consonantes viene a ser equivalente a la de las vocales semilargas, § 177. Dentro de una misma palabra, cuanto más larga es la vocal acentuada, más breve es la consonante intervocálica que la sigue: en *cig*arro, por ejemplo, la vocal dura 11,5 y la consonante 13,6; en *dispar*o, por el contrario, dicha duración es 14,5 y 2,5 respectivamente; en *bell*aco 11 y 11,2 y en *lech*uga 13,5 y 6, etc.

180. CANTIDAD SILÁBICA.— La cuestión de si en español existen o no sílabas largas y breves ha dado lugar a diferentes opiniones. La idea más general consiste en suponer una mera correspondencia entre la cantidad y el acento, entendiéndose por sílabas largas las acentuadas y por breves las inacentuadas. Algunos eruditos tratadistas de los siglos XVIII y XIX, aplicando

al español reglas semejantes a las de la prosodia latina, defendieron la existencia en nuestro idioma de sílabas largas y breves, por naturaleza, uso o composición, independientemente del acento. Contra dichas opiniones, otros tratadistas se han esforzado en probar que, en la pronunciación española, lejos de hallarse tales diferencias, todas las sílabas, por lo que a la cantidad se refiere, resultan aproximadamente iguales [1].

Estudiando experimentalmente esta cuestión, se ve hasta qué punto las opiniones indicadas están en desacuerdo con la realidad. Los resultados de dicho estudio pueden resumirse de la manera siguiente:

a) Ocurren en la pronunciación española grandes diferencias de duración entre las sílabas, dándose casos en que una sílaba resulta dos, tres y hasta cuatro o cinco veces más larga que otra de la misma palabra o frase. Expresando la duración absoluta en centésimas de segundo, bastará decir, por ejemplo, que en pronunciación normal la *e* inicial de *eclipse* y la *o* de *obispo* suelen presentar una duración de 6 c. s., mientras que las sílabas *clip* y *bis* de esas mismas palabras aparecen ordinariamente con 26 c. s. Las medidas correspondientes a *lebrel* son: *le* 16, *brel* 31; en *jaula: jau* 32, *la* 15.

b) En igualdad de circunstancias la sílaba acentuada es más larga que la inacentuada, y la que se compone de tres o cuatro elementos, *cons, trans,* etc., más larga asímismo que la que sólo consta de uno o dos, *a, se, el,* etc. La causa que produce mayores diferencias de duración entre las sílabas es el acento enfático. De aquí que una misma sílaba, en una palabra determinada, resulte unas veces mucho más larga que otras. Las

---

[1] Véase *Historia de algunas opiniones sobre la cantidad silábica española,* en *Revista de Filología Española,* 1921, VIII, 30-57.

sílabas acentuadas experimentan en este sentido mayores modificaciones que las inacentuadas. La duración de las sílabas de *perder,* por ejemplo, dentro de una frase dicha en tono corriente suele ser: *per* 24, *der* 30; en tono enfático *per* 26, *der* 42. En la palabra *trueno,* con pronunciación corriente: *true* 34, *no* 14; en tono enfático: *true* 48, *no* 18.

c) Las diferencias de cantidad entre las sílabas españolas no responden a causas etimológicas ni se ajustan a proporciones determinadas y regulares. No puede, por consiguiente, hablarse de sílabas largas y breves en español, dando a este hecho el sentido que al parecer tenía en latín. En el verso, las sílabas acentuadas suelen ser relativamente largas hallándose en posición rítmica, pero no si se encuentran fuera de dicha posición. Así, por ejemplo, en el verso «Pues ¿no lo siente el alma? No lo siente», al primer *no* le corresponde mayor duración que al segundo, y en el verso «Aunque no hubiera cielo yo te amara», la forma *yo,* aunque tiene acento prosódico, resulta relativamente breve por no hallarse en tiempo marcado. El papel de la cantidad en el verso español no consiste, en fin, en formar combinaciones de sílabas largas y breves, sino en dar regularidad a la duración de los intervalos comprendidos entre los acentos rítmicos [1].

---

[1] Véase *La cantidad silábica en unos versos de Rubén Darío,* en *Revista de Filología Española,* 1922, IX, 1-29.

ENTONACIÓN

181. CARACTERES GENERALES.— A cada frase, según el sentido especial en que se usa, le corresponde una determinada forma de entonación, § 19. Una misma frase, como, por ejemplo, *Duerme tranquilo,* puede tener un valor afirmativo, interrogativo o exclamativo, según la entonación con que se pronuncie. Dentro de cada uno de estos casos dicha frase, precisando aún más su significación, expresará un determinado matiz emocional o mental —temor, alegría, súplica, ansiedad, duda, desdén, etc.—, según las circunstancias particulares que caractericen su forma melódica. El conocimiento de la entonación es, pues, de la mayor importancia, tanto para la recta inteligencia de lo que se oye como para la expresión justa de lo que se quiere decir. Por el tono con que se pronuncie, una palabra de reproche puede convertirse en un elogio, un cumplimiento en una ofensa, una felicitación en una burla, etc. Es, en fin, cosa sabida que cuando el tono contradice el sentido de las palabras, se atiende más a lo que aquél significa que a lo que éstas representan.

Existen ciertas leyes de entonación comunes a todos los idiomas. Se pueden seguir por los movimientos del tono las líneas generales de la expresión, oyendo una conversación o un discurso en un idioma desconocido. Un marcado descenso de la voz al fin de un grupo fónico indica el término de una oración enunciativa; una entonación final ascendente indica, por el contrario, que la expresión del pensamiento se halla aún incompleta. La pregunta termina en general con una elevación de la voz; la contestación acaba con una inflexión descendente. La alegría y la cólera producen mayor variedad de inflexiones, intervalos más extensos y tonos más agudos que la disposición de ánimo cotidiana y normal; el abatimiento y la tristeza se caracterizan, al contrario, por formas de entonación bajas, monótonas y uniformes. Un carácter vivo e inquieto produce formas de entonación más variadas que un carácter indolente y flemático; los niños hablan con inflexiones más amplias y movidas que los ancianos; los enfermos melancólicos hablan con suavidad y monotomía; los monomaníacos exaltados emplean formas patéticas y declamatorias con inflexiones bruscas y extremadas.

Aparte de estos rasgos generales, la entonación, en lo que se refiere a la amplitud o extensión de los intervalos, a la combinación de sus inflexiones y a la estructura propia y peculiar de cada curva melódica, presenta multitud de circunstancias especiales por donde no sólo los idiomas de distinta familia lingüística, sino aquellos que tienen un origen común, y aun las más pequeñas modalidades regionales y locales de un mismo idioma, se diferencian y distinguen entre sí. Muchas diferencias de pronunciación entre castellanos, andaluces, aragoneses, argentinos, mejicanos, etc., son principalmente diferencias de entonación. Entre los lugares de una misma comarca, una de las primeras noticias que el forasteros suele recoger en cada pueblo es precisamente la que se refiere, en forma casi siempre irónica, al *tonillo* o *acento* especial con que hablan los de tal o cual pueblo vecino.

Los extranjeros elogian comúnmente las cualidades de la entonación española. El ilustre fonético J. Storm, *Englische Philologie,* Leipzig, 1892, pág. 186, dice a este propósito que así como la entonación del francés es en general alta, clara y refinada, y la del italiano amplia, varia y movida, la del español es «la más grave, digna, marcial y varonil entre las lenguas romances». Otra opinión autorizada es la del culto romanista F. Wulff, *Un chapitre de phonétique,* Stockholm, 1889, pág. 6, según el cual el habla castellana «es, acaso, la más sonora, la más armoniosa, la más elegante y la más expresiva de las lenguas neolatinas». H. Gavel, en su importante *Essai sur l'évolution de la prononciation du castillan,* Biarritz, 1920, pág. 511, hace notar que «desde principios del siglo XIV el castellano aparece ya dotado de muy felices rasgos característicos que han llegado hasta nuestros días y que dan a esta lengua juntamente energía, dulzura y sonoridad». Aun en libros de divulgación como el de Schütz, *Hauptsprachen unserer Zeit,* Frankfurt, 1910, pág. 103, se dice asimismo que el español es un idioma armonioso y arrogante, «el más arrogante de los actuales idiomas neolatinos.»

No existen por el momento datos bastantes para poder describir convenientemente las formas propias de la entonación española, distinguiendo, como sería necesario, lo vulgar de lo correcto, lo particular de lo general y lo español de lo extranjero. Se sabe mucho menos de la entonación que de la articulación de los sonidos. Las siguientes notas, aunque recogidas escrupulosamente entre personas de pronunciación española correcta, no pretenden, dada la especial dificultad de esta materia, ser completas ni definitivas.

182. ENTONACIÓN DEL GRUPO FÓNICO.— Simplificará

la enseñanza práctica de nuestra entonación tomar como
guía la entonación del grupo fónico, § 29, la cual, sobre
ser por sí misma más fácil de distinguir que la de otras
unidades fonéticas, es en realidad la que más influye en
la determinación de la estructura musical propia de cada
frase. La entonación del grupo fónico varía constantemente según las circunstancias particulares de cada caso;
pero la permanencia regular entre sus variantes de ciertos
rasgos característicos permite reducir dicha entonación a
dos formas fundamentales, que esquemáticamente pueden
representarse de este modo:

Tanto en una como en otra forma, la voz, al principio
del grupo fónico, partiendo de una nota grave, que suele
ser por término medio una cuarta o una quinta más baja
que el tono normal, § 19, se eleva gradualmente desde la
sílaba inicial hasta la primera sílaba acentuada, que es
donde dicho tono normal o medio llega a ser propiamente
alcanzado. Este movimiento ascendente de la voz será,
por consiguiente, más o menos largo dentro de la ordinaria rapidez de la conversación, según el número de
sílabas inacentuadas con que el grupo principie. La
elevación de la voz no se verifica bruscamente saltando
de una nota a otra, sino recorriendo, como queda indicado, de un modo gradual todos los matices intermedios
del intervalo comprendido entre la sílaba inicial del
grupo y la primera sílaba acentuada. En ningún caso
alcanza la voz al principio del grupo el tono normal
antes de llegar a dicha sílaba acentuada. Conviene insis-

tir sobre esta observación por la frecuencia con que los extranjeros, y especialmente los ingleses, norteamericanos y alemanes, equivocan nuestra entonación, empezando en tono alto el grupo fónico aun cuando sus primeras sílabas no lleven acento. Sólo cuando la sílaba inicial es acentuada arranca ya la voz desde el principio en una nota alta, bastándole un pequeño ascenso, que a veces suele no llegar a un semitono, para alcanzar dentro de esa misma primera sílaba la altura normal.

Durante el segundo tiempo de la entonación del grupo fónico, que comprende, generalmente, desde su primera sílaba fuerte hasta su penúltima o antepenúltima sílaba, la voz se mantiene de ordinario alrededor del tono medio que a cada persona le es propio, describiendo una línea ondulada que, fuera de ciertos casos especiales, rara vez se aparta más de una tercera de la nota correspondiente a dicho tono medio o normal. También la duración de este tiempo varía según el número de sílabas o de palabras que lo forman. En la indicada ondulación de la voz el movimiento ascendente de la misma coincide, por lo común, con las sílabas acentuadas, y el descendente con las inacentuadas, advirtiéndose además, dentro de cada sílaba, que las consonantes sonoras son con frecuencia algo más graves que las vocales [1]. El error más frecuente en este punto entre los extranjeros, y sobre todo entre los alemanes, consiste en dar de ordinario a dicha ondulación una amplitud excesiva, marcando entre las sílabas fuertes y las débiles diferencias de tono mayores que las que nosotros empleamos.

El tercer tiempo de la entonación del grupo fónico

---

[1] Véase S. GILI GAYA, *Influencia del acento y de las consonantes en las curvas de entonación,* en *Revista de Filología Española,* 1924, XI, 154-177.

es propiamente el que hace que las dos formas arriba representadas sean distintas entre sí; en la mayor parte de los casos la inflexión de la voz se reduce en este tiempo, según determinadas circunstancias que indicaremos en su lugar, a la última o a las dos o tres últimas sílabas del grupo, elevándose ordinariamente de dos a tres tonos sobre la altura normal si se trata de la forma A, y descendiendo más o menos si se trata de la forma B.

Donde más claramente se ajusta la entonación del grupo fónico a estas formas que quedan descritas es en las oraciones enunciativas en que se explica, narra o describe alguna cosa. El ruego, la pregunta, el mandato, la sorpresa, la admiración, etc., introducen, por su parte, modificaciones importantes que más adelante trataremos de explicar.

La figura adjunta representa la entonación de una frase minuciosamente medida sobre una inscripción qui-

un c arro a ta sc ado en una c ue st aem p edrada

mográfica. Aparte de las inflexiones iniciales y finales ya indicadas, el resto de estas curvas da idea especialmente del movimiento de la voz durante el segundo tiempo de cada grupo. No indicamos esta circunstancia en las figuras de que nos servimos para nuestra representación esquemática de la entonación, por entender que en lo que tiene de general, dado el carácter fonético de las causas a que obedece, se produce espontáneamente.

183.   EL TONO Y EL ACENTO DE INTENSIDAD.— En la

pronunciación de las palabras aisladamente consideradas, coinciden en líneas generales el tono y el acento de
intensidad, recayendo de ordinario el tono normal sobre
la misma sílaba que lleva el acento y pronunciándose por
debajo de este tono, con inflexión ascendente o descendente, según los casos, las demás sílabas de la palabra.
Tienen entonación ascendente, igual a la del primer
tiempo del grupo fónico, las palabras que llevan el
acento sobre la última sílaba, siendo el intervalo que en
este caso recorre la voz, cualquiera que sea el número de
sílabas de que conste la palabra, tres tonos aproximadamente: *clavel, capitán, recomendar, administrar, suscepti-
bilidad,* etc.; tienen, por el contrario, entonación descendente, abarcando un intervalo de cuatro tonos poco más
o menos, las palabras que empiezan con sílaba acentuada:
paso, mano, rápido, límite, etc.; y tienen, por último,
entonación ascendente-descendente, reuniendo en una
misma linea musical las dos formas anteriores, aquellas
palabras en que la sílaba fuerte va precedida y seguida
de sílabas débiles: *hermano, luminoso, comprometido, retórica, pequeñísimo,* etc.

No es absoluta, como se ve, la correspondencia entre
el tono y la intensidad, si se comparan entre sí, dentro de
una misma palabra, las sílabas inacentuadas, pues siendo,
por ejemplo, la *i* en *rápido* más débil que la *o* final, el
tono de aquélla, sin embargo, en la inflexión descendente
con que esta palabra se pronuncia, es algo más alto que
el de dicha *o*; esto mismo puede decirse de la *i* de *capitán*
con respecto a la *a* inicial, y de la *o* de *adorable* con
respecto a la *a* inicial y a la *e* final, etc.

En la frase, la entonación de las palabras va ordinariamente modificada por la del grupo fónico, apareciendo
muy frecuentemente divorciados el tono y el acento de in-

tensidad, como ocurre, por ejemplo, con la palabra *mejor,*
que teniendo entonación propia ascendente, resulta, sin
embargo, casi uniforme en casos como *Ese es tu mejor
testigo,* y descendente en *Tu testigo es el mejor,* o bien, como ocurre con la palabra *casa,* que, no obstante ser por
sí misma descendente, resulta ascendente al final de formas
interrogativas, como *¿Vendrá usted mañana a casa?,* etc.

184. AFIRMACIÓN.— La entonación con que se pronuncian las oraciones afirmativas se caracteriza principalmente por el descenso que la voz experimenta al fin de
cada oración. Este descenso es tanto mayor cuanto más
categórica es la afirmación, extendiéndose de ordinario en
una forma intermedia, ni dubitativa ni enfática, a una
quinta o una sexta por debajo del tono normal. El final
de la oración afirmativa es siempre más grave que el
principio de la misma aun en aquellos casos que, por no
llevar acento sobre la primera sílaba, empiezan también,
como queda dicho, con una nota relativamente baja. Hay
una tendencia general a destacar dentro de cada forma
afirmativa la palabra más importante, elevando un poco
el tono de su sílaba acentuada sobre el de las demás
sílabas fuertes de la misma oración. La inflexión descendente final no se reduce únicamente a la última sílaba de
la frase, sino que empieza de ordinario en la última sílaba
acentuada, comprendiendo además todas las sílabas débiles que haya después de aquélla.

La oración afirmativa puede constar de uno o varios
grupos fónicos. La división de esta clase de oraciones
en grupos fónicos depende, de una parte, de su extensión, y de otra, del tono más o menos vivo, enfático o
sentencioso que acompaña en cada caso a la expresión.
En estos y en los demás casos, la coma ortográfica indica generalmente el lugar en que, mediante una pausa

más o menos breve, se dividen dos grupos fónicos; pero hay comas, como las que se escriben, por ejemplo, en frases como *Sí, señor* y *No, señor,* que de ordinario no producen en la pronunciación pausa ni división alguna, y hay, por el contrario, divisiones de grupos que no van indicadas en la escritura por coma ni por ningún otro signo; el punto y coma y el punto indican pausas mayores, las cuales se producen después del último grupo fónico de cada oración.

Si la oración afirmativa constituye un solo grupo fónico, su entonación puede considerarse esencialmente representada por la forma B, § 182. Ejemplos: *Comí su pan cincuenta años. Me trata como a una esclava. Empezó la lucha. Había caído en una trampa. Estaba perdido. Se quedó inmóvil. Cantaban los pájaros. La niña estaba muy triste.*

Si la oración afirmativa se divide en dos o más grupos fónicos, el único que acaba con inflexión descendente, indicando que la frase está terminada, es el grupo final; todos los grupos anteriores terminan con inflexión ascendente, forma A, § 182. La voz pasa de un grupo a otro, dentro de una misma oración, cayendo súbitamente desde la nota alta con que un grupo termina, a la nota grave con que empieza el grupo siguiente; en pronunciación lenta estos grupos, como queda dicho, van separados por pausas de diversa extensión, según el énfasis con que se hable. Ejemplos de oraciones que se dividen de ordinario en dos grupos fónicos: *Montecillos de piedras grises | se extienden sobre los anchurosos bancales. Las campanas de la alta y recia torre | dejan caer sobre el poblado muerto sus vibraciones.*

Ejemplos de oraciones que suelen dividirse en tres

grupos fónicos: *El viejo y solitario hidalgo | apretaba entre sus manos temblorosas | aquella noble insignia militar.*

Contábase de un pastor | que había descubierto un desnudo cadáver de mujer | rodando entre las rápidas espumas del río. Cogió la moza un manojo de llaves | y allá nos fuimos los dos escaleras arriba, | luego de haber atravesado un tenebroso zaguán.

Ejemplos de oraciones con cuatro grupos: *Los académicos | son algo como una espantable deidad maligna | que ha hecho caer sobre la Mancha | la más grande de todas las desdichas. Envolvióse el castañar en resplandores de hoguera | que doraban los troncos de los árboles | y ponían ardientes reflejos en los emocionados rostros campesinos, | como si ya padeciesen los suplicios sin término. Andando por aquella caverna adelante | había encontrado al fin unas galerías subterráneas e inmensas | alumbradas con un resplandor dudoso y fantástico | producido por la fosforescencia de las rocas.*

185. PROPOSICIONES COMPLEMENTARIAS.— Cuando dentro de una frase afirmativa se expresa alguna circunstancia que, aun sin ser completamente indispensable para la determinación del hecho de que se trata, explica, amplía o concreta su conocimiento, dicha circunstancia, constituye por sí misma un grupo fónico que se desarrolla en el tono normal y termina, como la forma A, §182, con inflexión ascendente, yendo de ordinario su enunciación precedida de un pequeño descenso de la voz al fin del grupo anterior, o simplemente de una breve interrupción de la misma al nivel de dicho tono normal. La estructura del resto de la frase es la que se ha dicho de las oraciones afirmativas. Ejemplos:

*Nuestro buen viejo, | que parecía conocer perfectamente
el país, | echó por el sendero que conducía al caserío.
Cualquier otro hombre, | impresionado por la soledad del
sitio, | hubiera temido aven-
turarse por entre aquellos
matorrales. En el calvo lomo del cerro, | sobre los oros de
poniente, | se dibujaban las negras fantasmas de las tres
cruces. Quedéme solo, | maldiciendo mi cobardía, | y me
tendí en el lecho. La luna, | saliendo de entre las nubes, |
comienza a iluminar la sala. La voz, | aunque confusa, |
conserva todo su altivo engolamiento.*

186. PARÉNTESIS.— La entonación indica que el paréntesis, como forma asimismo complementaria, se halla,
en general, más desligado de la parte del discurso en
que se intercala que las proposiciones a que se refiere el
párrafo anterior. El tipo de entonación que el paréntesis
presenta en ordinariamente el que corresponde a la
forma B del grupo fónico; pero esta forma en este caso
especial se pronuncia, durante toda su extensión, en un
tono grave que viene a ser aproximadamente una tercera
inferior a la altura media de los grupos contiguos. Cuanto más importante e intencionado es el sentido del
paréntesis y más se enlaza con el interés general de la
frase que lo contiene, menos grave es el tono en que se
pronuncia y menos marcado el descenso final de la voz.
Antes de enunciar el paréntesis, la voz se interrumpe
brevemente al fin del grupo anterior, elevándose un
poco sobre el tono normal. Ejemplos: *Desde aquel día
(dijo el joven) está mi alma llena de tristeza. Os ruego
por Dios (exclamó el
montero) que no volváis
a la fuente de los álamos. De mí sé decir (dijo el molido
caballero D. Quijote) que no sabré poner término a esos*

días. Las tierras del dominio público (dice el decreto) son de igual naturaleza que las del dominio privado. Aquí tengo el santísimo bálsamo (y enseñábale la alcuza del brebaje), que con dos gotas que de él bebas sanarás, sin duda.

187. Subordinación.— La subordinación es una forma oracional compuesta, dentro de la cual el elemento subordinante y el propiamente subordinado constituyen siempre, por lo que al tono se refiere, dos grupos distintos. Es indiferente el orden en que dichos elementos se hallen colocados: el primero que se enuncia termina siempre con elevación de la voz, y el segundo con descenso. Ya se ha visto que algunas oraciones simples afirmativas se dividen también en dos grupos fónicos combinados de este mismo modo. La diferencia entre ambos casos consiste, sin embargo, en que la oración simple puede, en general, reducirse con poco esfuerzo a un solo grupo fónico, o puede, por el contrario, formar varios grupos, dividiéndose, según convenga, por distintos puntos de la misma, mientras que la oración subordinada consta de dos grupos cuando menos y tiene siempre un punto fijo de división, que es, como queda dicho, aquel en que se separan los dos elementos que la forman. Ejemplos: *Si no pagáis la renta, | dejad el molino. Si mañana no recibo noticias, | le escribiré de nuevo. Gaviotas por tierra, | viento sur a la vela. Quien mal anda, | mal acaba. Cadáver a bordo, | tempestad segura. Quien a los suyos sale, | honra merece. Quien bien tiene y mal escoge, | del mal que le venga no se enoje.*

La extensión de la frase o el énfasis con que se pronuncie puede hacer en determinados casos que cada uno de los dos grupos indicados se subdivida a su vez en

otros dos grupos menores; el grupo anterior a la inflexión ascendente con que termina la primera parte de la
frase acaba con un pequeño descenso de la voz, y el
que precede en la segunda parte de la frase a la inflexión
descendente final termina con una pequeña elevación.
Ejemplos: *Quien bien tiene ١ y mal escoge, | del mal que
le venga ١ no se enoje. Si al entrar en su cuarto ١ lo hallo
todo como hace
diez años, | me*
*marcharé tranquilo ١ y seré feliz. Si no deseas más que
eso ١ y prometes volver temprano, | anda con tus amigos ١
y diviértete lo que puedas.*

188. ENUMERACIÓN.— Cada uno de los términos sucesivos de una enumeración constituye generalmente un
grupo fónico. Si la enumeración cierra la frase o si
constituye una frase por sí misma, la entonación que
corresponde al último de sus miembros es la del grupo
fónico B, con marcado descenso final; la que corresponde
a su término penúltimo es la del tipo A, con inflexión
final ascendente, y la que corresponde a todos los términos anteriores es también la del tipo B, pero con descenso
final menor que el que aparece en el último término de
la enumeración. Este movimiento del tono de la voz es
particularmente fácil de advertir en la pronunciación de
una serie numérica, como, por ejemplo: *Diecisiete, dieciocho, diecinueve, veinte, veintiuno y veintidós.*

En los ejemplos siguientes la enumeración consta de
cuatro términos: *Estábamos en agosto, | eran las cinco
de la tarde, | el calor nos sofocaba | y los cuatro guardá-
bamos silencio. Busqué el sombrero, | metí por él la mano
cerrada para desarrugarlo, | me lo puse | y salí. Recobré
al fin mi sangre fría, | hablé a mi amigo, | cogí sus manos
| y las separé de su rostro. Ella se enjugó los ojos, |*

le miró fijamente, | arrojó un suspiro | y, volvió a llorar.
Fuí derecho a mi cuarto, | guardé el bastón de hierro en
el armario, | tomé
otro de junco que
poseía | y volví a salir. Era una señora alta, | con ojos
grises muy pequeños, | nariz larga | y cabellos casi blan-
cos. Volvía opulento, | cuarentón, | con la testa entrecana
| y el rostro marchito.

Constan de tres términos los siguientes casos: *Hizo*
un movimiento de sorpresa, | se echó a reír | y se ocultó
de nuevo. Habita una
casa de un solo piso, |
con portalón oscuro | y escalera de piedra. Me senté con
un gesto de cansancio, | de resignación | y de tristeza.
Navegábamos como un delfín, | con el casco inclinado | y
las olas lamiendo la cubierta. El patio es blanco, | limpio
| y silencioso. Hay en el cuarto una mesa pequeña, | una
cómoda | y una cama. En las paredes cuelgan los cazos, |
las sartenes | y las cazuelas.

La enunciación de dos oraciones sucesivas enlazadas
por una conjunción se hace, generalmente, formando
con la primera un grupo fónico del tipo A, y otro con
la segunda del tipo B. Ejemplos:
El fósforo me cayó de los dedos |
y quedé otra vez en tinieblas. De un salto me planté en la
calle | y corrí hasta la esquina. Cerré la ventana | y volví
al lado de Fernando. El papá era muy serio, | pero muy
bueno. Tenía muchos compañeros de estudios, | pero nin-
gún amigo. El pueblo me pareció triste, | a pesar de sus
muchos jardines.

Si los términos de la enumeración se reducen a dos
únicas palabras enlazadas por una conjunción, lo ordinario es que ambas se pronuncien dentro de un mismo

grupo, sin distinguir con inflexión ascendente la primera de ellas. Esta inflexión es, sin embargo, necesaria cuando se desea hacer la frase más expresiva o enfática, llamando especialmente la atención sobre el valor de cada una de dichas palabras. Ejemplos: *Venían cubiertos de oro y pedrería. Tenía una fisonomía ingenua y simpática. Sonaron tambores y zambombas. Le salieron amigos y valedores. Sus libros instruyen y deleitan. En el campo no hay árboles ni fuentes. El pasillo es largo y oscuro. Las niñas charlaban y reían.*

Una enumeración final de frase cuyos dos últimos términos no vayan unidos por una conjunción, hace siempre el efecto de ser una enumeración incompleta. Ni su penúltimo término acaba en este caso con la inflexión ascendente que se ha visto en los casos anteriores, ni el último acaba con el gran descenso característico que indica el fin de la oración, sino que uno y otro repiten uniformemente la entonación propia de los demás términos que en la misma forma puedan precederles —grupo B con un pequeño descenso final—, dejando siempre la serie cortada y el sentido suspenso. Ejemplos de tres grupos: *El piso desciende en un declive suave, | resbaladizo, | bombeado. Sobre nuestras cabezas se extiende la bóveda anchurosa, | elevada, | cóncava. La atmósfera es densa, | húmeda, | pesada. Suenan roncas bocinas, | golpazos en las puertas, | pasos precipitados. Me visto a tientas, | espantado, | confuso.* Otros ejemplos con diverso número de grupos: *Se divisa un montón de casuchas pardas, | terrosas, | negras, | con paredes agrietadas, | con esquinazos desmoronados, | con techos hundidos, | con chimeneas desplomadas. Atravesamos el patizuelo, | penetramos por una puertecilla enigmática, | torcemos a la derecha, | torcemos a la izquierda, | recorremos un pasillo angosto, | subimos por unos escalones, | bajamos por otros.*

Cuando la enumeración no ocupa el final de una frase, ya no es el penúltimo de sus términos, sino propiamente el último, el que acaba con inflexión ascendente, desarrollándose después el resto de dicha frase con la entonación que en cada caso le corresponde. En los ejemplos siguientes sólo aparece, cerrando la oración, después de cada serie enumerativa, un grupo fónico del tipo B con gran descenso final. Es indiferente en estos casos que los dos últimos términos de la enumeración vayan o no enlazados por una forma conjuntiva: *Ya una luz clara, | limpia, | diáfana, | llena la inmensa llanura amarillenta. Un cuadro de olivos cenicientos, | solitarios, | simétricos, | se descubre en una ladera. En su mirada inquieta, | en el temblor de sus rodillas, | en el sudor que corría por su frente, | llevaba escrito su pensamiento. Una dama enlutada, | fina, | elegante, | sale de la estación. No obstante verse rico, | joven | y dueño de sí mismo, | dió en una extraña cavilación. Un lecho de madera tallada, | una cómoda | y algunos cuadros | se veían en la pieza.*

En las enumeraciones en que se agrupan paralelamente términos contrapuestos, o en que se declaran acciones distribuídas entre varios agentes, lugares o tiempos, cada miembro de la enumeración consta en realidad de dos elementos, cuya línea musical termina en el primero de éstos con elevación de la voz y en el segundo con descenso. Es muy general, además, en pronunciación relativamente enfática, que todo el segundo elemento de cada uno de dichos miembros resulte algo más grave que el primero. Ejemplos: [*Es menester hacer diferencia*] *de amo | a mozo, | de señor | a criado | y de caballero | a escudero. Primero | fué el hombre de confianza, | luego | el socio, | por último | el amo. Uno | hace*

el rufián, | otro | el embustero, | este | el mercader, | aquél el soldado, | otro | el discreto, | otro | el enamorado simple.

189. INTERROGACIÓN.— Las frases interrogativas se pronuncian generalmente en tono más alto que las enunciativas; compárese: ¿*Sí*? *Sí*. ¿*Aquí*? *Aquí*. ¿*Mañana*? *Mañana*. La altura de la voz es tanto mayor cuanto más vivo es el interés que se pone en la pregunta. La estructura ordinaria de la curva de entonación interrogativa, aparte de su mayor o menor altura, es esencialmente la del grupo A, § 182. Ya se ha visto que esta forma A se emplea también de un modo general en la entonación enunciativa, en aquellos casos en que el grupo fónico a que corresponde no constituye propiamente el término de la oración, §§ 183-184. La frase interrogativa no expresa, asimismo, sino la primera parte de un proceso mental cuyo complemento se halla en la contestación correspondiente. La pregunta y la respuesta forman, pues, una unidad de entonación de estructura muy semejante a la que resulta de la combinación de los grupos A+B en cualquier frase enunciativa.

La pregunta puede ser absoluta o relativa: en el primer caso tiene por objeto saber si cada uno de los conceptos que en la frase se expresan corresponde o no a la realidad: la persona que pregunta ignora si la contestación ha de ser afirmativa o negativa; en el segundo caso no nos faltan todos los datos, sino solamente algunos, para conseguir, respecto a dicha relación, una plena certidumbre, y en virtud de aquellos elementos de juicio que ya poseemos, al mismo tiempo que hacemos la pregunta nos inclinamos desde luego a creer que la contestación ha de resultar en un sentido determinado. En la pregunta absoluta, la voz, al llegar a la primera sílaba acentuada de la frase, se eleva de ordinario por encima del tono normal, desciende después gradualmente

absoluta   relativa

hasta la sílaba penúltima y vuelve a elevarse sobre la última sílaba; el grado de elevación de la voz, tanto al principio como al final, depende, como queda dicho, del mayor o menor interés con que la frase se pronuncia. En la pregunta relativa la voz se eleva al principio de la frase algo menos que en el caso anterior, manteniéndose después sobre un nivel relativamente uniforme; realiza un nuevo ascenso, hasta más arriba del tono normal, una vez que llega a la última sílaba acentuada, y desciende, por último, después de ésta, durante la sílaba o sílabas débiles con que la frase termina; este movimiento circunflejo final se produce dentro de la última sílaba acentuada cuando no hay después de ella ninguna sílaba débil. La expresión interrogativa suele convertirse fácilmente en este segundo caso en expresión de sorpresa o extrañeza. Pueden ensayarse ambas formas de interrogación, absoluta y relativa, en los siguientes ejemplos: *¿Estuvo usted anoche en el teatro? ¿Ha venido tu padre? ¿Os habéis hecho daño? ¿Habéis visto a mi hermano esta mañana? ¿Estás enamorado? ¿Te has olvidado de tu promesa? ¿Están ustedes contentos? ¿Estarán enfadados conmigo? ¿Has pasado mala noche? ¿Crees que dispongo sin más ni más del dinero* *ajeno? ¿No está bastante claro todavía? ¿No te lo he rogado una y mil veces?*

La inflexión final, ascendente o circunfleja, característica de estas formas interrogativas suele también, sin faltar del lugar indicado, repetirse dentro de la misma frase sobre una palabra determinada, cuando el interés de la pregunta recae principalmente sobre dicha palabra; la inflexión final de frase desempeña en estos casos un papel secundario y reduce bastante su altura y su amplitud. Así, una frase como *¿Es con María con quien Pedro se casa?,* pronunciada con inflexión principal sobre *María,* indica que damos más o menos por sabido que *Pedro* se casa, y que lo que ante todo deseamos saber es precisamente si es o no con *María* con quien se casa; del mismo modo, en la frase *¿Estuvieron ustedes ayer en el concierto?,* dicha con inflexión principal sobre *ayer,* se indica que, suponiendo una asistencia ordinaria a los conciertos, lo que deseamos saber de una manera concreta es si estuvieron o no en el de ese día.

Si la frase interrogativa resulta relativamente larga, suele dividirse en dos o más grupos fónicos; la inflexión final, ascendente o circunfleja, según los casos, sólo aparece en el último grupo; los grupos anteriores terminan todos con un pequeño des-

censo de la voz bajo el tono normal. Ejemplos: *¿Sabéis lo que son seis niños | pasando todo un invierno sin pan? ¿Se habrá propuesto freírme la sangre | a fuerza de cartas y visitas? ¿Recuerda los días de su infancia y de su adolescencia | pasados en alguno de estos pueblos muertos?*

En preguntas como *¿Desea usted alguna cosa, caballero?,* la palabra *caballero* constituye por sí misma un grupo fónico que, desligándose generalmente de la forma interrogativa del grupo anterior, termina con un marcado descenso de la voz y se desarrolla en un tono medio algo más grave que el que a la pregunta corresponde; pero algunas veces, si se necesita dar a la interrogación una mayor intensidad, se hace que también dicha palabra termine, según los casos, con inflexión ascendente o circunfleja, del mismo modo que el grupo en que se encierra la primera parte de la frase. Ejemplos análogos: *¿Volverá usted temprano, señor conde? ¿Sabrás enmendarte, desgraciado? ¿Desean que les acompañe, señores? ¿Vendrá usted mañana, don Antonio? ¿Es usted, Emilio?*

Si la pregunta consta de dos términos unidos por la conjunción *o,* cada uno de dichos términos constituye de ordinario un grupo fónico, terminando el primero con elevación de la voz y el segundo con descenso. La pregunta hecha en esta forma tiene carácter relativo, entendiéndose que el que interroga supone que uno precisamente de ambos términos ha de resultar confirmado por la contestación. Pónese generalmente en primer lugar, destacándole con la inflexión final ascendente, aquel término cuya confirmación parece más probable o a cuya averiguación atribuímos mayor interés. Ejemplos: *¿Le dejaremos recado, | o será preferible esperarle?*

¿Pasarán ustedes el verano en Madrid, | o se marcharán a alguna playa? ¿Obedecería la voluntad de su padre, | o seguiría los impulsos de su corazón? Permaneceremos impasibles ante los hechos, | o nos dejaremos arrastrar por ellos? ¿Ha venido tu padre, | o tu hermano? ¿Volverá usted mañana, | o pasado mañana?

Las preguntas cuya primera palabra acentuada es una forma gramaticalmente interrogativa, tienen todas de común una marcada elevación de la voz sobre la sílaba fuerte de dicha palabra; pero en virtud de diversas circunstancias suelen ofrecer diferencias importantes por lo que se refiere a la entonación del resto de la frase. Una misma frase de esta especie podrá terminar con descenso de la voz, con elevación o con inflexión circunfleja, según sea en cada caso el matiz de su significación.

Si preguntamos, por ejemplo *¿Quién ha venido?,* dando a entender que sabemos que ha venido alguien y que lo que ahora deseamos averiguar es precisamente quién ha sido el que ha venido, pronunciaremos esta frase elevando la voz por encima del tono normal sobre su primera sílaba, y descenderemos después rápida y progresivamente sobre las sílabas sucesivas, marcando, sobre todo, este descenso al llegar a la sílaba final (fig. 1). La pregunta hecha de este modo indicará asimismo que, a nuestro juicio, la persona a quien interrogamos debe saber, en efecto, si ha venido o no ha venido alguien, y tendrá además un cierto carácter perentorio, que con un

1   2   3

pequeño aumento en la intensidad y en la altura de la primera sílaba de la frase llegará a adquirir fácilmente un sentido imperativo.

Si por inseguridad de nuestra parte respecto al hecho de que haya o no haya venido alguien, o por cortesía hacia la persona interrogada, deseamos dar a la pregunta una expresión más suave y menos decisiva, haremos que la voz, después de la primera sílaba acentuada, descienda como en el caso anterior; pero la última sílaba, en vez de continuar este descenso, describirá un movimiento de elevación, recorriendo un intervalo más o menos amplio, según la curiosidad o el interés que en la pregunta se ponga (fig. 2).

Terminaremos la frase, por último, con entonación circunfleja, describiendo sobre la última sílaba acentuada una elevación de la voz, seguida inmediatamente de un rápido descenso, si junto con el propósito inquisitivo de la pregunta necesitamos expresar alguna sorpresa o extrañeza por el hecho mismo de que se haya producido el caso de que se trata (fig. 3).

Ejemplos en que pueden ensayarse estas tres formas de interrogación: *¿Qué significan esas palabras? ¿Qué es eso que dice la gente? ¿Quién te lo ha dicho? ¿Quién puede asegurarlo? ¿Qué recuerda doña Isabel con este suspiro? ¿Qué motivos he dado yo para que me ofendas? ¿Cuándo volveremos a verte? ¿Cómo desconocer sus grandes méritos? ¿Dónde esta mi sombrero? ¿Con quién tengo el honor de hablar? ¿Para qué te compones tanto? ¿Adónde ha ido tu hermano? ¿Por qué se habrá enfadado?*

190. EXCLAMACIÓN.— Las interjecciones ¡oh!, ¡ah!, ¡ay!, etc., varían de tono, de duración y de intensidad según la clase y el grado de emoción con que se pronuncian. La expresión de emociones agudas que avivan y despiertan la excitabilidad requiere en general, como queda dicho, tonos más altos y movidos que la expresión de emociones suaves o deprimentes.

En formas como ¡insolente!, ¡descastado!, ¡maldito!, ¡imbécil!, etc., la entonación es esencialmente la misma que en las expresiones afirmativas: la voz se eleva sobre la sílaba acentuada y desciende bruscamente de una sexta a una octava sobre la sílaba final. Lo característico de estas exclamaciones consiste, más que en la entonación, en el aumento de intensidad que recae sobre dicha sílaba acentuada, si bien este mismo aumento, obrando por su parte sobre la cantidad y sobre el tono, hace que la sílaba acentuada resulte también en dichos casos más larga y más aguda que en las expresiones meramente afirmativas.

La admiración expresada mediante exclamaciones como *¡magnífico!, ¡excelente!, ¡admirable!, ¡asombroso!,* etc., presenta, en cuanto al tono, al acento y a la cantidad, caracteres análogos a los de las formas que acabamos de explicar. Debe advertirse además que en unas y en otras, aparte del esfuerzo de intensidad espiratoria ya indicado, todos los sonidos de cada palabra, así vocales como consonantes, acentuados o inacentuados, refuerzan de ordinario la tensión muscular de su articulación, marcándose y distinguiéndose entre sí con toda precisión y claridad.

En exclamaciones como *¡señora!, ¡padre!, ¡yo!, ¡ayer!,* etcétera, más variables que las anteriores en cuanto a su significación emocional, a causa de que las palabras mismas por su propio valor no indican en estos casos ni estimación ni desprecio, vuelve a ser la entonación el principal elemento expresivo. Así, por ejemplo, la palabra *¡Señora!,* pronunciada con firmeza y dignidad, como en *¡Señora!, ¡un hombre como yo es incapaz de cometer tal indiscreción!,* presenta la forma de una afirmación categórica, con elevación rápida de la voz sobre la *o* acentuada y con gran descenso sobre la *a* final; pronunciada como mera expresión de cortesía, como en *¡Señora!, pase usted, tenga la bondad de esperar un momento,* su curva musical tiene la misma forma que en el caso anterior, pero la voz se eleva sobre la *o* menos que en dicho caso, los intervalos entre ésta y las otras vocales son menores, el acento de intensidad es más suave y la pronunciación más rápida; proferida, por el contrario, con indignación, como en *¡Señora!, ¿qué palabras son esas?; ¿qué motivos tiene usted para ofenderme?,* la voz alcanza sobre la sílaba acentuada una nota mucho más aguda que en el primer caso, elevándose una octava aproximadamente desde la primera sílaba a la segunda y descendiendo otro tanto desde ésta a la final; dicha de un modo suplicante, como en *¡Señora!, ¡escuche usted por caridad, por amor de Dios!,* la voz, partiendo ordinariamente de una nota poco inferior al tono normal, se eleva una tercera o una cuarta desde la primera sílaba a la segunda, se prolonga la cantidad de esta sílaba y se realiza dentro de ella misma una suave inflexión descendente, que continúa desarrollándose sobre la sílaba siguiente hasta parar en una cuarta o quinta por debajo del tono más alto alcanzado sobre la sílaba anterior; proferida, por último, en tono de amenaza, como en *¡Señora!, ¡no dé usted lugar a que se agote mi paciencia!,* la voz, desde la nota inicial, que suele ser un poco más alta que en la expresión afirmativa, se eleva sobre la sílaba acentuada una tercera aproximadamente por encima del tono normal, se alarga la duración de esta sílaba y vuelve a elevarse el tono un poco más sobre la siguiente, a la vez que se alarga también la duración de esta otra sílaba. No hay que decir que una investigación minuciosa sobre este punto, además de determinar más concretamente las indicadas relaciones, podría señalar otros muchos casos no comprendidos en las presentes páginas.

En las oraciones exclamativas formadas por dos o más palabras, la pronunciación hace que una palabra determinada, aquella precisamente sobre la cual más se concentra en cada caso el interés de la expresión, adquiera un relieve considerable, reuniendo sobre su sílaba acentuada el tono más agudo de la frase, el acento más fuerte y la mayor duración. Si dicha sílaba ocupa el primer lugar de la frase, todo el resto de esta se desarrolla con entonación descendente, llegando a ser con frecuencia una octava el intervalo que la voz recorre desde la primera sílaba a la final; si se trata de la última sílaba de la frase, la línea total de la entonación es, por el contrario, ascendente, resultando de ordinario el intervalo recorrido algo más corto que en el caso anterior; y si se trata, por último, de una sílaba intermedia, la entonación que a la frase corresponde es ascendente hasta dicha sílaba y descendente desde el lugar que ella ocupa hasta la sílaba final. Dentro de una misma frase, como, por ejemplo, *¡Nadie sabe lo que yo debo a esta señora!,* la línea de entonación variará, por consiguiente, según sea *nadie,* o *sabe,* o *debo, etc.,* la palabra que reciba el tono predominante. Ejemplos análogos: *¡Nunca se borrará ese recuerdo de mi memoria! ¡Estas imprecaciones tan horribles salieron de su boca! ¡Dar su mano a un hombre así! ¡Siempre mortificándose con esa obsesión! ¡El es mi peor enemigo!*

Las frases que empiezan con una forma por sí misma exclamativa, como *¡ah!, ¡oh!, ¡ay!,* etc., colocan de ordinario el tono principal sobre dicha palabra, haciendo descendente el resto de la frase: *¡Oh ingratitud de los hombres! ¡Ah, señor marqués! ¡Vaya con la niña! ¡Cómo ha de ser! ¡Qué lástima! ¡Cuán desgraciado es! ¡Qué bonito cuadro! ¡Qué noche tan horrible!*

Cuando en una misma frase son dos o más las palabras que queremos poner de relieve, hacemos que cada una de ellas, dentro de la línea general de la entonación, ocupe una altura preeminente, resultando una ondulación muy marcada entre las sílabas fuertes de dichas palabras y las demás sílabas de la frase.

191. Mandato.— La forma imperativa coincide en líneas generales, por lo que a la entonación se refiere, con la forma exclamativa; empieza en un tono relativamente grave si la primera sílaba de la frase es inacentuada, se eleva de un modo considerable sobre la sílaba fuerte de una palabra determinada y acaba con un gran descenso de la voz. Lo característico de la entonación imperativa consiste en alcanzar generalmente sobre las sílabas acentuadas, y en particular sobre la de aquella palabra en que más se apoya el mandato, una altura ordinariamente superior a la que en los demás casos se emplea, presentando además dentro del grupo fónico, entre las sílabas fuertes y las débiles, una ondulación muy marcada y movida. En una palabra, como, por ejemplo, *espera,* dicha en tono afirmativo, la altura de sus tres sílabas aparecerá aproximadamente en la relación de *sol*[1] *do*[2] *mi*[1]; dicha en tono imperativo, esta relación será *si*[1] *fa*[2] *fa*[1]; toda la línea musical descrita por la voz en este último caso resultará, como se ve, más alta relativamente que la del caso afirmativo; los intervalos recorridos de sílaba a sílaba son asimismo más extensos. Estas diferencias aumentarán o disminuirán proporcionalmente, según la afirmación sea más o menos categórica y según el mandato sea también, por su parte, más o menos enérgico. Sabido es, por último, que entre los elementos que colaboran con el tono para distinguir lo imperativo y lo afirmativo, no es el tono precisamente, sino el acento de intensidad, el que desempeña el papel principal. Ejemplos: *Escucha. Obedece. Levántate temprano. Repite esas palabras. Habla despacio. No olvides*

mi encargo. Escribid pronto. Envíennos noticias de su hermana. Aprended a vivir. Tened paciencia.

192. RUEGO.— Las formas en que se expresa un ruego o una súplica tienen también esencialmente los rasgos generales de la entonación exclamativa; pero en ellas la voz, al llegar a la sílaba acentuada de aquella palabra en que más se concentra el interés de la expresión, se eleva casi tanto como en la entonación imperativa [1], y después, dentro de esa misma sílaba, cuya duración experimenta en este caso un alargamiento considerable, en vez de mantenerse la voz a una misma altura, realiza clara y gradualmente un marcado descenso, que comprende de ordinario una segunda a una tercera, constituyendo dicho descenso, en realidad, lo más característico de esta forma de entonación. Si la primera sílaba de la frase es inacentuada, el tono en que esta sílaba se pronuncia es aquí algo más alto que en las formas imperativa y afirmativa; el descenso de la voz al final de la frase es semejante al de la forma afirmativa. Pueden servir de ejemplo a este propósito las mismas frases que acaban de ser citadas en el párrafo anterior.

[1] No obstante esta semejanza de tono, el acento de intensidad que a dicha sílaba corresponde es en el ruego mucho menor que en la forma imperativa.

EJERCICIOS DE ARTICULACIÓN

193. Resumen de las indicaciones relativas al silabeo.— Consonante intervocálica: *me-di-da, re-po-so, ca-
ri-ño*; consonantes *ch, ll, rr: mu-cho, si-lla, to-rre;* grupos
*pl, pr, bl, br, fl, fr, tr, dr, cl, cr, gr, gl: a-pli-ca-do, a-fli-
gi-do, a-gra-da-ble;* grupos de cualquier otras dos consonantes: *per-la, cen-so, ac-to, en-ten-der, di-rec-ción;* grupos
de tres consonantes: *cons-pi-rar, abs-ten-ción, pers-pi-caz;*
grupos de tres o más consonantes, terminados por *pl, pr,
bl, br, fl,* etc.: *siem-pre, tras-plan-tar, cons-truc-cion.* Para
observaciones especiales, véanse §§ 153-156. Enlace sintáctico de la consonate final de una palabra o prefijo con
la vocal siguiente: *un año-ú-ná̰-ɲɔ, por el agua,* **po-re-lá-
gwa,** *bienhechor-ƀje-nə-ĉɔɹ, deshilado-de-sḭ-lá-ɑɔ,* § 145.
Para el silabeo de los grupos de vocales, véanse §§ 136-
151. Sílabas libres: *cero-θé-rɔ, calle-ká-ḻə, muchacho-mu-
ĉá-ĉɔ, perro-pḛ́-r̄ɔ, desorejado-de-sɔ-rę-xá-ɑɔ, con el amigo-
ko-nə-la-mí-gɔ.* Sílabas trabadas: *perdón-pęr-đǫn, confir-
mar-kǫm̰-fịr-máɹ, dos por tres-***dǫs pǫr trés,** § 26.|

194. Silabeo.— Ejercicio de conjunto:

«En los lugares andaluces nada hay que pasme tanto
como una boda repentina. Por allí todo suele hacerse
con mucha pausa. En parte alguna es menos aceptable el
refrán inglés de que el tiempo es dinero. En parte

alguna se emplea con más frecuencia y en la vida práctica la frase castiza y archiespañola de hacer tiempo; esto es, de perderle, de gastarle, sin que nos pese y aburra su andar lento, infinito y callado. Pero donde más se extrema en Andalucía el hacer tiempo es en los noviazgos. Noviazgos hay que empiezan cuando el novio está con el dómine aprendiendo latín, pasan a través de las Humanidades, de las Leyes o de la Medicina, y no terminan en boda hasta que el novio es juez de primera instancia o médico titular. Durante todo este tiempo, los novios se escriben cuando están ausentes, y cuando están en el mismo pueblo, se ven en misa por la mañana, se vuelven a ver dos o tres veces más durante el día, suelen pelar la pava durante la siesta, vuelven a verse por la tarde en el paseo, van a la misma tertulia desde las ocho a las once de la noche, y ya, después de cenar, reinciden en verse y hablarse por la reja, y hay noches en que se quedan peleando la pava otra vez y mascando hierro, hasta que despunta en oriente la aurora de los dedos de rosa.»

JUAN VALERA, *Doña Luz.*

VOCALES

195. *I* CERRADA.— Aparece en sílaba libre; i, § 45:

Dice que sí. Medí desde aquí. Escribí lo que vi. Dime lo que pide. Le pido vino fino. Dividí mi piso. Recibí la visita. Un castillo grandísimo. Espíritu civilizado. La villa preferida. La viña amarilla. Viví fuera de mí desde que la vi. Un niño muy decidido.

196. *I* ABIERTA.— Úsase en sílaba trabada, *tilde;* en contacto con r̄, *risa, irritado,* delante de x, *fijo;* i̦, § 46:

Risa gentil. Mil cisnes he visto. Pedir con humildad. Hijo de un pueblo rico. Distinguir la virtud. Asiste el obispo. Fácil de pintar. Descubrir la raíz. Cumplir con firmeza el edicto. Digno del país.

197. *I* semivocal.— Hállase detrás de *a, o, e,* como elemento final de grupo silábico; **i**, §§ 48, 68*b*, 69:

Peinador de la reina. Voy por seis faisanes. Heroico rey del aire. Veinte arrobas de aceite. Se peina para el baile. Paisaje de El Cairo. Ya sabéis donde estoy. El caimán y el buey. Hoy aprobáis la ley. Gente ignorante. Suceso inesperado. Fuerza indomable.

198. *I* semiconsonante.— Primer elemento de grupo vocálico monosílabo; **j**, §§ 49, 68*b*, 69:

Del sabio al necio. Tiene la piedra bajo el pie. Hacia la desgracia. Un viejo armario. El tiempo no se está quieto. Más quiere a sus dientes que a sus parientes. No lo piensas bien. Pierde más que tiene. Quiere lo que ve. El que todo lo quiere todo lo pierde.

199. *E* cerrada.— Aparece en sílaba libre, y en sílaba trabada por las consonantes *m, n, s, d, x, z;* **e**, § 51:

Hace lo que debe. Merece que se le dé fe. Parece que se mueve. Beberé tres veces jerez. Ese césped no crece. Se presenta con gesto indiferente. No pescaré este pez. Perecerá si no se defiende. En el extremo opuesto. Volveré cien veces. Responde sin respeto.

200. *E* abierta.— En contacto con ī, *guerra, regla;* delante de **x**, *oreja;* en el diptongo *ei, peine;* en sílaba trabada por *r, l, c, p: perla, belga, sección, afecto, concepto;* ante *x* equivalente a **gs**; **ę**, § 52:

Deja cerrada la reja. Ha perdido la peina. Guerra sin cuartel. El concepto del perfecto mercader. Las tejas del tejado. Dejar de reír. Hacer mal papel. Ser fuerte contra la suerte. El tercer puerto del trayecto. Marchaba con veinte remos. Repobló la sierra.

201. *A* MEDIA.— Sonido abierto y claro, ni palatal ni velar, **a**; ante las consonantes *ch, ll, ñ, y,* y en el diptongo *ai,* suele hacerse ligeramente palatal, §§ 54 y 55:

Amasa pan para la casa. Papá va a cazar a la Mancha. A la mañana cantaba la rana. Avanzaba la caravana. La rapaza marchaba hacia la casa blanca. Ana cantaba, lavaba y planchaba. Bramaba en bravas llamas abrasada. Las lanzas saltan la áspera coraza.

202. *A* VELAR.— En los grupos *au, ao,* formando una o dos sílabas, *causa, baúl, bacalao, ahora;* en sílaba trabada por *l, algo;* delante de **x**, *bajo;* a̜, § 56:

Salgo al balcón. Se ve mal con el vano del cristal. No es bajo ni alto. El sauce crece por igual. Algo menos de un palmo. El autor salvó al cautivo con el baúl del general. Tienen ahora un salto en el Tajo. Duerme el perro debajo del nogal. Aun no conozco Bilbao.

203. *O* CERRADA.— Se usa en sílaba libre; **o**, § 58:

Todo lo tomó. Yo no como sólo. Obró como mozo valeroso. El oro que tomé con odio lloro. Pasó solo dos horas en el coro. Voló de un lado para ot̜ro y se posó sobre el pozo. Le prometió ganar el oro y el moro. Todo lo que tocó sacó de tono.

204. *O* ABIERTA.— En contacto con r̄, *torre, roca;* delante de **x**, *hoja;* en el diptongo *oi, hiroica;* en sílaba

trabada, *golpe, borla*; entre la vocal *a* y las consonantes *r, l: ahora, la ola*; ǫ, § 59:

Una flor roja. La lluvia moja la hoja. Al calor del sol. Canción de amor. Vayan con Dios. Corre a esconderse con temor. Sostenida por las hojas de la rosa. Por servir y adoptar el dogma con fervor. Soltar el cordón de la bolsa. Se alza la torre encima de unas rocas.

205.   *U* CERRADA.— Sílaba libre; u, § 61:

Sube seguro por el muro. Lugar de mucha bulla. Fluye la luna por la altura. Mucho dura la tertulia. Acumuló muchos duros. Cubría la llanura una confusa figura. Todo el tiempo estuvo mudo. Pudo luchar contra la oscura duda. Una pluma rizada como espuma.

206.   *U* ABIERTA.— En contacto con r̄, *turrón, arruga*; delante de x, *lujo;* en sílaba trabada, *turco;* ṳ, § 62:

Resulta mala conducta. La luz del farol alumbra el subterráneo. Defiende con empuje sus costumbres. El tumulto y rumor del turbio río. Con profundo rugido lo inundaba. No le gusta ser el último.

207.   *U* SEMIVOCAL.— Aparece detrás de *a, o, e,* como elemento final del grupo silábico; ṳ, §§ 64, 68*b*, 69:

Aumentar el caudal. Con raudo y audaz movimiento. Estuvo dos años cautivo. El autor recibió grandes aplausos. La aureola del cautiverio. Una rama de laurel. Inauguró la unión de autores y empresarios.

208.   *U* SEMICONSONANTE.— Primer elemento de grupo vocálico pronunciado en una sola sílaba; w, §§ 65, 68*b*, 69:

Fuera de la cuesta. No se acuerda de la escuela. Debe emplear toda la fuerza que pueda. El pueblo es fuerte y bueno. Puede romperse la rueda. La cuesta acababa en la puerta del fuerte. Dió cuatro vueltas a la cuerda.

209. Sinalefa.— Pronúnciense en una sola sílaba los grupos de vocales formados por el enlace de las palabras en los siguientes ejemplos. Para observaciones especiales, véanse §§ 69 y 134-143:

Siéntese usted. Me alegro de esta solución. Se equivocan de medio a medio. Todo va encareciendo de algún tiempo a esta parte. A todo atiende queriendo agradar. Cuéntame la alegre leyenda olvidada. Va a anochecer muy pronto. Flota un aroma de ausencia que evoca otros tiempos. Se detuvo un momento a meditar. No añadas afrenta a afrenta. El Cielo está propicio a sus deseos. Parece encadenado por su audacia y soberbia el mundo entero. No se atrevió a esperar; corrió a encontrarnos. El sabio americano volvió a Europa.

210. Vocales.— Ejercicio de conjunto:

«Andaría usted cerca de la verdad, si todas esas cosas me entusiasmaran a ratos, o en los libros, o vistas desde mi casa, muy arrellanado en el sillón; pero usted sabe muy bien que no hay faena de labranza ni entretenimiento honrado aquí, en que yo no tome parte como lo pueda remediar, y que tengo cinco dedos en cada mano como el labrador más guapo de Cumbrales, y ha de saber desde ahora, si antes no lo ha presumido, que quisiera perder el poco respeto que tengo a la levita de la casta, para hacer muchas cosas que hoy no hago por el qué dirán las gentes. Si esto es afán de holganza, holgazán soy sin propósito de enmienda; pero sea lo que fuere, esto es lo que me gusta y para ello me creo nacido; con lo cual vuelvo al tema de antes: que no me estorban los sabios. Ni ellos sirven para la vida del campo, ni yo para la del estudio, porque Dios no ha querido que todos sirvamos para todo. Cada cual a su oficio, pues no le hay que, siendo honrado, no sea útil; y útiles y honrados podemos ser, ellos en el mundo con la pluma y la palabra, y yo en Cumbrales con mis tierras y ganados.»

J. M. DE PEREDA, El sabor de la Tierruca.

CONSONANTES

211. OCLUSIVAS **b, d, g.**— Aparecen en posición inicial y detrás de nasal, §§ 80, 99 y 126; la *d* es también oclusiva precedida de *l*, § 91 [1]:

Bramando y rugiendo, en tumbos mil desciende. Brotando sangre las espaldas y los hombros. El humo asciende haciendo ondas. Temblaron los hombres en las sombras. Delirios mundanos sin gracia

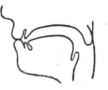

b oclusiva.

ninguna. Bajaron los condes huyendo con dolor y

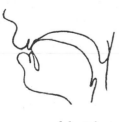

d dental.   *g* velar.

angustia. Gritan con asombro cambiando el semblante.

---

[1] Se repiten aquí algunas figuras incluídas antes para facilitar el recuerdo de la articulación correspondiente.

212. FRICATIVAS **b**, **đ**, **g**.— En cualquier posición, fuera de los casos comprendidos en el ejercicio anterior, §§ 81, 100 y 127:

Con agrio ruido abrióse la puerta. El buen perfume de la hierbabuena y de la buena albahaca. El recuerdo de una agradable tarde, alegre y clara. Hay algunas piedras sobre el blanco muro. Llegan con algazara y alegría. Se queda mudo el jardín en la tarde que declina. Meditaba absorto bajo las ramas oscuras. Sabe admirar la libertad perdida.

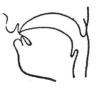

d fricativa.

213. LA CONSONANTE *v*.— Bilabial oclusiva, **b**, o fricativa, **b**, en los mismos casos y con el mismo sonido que la *b*, §§ 90 y 91:

Todavía los vemos vagar por estas viejas villas. Pasó el invierno con nevascas y ventiscas. Se ve venir la verde primavera. Puso la llave en

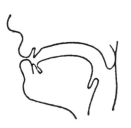

b fricativa.

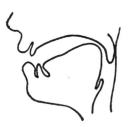

g fricativa.

la vieja cancela. Es un valle polvoriento sin viñedos ni verduras. Lleva un vestido muy vistoso con verdadera elegancia. Vivo sin vivir en mí. Me invitó a pasar en su casa un verano. La envidia no le deja vivir.

214. Consonantes *b, v, d, g.*— Ejercicio de conjunto:

«Húmedo está bajo el laurel el banco
de verdinosa piedra;
lavó la lluvia, sobre el muro blanco,
las empolvadas hojas de la hiedra.
    Del viento del otoño el tibio aliento
los céspedes undula, y la alameda
conversa con el viento...,
    ¡el viento de la tarde en la arboleda!
    Mientras el sol en el ocaso esplende
que los racimos de la vid orea,
y el buen burgués, en su balcón, enciende
la estoica pipa en que el tabaco humea,
    voy recordando versos juveniles...
¿Qué fué de aquel mi corazón sonoro?
¿Será cierto que os vais, sombras gentiles,
huyendo entre los árboles de oro?

Antonio Machado, *Galerías.*

215. Consonantes *p, t, c (k).*— Oclusivas sordas, **p,
t, k**, en principio de sílaba y en los grupos **pt, kt**, §§ 79,
98 y 125; fricativas sonoras, **b, d, g**, con sonoridad más
o menos completa, ante consonante no oclusiva, §§ 83,
98 y 128:

La inquietud turba la casa. Su planta no quiebra la
flor de la tierra. Era todo su espíritu como un claro
cristal. Practicaba principios de perfecto creyente. Sintió
la tristeza de la decepción. Le juró protección contra el
insecto y el turbión. Se adaptaba a la tapa una cápsula
de plata. Sostenía la tierra con sus hombros de atleta.
Marcaba el ritmo con el pie.

216. FRICATIVA INTERDENTAL *c, z.*— La articulación ordinaria es sorda, **θ**, § 92. Se sonoriza corrientemente, **z**, ante consonante sonora, § 94:

El cielo de diciembre es aún puro y azul. Se ha rezagado el invierno. Hizo su oración con voz mezclada de lágrimas. Tal vez lo juzgas mal porque no lo conoces. Se hace difícil de creer aunque parezca cierto. Gozoso hallazgo de azucenas floridas. Lo estrechó entre sus brazos con una fuerza atroz. Nació al pie de la cruz.

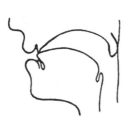

θ, **z** interdentales.

217. FRICATIVA ALVEOLAR *s.*— La articulación corriente es sorda, **s**, § 106. Se atenúa y debilita mucho en posición final ante pausa. Se sonoriza de ordinario, **z**, ante consonante sonora, § 107:

Nos tienen sumisos y cautivos. Lloraba la sierra por las vertientes blancas de sus neveras. Sacude el viento las ramas llenando el suelo de hojas secas. Trazaban con sus pies arabescos graciosos sobre el esmalte de los hielos. Las peidras de los caminos desgarraron sus pies. Eran los muchachos más traviesos del pueblo.

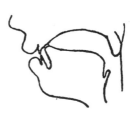

s alveolar.

218. FRICATIVA VELAR SORDA, *g, j.*— A veces uvular, y siempre más áspera y estrecha que una mera aspiración, aunque sin dureza ni tensión excesivas, **x**, § 131:

Bajó al jardín por un manojo de jazmines. Jugaba con

sus hijos después del trabajo. Estrujaba las flores cuajadas de rocío. Juntó las manos con los ojos bajos y las mejillas enrojecidas. En el rojo paisaje se esponjaba la tarde. Lo pusieron en una caja y lo dejaron junto al río.

x fricativa.

219. Pronunciación de la x.— Entre vocales se pronuncia **gs**; ante consonante, s, § 129:

Extendía la mano con un gesto exigente. En el poblado próximo ocurrió un extraño suceso. Hizo un movimiento irreflexivo. No se explica fácilmente una existencia tan extraña. La palabra exacta hace clara la expresión. Ojos extasiados, voz estremecida, brazos extendidos. Tenía una experiencia extraordinaria.

220. Oclusivas y fricativas sordas.— Ejercicio de conjunto [1]:

«A la sombra de los altos plátanos funcionaban las peluquerías de la gente huertana, los barberos de cara al sol. Un par de sillones con asiento de esparto y brazos pulidos por el uso, un anafre en el que hervía el puchero del agua, los paños de dudoso color y unas navajas melladas que arañaban el duro cutis de los parroquianos con rascones que daban escalofríos, constituían toda la fortuna de aquellos establecimientos al aire libre.

Muchachos cerriles que aspiraban a ser mancebos en

---

[1] El texto presenta también abundantes casos de *f*, a la cual no se le dedica ejercicio especial, § 88.

las barberías de la ciudad, hacían allí sus primeras
armas, y mientras se amaestraban infiriendo cortes o
poblando la cabeza de trasquilones y peladuras, el amo
daba conversación a los parroquianos sobre el banco
del paseo o leía en alta voz el periódico al corro que
con la quijada en ambas manos escuchaba impasible.

A los que se sentaban en el sillón de los tormentos
pasábanles un pedazo de jabón de piedra por las mejillas, y frota que te frota, hasta que levantaba espuma.
Después venía el navajeo cruel, los cortes, que aguantaba
firmemente el parroquiano con la cara manchada de
sangre. Un poco más allá sonaban las enormes tijeras
en continuo movimiento, pasando y repasando sobre la
redonda testa de algún mocetón presumido, que quedaba
esquilado como perro de aguas; el colmo de la elegancia:
larga greña sobre la frente y la media cabeza de atrás
cuidadosamente rapada.»

V. Blasco Ibáñez, *La Barraca.*

221. Nasal *n.*— La articulación corriente es alveolar, **n**, § 110; en contacto con una consonante siguiente
sufre diversas modificaciones, haciéndose bilabial **m**, §
87; labiodental, **m̦**, § 89; interdental, **n̦**, § 95; dental, **n̦**, §
103; palatal, **ɲ**, § 122, y velar, **ŋ**, § 130:

Empezaba a anochecer. Se dirigió a un jardincillo
próximo. Se sentía un poco enfermo. Los naranjos se
estremecían con la brisa de la tarde y esparcían por el
ambiente el incienso de sus azahares. En medio del
jardín habían construído un pabellón. No se veía un
solo barco en todo el ancho mar. Sintió que de nuevo
le invadía la tristeza y se halló ya sin fuerzas para
pensar en su infortunio.

222. LATERAL *l.*— La articulación ordinaria es alveolar, l, § 111; en posición final de sílaba no es siempre
alveolar, sino también, según la
consonante siguiente, interdental,
l, § 96; dental, l, § 104, y palatal,
l § 123:

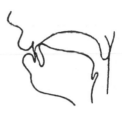

l alveolar.

Eludía decir la noticia fatal.
Se sintió adormecido bajo el ha-
lago oriental del decorado. Le
golpeó el hombro afectuosamen-
te en señal de asentimiento. El alba empezó al fin a
desteñir los cristales del balcón. El patio del hotel era
de un andalucismo artificial. Alzó la vista y calculó la
altura. Juntaba el yelmo de la
gesta con la dulzaina pastoril.

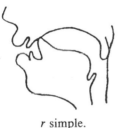

r simple.

223. ALVEOLAR *r.*— Vibrante simple, r, §§ 112-115:

La conversación adquirió pronto un tono de sincera familiari-
dad. Sintió llegarle al cerebro
como una brisa perfumada. Su
mirada fué atraída por la luz de la trémula estrella. Le
gustaba contar su pequeña historia de héroe. Oía entor-
nando los párpados y tardaba en darse por enterado.
Le invitaron a contar algunas impresiones de la excursión que acababa de hacer.

224. ALVEOLAR *rr.*— Vibrante múltiple, r, § 116:

Lo arrugó entre sus manos y lo arrojó lejos de sí.
Recobró la calma como quien recobra un tesoro. Hacía

rodar a los niños por el suelo arrojándoles dulces a la
rebatiña. Corrían rumores de que se iban a suspender las carreras. Las raíces del árbol, cuanto más recias, mejor. Recorría con la mirada los floridos rincones, adornados por las graciosas enredaderas. Era pródigo y manirroto y derramaba su dinero entre aventureros y holgazanes.

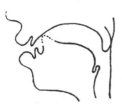

ṝ múltiple.

El ruido de la calle no dejaba reposar. El perro estaba arrimado a la rueda del carro.

225.   CONSONANTES *n, l, r, rr.*— Ejercicio:

«Danzamos en tierra chilena,
más suave que rosas y miel,
la tierra que amasa a los hombres
de labios y pecho sin hiel.

La tierra más verde de huertos.
la tierra más rubia de mies,
la tierra más roja de viñas,
¡qué dulce que roza los pies!

Su polvo hizo nuestras mejillas,
su río hizo nuestro reír,
y besa los pies de la ronda
que la hace cual madre gemir.

Es bella, y por bella queremos
su césped de rondas albear;
es libre, y por libre queremos
su rostro de cantos bañar.

Mañana abriremos sus rocas,
la haremos viñedo y pomar;

mañana alzaremos sus pueblos:
¡hoy sólo sabemos danzar!»

GABRIELA MISTRAL, *Rondas de Niños.*

226. PALATAL *ch.*— Africada sorda, ĉ, § 118:

Espigas henchidas de grano.
Se acerca la cosecha bienhecho-
ra. Manchan las amapolas la an-
chura de los campos. Las mieses
hechas haces se estrechan en el
carro. Juegan los muchachos con
alegre charla. Se escuchan de
noche agudos chillidos. El mar

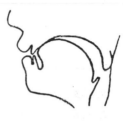

ĉ palatal.

azotaba la lancha deshecho en blanca espuma.

227. PALATAL *y.*— Africada sonora, ŷ, en posición
inicial y detrás de *n, l,* § 119; fricativa, y, en los demás
casos, § 120:

Ya no canta el herrero con las notas del yunque. Se
apoyaba en un cayado. Ya pasó el chubasco, pero yo

ŷ africada.   y fricativa

estoy triste. Reía mayo en los hoyos de su cara. Se
construyen con ayuda del pueblo. Son ya los jardines
un yermo arenal. En la playa cayeron desmayados.
Amargo como la hiel y duro como el hierro.

228.   PALATAL *ñ.*— Palatal nasal sonora, ɲ, § 122:

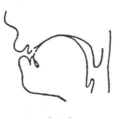

ɲ palatal.

El sol baña la montaña. Hay un leño desnudo entre las peñas. Retoña todos los años. Un niño de ojos dulces soñaba sonriendo. Mañana iremos a la viña. Vuelven en otoño los rebaños extremeños. Hizo sus campañas en países extraños. Halló su compañero muerto y bañado en sangre. Un oficial español aclaró aquel extraño suceso.

229.   PALATAL *ll.*— Fricativa lateral sonora, ʎ, § 123:

Brilla la llamarada de la hoguera. La llamaban la reina del valle. La villa estaba en el llano al pie del castillo. Pasó con ella por la calle. Era una maravilla su belleza. Llenaba la llanura el ruido de la batalla. Una estrella que brillaba más que las otras les llamó la atención. Llegaba a la muralla un profundo y confuso murmullo.

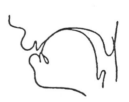

ʎ palatal.

230.   CONSONANTES PALATALES.— Ejercicio de conjunto:

«Tras de los pinos y matorrales se emboscan en noches así los cazadores. Tendidos boca abajo, cubierto con un papel el cañón de la carabina, a fin de que el olor de la pólvora no llegue a los finos órganos olfativos de la liebre, aplican el oído al suelo y así se pasan a veces horas enteras. Sobre el piso, endurecido por el hielo, resuena claramente el trotecillo irregular de la caza: entonces el cazador se estremece, se endereza, afianza en tierra la rodilla, apoya la escopeta en el hombro derecho, inclina el rostro y palpa nerviosamente el gatillo antes de apretarlo. A la claridad lunar divisa por fin un monstruo de fantástico aspecto pegando brincos prodigiosos, apareciendo y desapareciendo como una visión: la alternativa de la oscuridad de los árboles y de los rayos espectrales y oblicuos de la luna hace aparecer enorme a la inofensiva liebre, agiganta sus orejas, presta a sus saltos algo de funambulesco y temeroso, y a sus rápidos movimientos una velocidad que deslumbra.»

CONDESA DE PARDO BAZÁN, *Los Pazos de Ulloa.*

EJERCICIOS DE ENTONACIÓN

231. Inflexión ascendente.— Palabras agudas y grupos de intensidad con acento sobre la sílaba final. Tono grave en las sílabas débiles. Elevación de la voz, de dos a tres tonos, sobre la sílaba acentuada, § 183. Al principio de grupo, las palabras inacentuadas, §§ 165-169, se pronuncian también en tono grave, como las sílabas débiles de las palabras agudas:

a) Dos sílabas: Señor. Color. Canté. Sillón. Perdiz. Razón. Virtud. Compré. Tomad. Vendrá. Jamás. Después. Perdón. Se fué. Lo ví. Por Dios. El sol. En fin. Me voy. Sin fe. En paz.

b) Tres sílabas: Repetir. General. Contador. Señalé. Volverá. Corazón. Admirar. Comprendí. Construcción. Se marchó. La verdad. Contra mí. Entre diez. Me los dió. Las perdí. Por su mal.

c) Cuatro sílabas: Disolución. Despertador. Averiguar. Ceremonial. Fortificó. Copiosidad. Educación. Lo perderá. Contra la luz. Desde el hotel. Por amistad. En el jardín. Sin compasión.

d) Cinco sílabas: Contraposición. Inmovilidad. Aposentador. Rejuvenecí. Luminosidad. Se repetirá. Le contestaré. Desde que la vió. Por la claridad. Hasta que se fué. Se lo repitió [1].

[1] Hay también formas y combinaciones de este tipo cons-

232. Inflexión descendente.— Palabras llanas o esdrújulas y grupos de intensidad con acento sobre la penúltima o antepenúltima sílaba. Tono alto en la sílaba acentuada. Amplio descenso, de cuatro a cinco tonos, en la sílaba o sílabas posteriores, § 183:

●   *a)* Dos sílabas: Casa. Padre. Llano.
o   Mesa. Lunes, Árbol. Piedra. Habla. Canta. Veinte. Joven. Medio. Fuimos. Dime. Dame. Hazlo.

●   *b)* Tres sílabas: Rápido. Límite. Término. Ácido. Intimo. Lástima. Pérdida. Árboles. Jóvenes. Huéspedes. Siéntese. Dígame. Cómprelo. Cállese. Óiganme. Duérmete. Mírela. Páguenos [1].

233. Inflexión circunfleja.— Palabras llanas o esdrújulas con sílabas débiles protónicas, anteacentuadas, y grupos de intensidad con sílabas inacentuadas anteriores y posteriores al acento, § 183:

o ●   *a)* Tres sílabas: Hermosa. Macizo. Llanura. Severo. Partido. Penumbra. Castillo. Escribe. Marchamos. Volvimos. Cantaban. Dispensa. La calle. Se marcha. La dejan. Sin miedo. Con prisa.

b) Cuatro sílabas: Luminoso. Populares. Obedecen Panorama. Manifiesto. Sostenido. Madrileños. Se nos muestran. Me las llevo. Entre nubes. Por la fuerza. Contra todos. Las llanuras.

c) Cinco sílabas: Privilegiado. Contrariedades. Explicaciones. Romanticismo. Abandonaban. Inquebrantable. Literatura. Los movimien-

tituídas por mayor número de sílabas, como *rejuvenecerá, contrarrevolución, hacia la libertad, contra lo que se pensó,* etc.

[1] Presentan asimismo inflexión descendente las formas sobresdrújulas *págueselo, cómpremelo, díganoslo,* etc.

tos. Hacia la playa. Con los amigos. Entre las flores. Se molestaron. Me lo dijeron. Hasta la noche [1].

234. FRASES DECLARATIVAS QUE FORMAN UN SOLO GRUPO FÓNICO.— Inflexión inicial ascendente, si la frase empieza con sílaba débil. Tono alto desde el principio, si la primera sílaba es acentuada. Amplio descenso en la última sílaba fuerte y en las débiles siguientes, § 184:

Se aproxima el momento. Se da un grito en un punto cualquiera. Se constituye una junta. Se formula un programa. Circula la noticia. Se agitan los ánimos. Se subleva otra ciudad. Suben otros hombres al poder. Sale a luz un manifiesto. Se disuelven las juntas. Se restablece la normalidad. No sucede nada. Todo está tranquilo. Se han disipado los primeros ímpetus. Nos hemos resignado al dolor.

235. FRASES DECLARATIVAS DE DOS GRUPOS FÓNICOS.— Inflexión inicial ascendente o elevada en cada grupo, según empiece con sílabas débiles o acentuadas. Inflexión final: en el primer grupo, ascendente; en el segundo, descendente, como en las frases de un solo grupo, § 184:

Tropeles de visitantes y servidores se extienden y andan por corredores y estancias. La larga serie de estancias vastas ha ido reteniendo a los visitantes. El anciano de blancas barbas está sentado ante una mesa. Libros y papeles se amontonan sobre la mesa. Una campanillita de plata reluce sobre el rojo tapete. El

---

[1] Ocurren, por supuesto, grupos de mayor número de sílabas sin más acento que el de la penúltima, como *extralimitarse, especificaremos, desde que nos comprometimos,* etc.

triste y fatigado anciano ha dejado de leer unos papeles. La lealtad y fidelidad del caballero han sido inquebrantables. La muchedumbre de los cortesanos se rebulle en torno a esos grandes secretos. La vida de los pobres palaciegos es un largo martirio.

236. Proposición complementaria interior de frase afirmativa.— La frase principal se corta en la altura media o haciendo un pequeño descenso, para dar lugar a la proposición complementaria. La entonación de ésta se desarrolla con inflexión final ascendente. Después se reanuda la frase principal, terminándola con el ordinario descenso de la oración afirmativa, § 185:

Surgían como llamas, detrás de las verjas, los altares diminutos de la ciudad enamorada. Expuso sus escrúpulos, después de los saludos, con una timidez desesperante. Una congoja profunda, como brotándole cálidamente del corazón, le inundaba los sentidos de amargura. La caprichosa joven, por imperativo de su carácter, se rebelaba contra el orden establecido. Hasta el momento de su liberación, que ella siempre esperaba, había decidido callar. El plan, hasta el presente, se iba desarrollando con exactitud. Aquel día aciago, por todos presentido, se alejaba cada vez más. Advirtió compungida, con un sincero malestar, que sus palabras producían un efecto detestable.

237. Complementaria inicial o final de frase.— La proposición principal constituye un grupo; la complementaria, otro. El conjunto se desarrolla como una frase afirmativa de dos grupos, terminando el que va en primer lugar con elevación, y el que cierra la frase, con amplio descenso de cuatro a cinco tonos:

Durante cincuenta años, esa imagen ha acompañado al anciano a todas partes. Ya en la sala que precede al aposento del anciano los caballeros y servidores son pocos. Desde que el rey era niño este caballero servía en su cámara. A la altura de su pecho lleva cogido el rosario. El campo se extiende silencioso hasta la lejanía azul de las montañas. Las montañas cierran el horizonte como murallas formidables. Van envolviéndonos las sombras de la noche como cendales sutilísimos. Se desvanece el perfil de árboles y casas en la tranquilidad de la llanura. Los pastores encienden sus fogatas en las sombrías cumbres de la sierra.

238. Enlace de dos proposiciones declarativas.— Yendo unidas por una conjunción, la primera proposición termina con inflexión ascendente, y la segunda con el ordinario descenso final, § 188:

El anciano ha levantado la vista y la ha puesto en la imagen de la virgen. Ha apoyado el codo en el brazo del sillón y ha reclinado en la mano la cabeza. El anciano se levanta y va a ponerse de rodillas ante la imagen. La puertecita se abre y en el umbral aparece otro caballero. Los palaciegos ríen a carcajadas si sonríe el señor, y fingen sollozos si el señor está ligeramente triste. Cada cuál tiene su obligación y cada cual se ufana con sus derechos. Unos tienen derecho a cubrirse y otros no tienen derecho a estar cubiertos. El anciano ha dejado su aposento y ha salido al jardín. Ha abierto la puerta del jardín y se ha marchado lentamente por el camino.

239. Combinaciones de tres grupos, principales y complementarios.— Los dos primeros terminan en elevación
de la voz; el tercero, con descenso, párrafo 184.
Caben en esta fórmula todas las combinaciones, a excepción de aquella en que los dos primeros grupos son
enumerativos, § 188:

De la cima de una montaña desciende en abomba-
miento ligero una ladera cubierta de verde. De la lejana
sierra diríase que se ha desgajado una poderosa mole y
ha avanzado por la llanura. Desde lo más empinado de
la ciudad van escalonándose unos burujos verdes hasta
juntarse con las huertas vecinas. En la monotonía de las
viejas ciudades esta seguridad de poder marcharnos en el
acto nos hace prolongar nuestra estancia. Desde puntos
opuestos de Segovia las cuatro ancianas negras y pajizas
van avanzando lentamente. La noche desciende lentamente sobre las cabañas de los pastores y sobre los
palacios de los caballeros.

240. Enunciación declarativa.— Frases de dos o
más grupos fónicos. Ejercicio de conjunto:

«Hacía muchos años que mi madre, Soledad Carlota
Agar y Bendaña, llevaba vida retirada y devota en su
palacio de Bradomín. Yo solía visitarla todos los oto-
ños. Estaba muy achacosa, pero a la vista de su pri-
mogénito parecía revivir. Pasaba la vida en el hueco de
un gran balcón, hilando para sus criados, sentada en
una silla de terciopelo carmesí, guarnecida de clavos
de plata. Por las tardes, el sol que llegaba hasta el fondo de la estancia, marcaba áureo camino de luz, como
la estela de las santas visiones que Soledad Carlota

había tenido de niña. En el silencio oíase, día y noche, el rumor lejano del río, cayendo en la represa de nuestros molinos. Mi madre pasaba horas y horas hilando en su rueca de palo santo, olorosa y noble. Sobre sus labios marchitos vagaba siempre el temblor de un rezo... Yo aún recuerdo aquel tiempo, cuando había capellán en el palacio, y mi tía Águeda, siguiendo añeja e hidalga costumbre, oía misa, acompañada por todas sus hijas, desde la tribuna señorial que estaba al lado del Evangelio. En la tribuna tenían un escaño de velludo carmesí, con alto respaldar, que coronaban dos escudos nobiliarios; pero solamente mi tía Águeda, por su edad y por sus achaques, gozaba el privilegio de sentarse. A la derecha del altar estaba enterrado el capitán Alonso Bendaña con otros caballeros de su linaje: el sepulcro tenía la estatua orante de un guerrero. A la izquierda estaba enterrada D.ª Beatriz de Montenegro con otras damas de distinto abolengo: el sepulcro tenía la estatua orante de una religiosa en hábito blanco, como las comendadoras de Santiago.»

R. DEL VALLE INCLÁN, *Sonata de Otoño.*

241. SUBORDINACIÓN.— Constituye fundamentalmente dos grupos distintos. El primero termina con elevación y el segundo con descenso, § 187:

El mal camino, andarlo pronto. Quien adelante no mira, atrás se queda. El que callar no puede, hablar no sabe. Casa sin varón, plaza sin guarnición. Ni fea que espante, ni hermosa que mate. A mayor riesgo, mayor desengaño. Rosa que muchos huelen, su fragancia se pierde. Mientras más sabio es su autor, menos enmienda tiene su error. A quien se humilla, Dios le ensalza.

Quien dice tiempo, todo lo dice. A quien duerme junto al río, la corriente se lo lleva. Si quieres que cante el ciego, dale la paga primero.

> Si duermo, sueño contigo;
> si despierto, pienso en ti;
> díme tú, compañerita,
> si te pasa lo que a mí.
>
> *Copla popular.*

242. Enumeración completa, final de frase.— Puede constar de tres, cuatro, cinco o más miembros.

Cada miembro de la serie constituye un grupo fónico. El último termina con inflexión descendente como en la afirmación; el penúltimo con inflexión ascendente, y los anteriores con descenso menor que el que cierra la frase, § 188:

El hombre ocioso siempre anda malo, triste, pensativo y desganado. El hombre ocupado y laborioso siempre anda sano, alegre, regocijado y contento. Allí existe el descanso, la honra, la hartura y las riquezas. Aquí la tristeza, el desprecio, el hambre y la pobreza. No tienen otros pasatiempos sino pasear calles, bromear con los compañeros, escribir cartas y enviar recados. Era de complexión recia, seco de carnes, enjuto de rostro, gran madrugador y amigo de la caza. Ha vencido formidables obstáculos: muros empinados, mesetas elevadísimas, lluvias torrenciales, laderas escurridizas y hondas barrancadas. Nadie le ha superado en esfuerzo, en energía, en perseverancia ni en serenidad de ánimo.

243. Enumeración incompleta final.— Todos los

grupos de la serie terminan con descenso; el descenso del
grupo final, sin llegar a
ser completo, es a veces
algo más amplio que el de los anteriores, § 188:

Todo era paz entonces, todo amistad, todo concordia.
Las causas eran otras más pequeñas, más mezquinas,
más inconfesables. El salón estaba brillante, susurrador,
sugestivo. Todo denota solidez: el inmenso edificio, los
montes recios y hoscos, los árboles fornidos y frondosos.
Todo demuestra impetuosa energía: los riscos agrios y
salientes, las aristas agudas y pulidas, los enormes y
redondos cantos. Trascienden los olores del romero, el
cantueso, el espliego, el tomillo, la mejorana. Han cola-
borado en la creación del concepto de decadencia hombres eminentes, eruditos, historiadores, literatos.

244. ENUMERACIÓN NO FINAL.— Todos los grupos
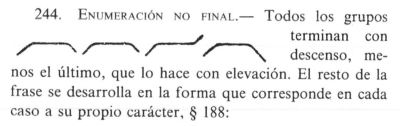
terminan con
descenso, me-
nos el último, que lo hace con elevación. El resto de la
frase se desarrolla en la forma que corresponde en cada
caso a su propio carácter, § 188:

De un día a otro, de una semana a otra y de una a
otra estación, no hubo frontera ni salto brusco. Un
mundo de viejos pensamientos, de recuerdos olvida-
dos, de emociones desvanecidas, le entraba tumultuo-
samente en el cerebro. Nuevas luces, nuevas sensacio-
nes y nuevas ideas, le fueron explicando el motivo de su
cambio. De patio en patio, de corredor en corredor,
de salón en salón, la muchedumbre se va aclarando.
En los severos despachos, en los oscuros dormitorios,

en las anchas salas, el polvo ha ido formando una delgada capa sobre los muebles. En tierras lejanas, más allá de los mares, bajo el fulgor de las estrellas, están los dueños de estos palacios.

245. ENUMERACIÓN DISTRIBUTIVA.— Cada miembro de la enumeración consta de dos subgrupos, de los cua-

les el primero termina con elevación y el segundo con descenso. El descenso final de la serie es mayor que el de los grupos anteriores, § 188:

Al príncipe engáñanle los lisonjeros; a los privados, los negociantes; a los señores, los mayordomos; a los ricos, los truhanes; a los presuntuosos, la ambición; a los prudentes, la confianza, y aun a todos juntos, la fortuna. Fué Catón en el consejo, prudente; en la conversación, manso; en el corregir, severo; en las mercedes, largo; en el comer, templado; en la vida, honesto; en lo que prometía, cierto; en lo que mandaba, grave, y aun en la justicia, inexorable. Casa, de padre; viña, de abuelo, y olivar, de bisabuelo.

> Sevilla, para el regalo;
> Madrid, para la nobleza;
> para tropas, Barcelona;
> para jardines, Valencia.
>
> *Copla popular.*

246. ENUNCIACIÓN ENUMERATIVA.— Frases de varios tipos. Ejercicio de conjunto:

«Yo nací libre, y para poder vivir libre escogí la so-

ledad de los campos; los árboles destas montañas son mi
compañía; las claras aguas de estos arroyos, mis espejos;
con los árboles y con las aguas comunico mis pensamientos y hermosura. Fuego soy apartado y espada
puesta lejos. A los que he enamorado con la vista he
desengañado con las palabras; y si los deseos se sustentan
con esperanzas, no habiendo yo dado alguna a Grisósto-
mo, ni a otro alguno, en fin, de ninguno de ellos, bien se
puede decir que antes le mató su porfía que mi crueldad...
Si yo le entretuviera, fuera falsa; si le contentara, hiciera
contra mi mejor intención y presupuesto. Porfió desengañado, desesperó sin ser aborrecido; ¡mirad ahora si
será razón que de su pena se me dé a mí la culpa!
Quéjese el engañado; desespérese aquel a quien le faltaron
las prometidas esperanzas; confíese el que yo llamare;
ufánase el que yo admitiere; pero no me llame cruel ni
homicida, aquel a quien yo no prometo, engaño, llamo
ni admito. El cielo aún hasta ahora no ha querido que
yo ame por destino, y el pensar que tengo de amar por
elección es excusado. Este general desengaño sirva a
cada uno de los que me solicitan de su particular prove-
cho, y entiéndase de aquí adelante que si alguno por mí
muriere, no muere de celoso ni de desdichado, porque
quien a nadie quiere, a ninguno debe dar celos; que los
desengaños no se han de tomar en cuenta de desdenes.
El que me llama fiera y basilisco, déjeme como cosa
perjudicial y mala; el que me llama ingrata, no me sirva;
el que desconocida, no me conozca; quien cruel, no me
siga; que esta fiera, este basilisco, esta ingrata, esta cruel
y esta desconocida, ni los buscará, servirá, conocerá ni
seguirá en ninguna manera.»

CERVANTES, *Don Quijote.*

247. Interrogación directa de un solo grupo.— En la forma absoluta, la entonación desciende gradualmente desde la primera sílaba acentuada, elevándose al final de la frase; en la forma relativa, la voz se sostiene en un tono relativamente uniforme, terminando la frase con un movimiento circunflejo, § 189:

Absoluta.   Relativa.

«— ¿Y tú?, ¿no irás a los Pedroches? — le dijo unos días después Remedios a Quintín.

— ¿Y ustedes, van?

— Sí; creo que si. Iremos con mis primas.

Quintín enmudeció un instante.

— ¿Y tú!, ¿no vas a ir? — volvió a preguntar Remedios.

— ¿Yo? No. No conozco a nadie.

— ¿No nos conoces a nosotras? — replicó la niña.

— Sí; pero podía molestar a ustedes...

Remedios conoció a Quintín de lejos, le saludó con la mano y se levantó. Quintín se acercó a ella.

— ¿Quieres un bizcocho?

— Si me das...

Tomó Quintín el bizcocho que le dió Remedios y la copa de vino.

— ¿No se sienta usted? — le preguntó Rafaela.

— No, muchas gracias. Voy a dar un paseo por el monte...

— ¿Es que nos tiene usted miedo? — le dijo Tránsito.

— Miedo de hacerme ilusiones — repuso Quintín con galantería, saludando y yendo a buscar su caballo.

— ¡Anda! Llévame a la grupa — saltó Remedios.

— No, no; te vas a caer — dijo Rafaela.

— Si no me caigo — replicó la niña.

—El caballo es manso — advirtió Quintín.
— Bueno; entonces llévela usted un poco...
— ¿Quieres que te convide? — preguntó Quintín.
— Sí.

Pasaron por delante de una taberna que llamaban del Postiguillo; Quintín detuvo su caballo, dió dos sonoras palmadas, y apareció el tabernero en la puerta.

— ¿Qué quiere esta niña? — dijo el hombre.
— Lo que haya — contestó Remedios.
— ¿Unos bollitos y dos medios vasos de Montilla?
— ¿Te parece bien? — preguntó Quintín.
— Muy bien.

Tomaron los bollos, bebieron y siguieron adelante.»

Pío Baroja, *La feria de los discretos.*

— ¿Hay quien no escuche? — No.
— ¿Quieres que te diga? — Di.
— ¿Tienes otro amante? — No.
— ¿Quieres que lo sea? — Sí.

Copla popular.

248. Preguntas con palabra gramaticalmente inte-rrogativa.— Terminan con inflexión descendente, as-

Relativa.   Semiabsoluta.   Admirativa.

cendente o circunfleja, según el matiz relativo, semiabso-luto o admirativo que acompaña en cada caso a la pregunta, § 189:

«Le hubiera gustado saltar y reír; pero se contuvo a la vista de la muchacha, que lo miraba un poco sorprendida, mientras colocaba a su alcance el precioso desayuno.

— ¿Cómo se llama usted? ¿Cuál es su nombre? — le preguntó sonriendo, esforzándose por parecer amable.

— Me llamo Carmen, Carmencita, como me dicen todos — contestó la muchacha.

— Bien, Carmencita; me parece que vamos a ser buenos amigos — repuso él, atacando de lleno el desayuno.

— ¡Ah, me olvidaba! Anoche estuvieron aquí unos señores preguntando por usted. Se les dijo que el señorito estaba descansando y contestaron que volverían esta mañana.

— ¿Unos señores? — preguntó Bright con la boca llena de bizcocho. — ¿Quiénes eran?

— No dejaron sus nombres...

— ¿No habría una pequeña sala en este piso?

— ¡Ay, no, señor; no hay más que dormitorios! Pero — rectificó de pronto — ¿por qué no los recibe usted en uno que está aquí junto, vacío?

— Muy bien — decidió Mr. Bright, incorporándose—; llévelos usted a ese cuarto...

El más viejo, gravemente, concretó entonces la cuestión:

— Nosotros somos los representantes de nuestro amigo el vizconde de Hacha, a quien usted ha ofendido.

Mr. Bright dió un salto en la silla. ¿Cómo? ¿Qué era aquello? ¿De qué vizconde hablaban? ¿Que él había ofendido a quién?... Pero ¿cómo podía él ofender a una persona que oía nombrar por primera vez? ¿Cuándo pudo ofenderla?

— Usted recordará, en cambio — continuó el joven, implacable — a otra persona bien allegada a nuestro amigo, a la señorita de Casa-Manrique.

— No — contestó Mr. Bright cada vez más asombrado.

Entonces les tocó a los representantes el quedarse sorprendidos. ¿Cómo que no la recordaba? ¿Cómo era posible que se hubiera olvidado de ella?»

Claudio de la Torre, *En la vida del señor Alegre.*

249. Preguntas divididas en dos o más grupos.— El último grupo mantiene siempre la inflexión final que le corresponde según el carácter de la pregunta; los anteriores terminan todos con un leve descenso, § 189:

«El polvo había puesto ya una sutil capa sobre la cubierta de este pequeño volumen; el sol ardiente de la estepa comenzaba ya a hacer palidecer los caracteres de su título. ¿No habría nadie en la ciudad que comprase este diminuto libro? ¿Tendría que volver este diminuto libro a Barcelona, después de haber visto desde el escaparate polvoriento, entre la agenda y la escribanía, el desfile lento, silencioso, de las devotas, de los clérigos, de las lindas mozas, de los viejos que tosen y hacen sonar sus bastones sobre la acera? No, no; un alto, un extraordinario destino le está reservado a este volumen...

¿Añadiré que don Alonso ha dictado ya sentencia en el pleito que examinaba anoche? ¿Podré pintar la estupefacción, el asombro inaudito que se ha apoderado de todo el pequeño mundo judicial al conocer esta sentencia? ¿Cómo haré yo para que os figuréis la cara que ha puesto don Fructuoso, el abogado más listo de la ciudad manchega, y el ruido peculiar que ha hecho al contraer los labios don Joaquín, el procurador más antiguo?... ¿Necesitaré decir después de esto qué género de silencio se ha producido en la tertulia a la llegada de don Alonso? ¿Diré que era algo así como un silencio entre irónico y compasivo? ¿Tendré que añadir que luego, en el curso de la conversación, han abundado las alusiones discretas, veladas, a la famosa sentencia? Pero don Alonso no ha perdido su bella y noble tranquilidad... El buen caballero ha dejado que hablasen todos; él sonreía afable y satisfecho; después, a media tarde, ha dado su paseo por la huerta.»

AZORÍN, *Las confesiones de un pequeño filósofo.*

250.   PREGUNTAS Y RESPUESTAS.— Ejercicio de diálogo familiar:

«— ¿Qué hay, Carmen? — preguntó con gran calma, dirigiéndose al espejo para arreglarse el pelo.

— Señorita, vengo a darle cuenta del billete que me entregó por la mañana.

— ¡Ah!, sí..., el billete... ¿De cuánto era?

— De diez duros.

— Bien; ¿qué ha comprado usted?

— Los botones para el vestido de la niña han costado seis pesetas.

— ¿Qué más?

— La sombrilla de Miss Ana, que he pagado yo. No la han querido dar menos de tres duros.

— Bien; son cuatro duros y una peseta.

— La corbata para Chuchú..., tres cincuenta.

— ¿Se la ha puesto ya?

— No, señorita; mañana cuando vaya a paseo. Es muy bonita; a María le ha gustado. ¿No sabe usted? El chico quería ponérsela cuando salíamos del comercio... ¡Poco trabajo que me costó quitárselo de la cabeza!

— ¡Pobre Chuchú!

— Cuando vió que no conseguía nada por las malas, se puso a hacerme caricias... «¡Anda, Carmelita, monina, ponme la corbata..., te he de dar un dulce de los de la mesa...» Yo le decía: «¿El que te toque a ti?» «Sí, sí, el que me toque a mí...»

— ¡Oh, qué malo!

— ¡No sabe usted, señorita, las monerías que hizo para sacármela!

— ¡Pobre Chuchú! ¿Porqué no se la ha puesto usted?

— Porque en casa no habría quien se la quitase después.

— ¿Le ha encargado usted los guantes?

— Sí, señorita.

— ¿En casa de Clement?

— Sí, señorita; quedaron en mandarlos el sábado.

— ¿Los ha pagado?

— Sí, señorita; tres pesetas.»

PALACIO VALDÉS, *Riverita.*

251. ENTONACIÓN INTERROGATIVA Y EXCLAMATIVA.— Ejercicio de conjunto, §§ 189 y 190:

«— ¿Le parece a usted por dónde sale ahora ese bribón? Ya me estaba yo temiendo alguna miseria. Llevan hijo y padre muchos días de personas decentes. Pero ¡vamos, esto de Mario clama al cielo! ¡Mire usted que atreverse a enamorar a Gloria! No puedo, no puedo acostumbrarme a las acciones de esta gente. ¿Por qué Dios me habrá puesto entre ellos a mí, que en mi pobreza soy tan distinta?... ¡Ay, padrino! ¡Cuánto me alegro de que llegue usted!

— ¿Sí? Pues ¿qué sucede? ¡A fe que vengo yo!...

— Mario...

— ¡No me toques a Mario, que es el talento de la casa!

— A pesar de eso, Mario...

— Mario, ¿qué?

— ¡Mario está haciendo una cosa muy fea!

— ¿También Mario? ¡Pero estos hijos míos van a sacarme el sol de la cabeza!

— ¡Estoy más disgustada!... Porque, créame usted, la cosa es de las que no tienen nombre... ¡Le está haciendo el amor a Gloria!

— ¡Ya lo sé! ¡Se lo he propuesto yo!

— ¡Usted!... Pero ¿Quién es él para poner los ojos en Gloria? ¿Usted no ve eso? ¿Usted no ve que aquí estamos recogidos por caridad? ¿Usted no ve que en esta casa debiéramos andar todos de rodillas? ¿Usted no ve que el amor de Mario es una ofensa? ¿Usted no ve que ofender a quien nos salva es una villanía muy grande?...

— Mira, mira, mira, Carita: ¡odio, al par que desprecio, el género trágico!, ¿te enteras?...»

S. y J. Álvarez Quintero, *Los Galeotes.*

252. Súplica.— Alargamiento e inflexión circunfleja sobre la sílaba o sílabas en que más se apoya el interés dentro de cada grupo, § 192:

¿Enfermo? ¿Loco dices? ¡Así lo estuviera!... Por lástima entonces habías de darme el cariño que he perdido... ¡No, no puedes quererme! ¡Desdicha mía! ¡A toda costa quiero para mí todo tu cariño, y de cada vez más lo pierdo!... ¡Perdóname, María!, ¡Ten lástima de mí! Si es cariño el mío, porque es cariño; si es locura, porque es locura..., de todos modos necesito tu amor... ¡Has sido

el único de mi vida!... Si yo supiera que te había perdido
para siempre, que mi vida era un estorbo en la tuya...,
que sin mí serías dichosa..., ¡sin dudarlo me mataría... y
sin que tú lo sospecharas para no dejarte un remordi-
miento en tu felicidad!...

Jacinto Benavente, El nido ajeno.

«Señor, matadme si queréis...,
¡pero, Señor, no me matéis!

¡Oh, Señor!, por el sol sonoro,
por la mariposa de oro,
por la rosa y por el lucero,
por los vilanos del sendero,
por el trino del ruiseñor,
por los naranjales en flor,
por la perlería del río,
por el dulce pinar umbrío,
por los suaves labios rojos
de ella, y por sus grandes ojos,

¡Señor, Señor, no me matéis!...
Pero matadme si queréis.»

Juan Ramón Jiménez, *El jardinero sentimental.*

TEXTOS FONÉTICOS

253. OBSERVACIONES RELATIVAS A LA TRANSCRIPCIÓN.—
Siguen unas páginas, cuya lectura puede servir para
aplicar íntegramente la enseñanza de los anteriores capítulos. La transcripción representa una lectura discre-
tamente expresiva, ni monótona ni declamatoria, tal
como ha podido observarse en el uso de varias personas cultas de Castilla a quienes se ha hecho leer al
efecto estas páginas ante un pequeño grupo de oyentes.
Una triple línea ||| indica una pausa que rara vez ha sido
inferior a un segundo; dos líneas || representan una
pausa de unas 50 centésimas de segundo; una línea |,
una pausa inferior a 25 c. s., y una media línea ', una
simple cesura o depresión sin pausa perceptible. La
entonación va representada por flechas: el tono normal
se indica con una flecha horizontal ⟶ colocada sobre la
sílaba correspondiente; la dirección de las flechas en los
demás casos ⟶ ⟍ expresa el movimiento de la voz.
Cuando la inflexión es inferior al tono normal, la flecha
va colocada debajo del renglón; la dirección de una flecha se refiere al tono de la sílaba en que se halla y al de
las siguientes, hasta que una nueva flecha lo modifica. El
guión - indica el enlace silábico de una consonante final
con la vocal inicial de la palabra siguiente. Los grupos
de vocales que deben pronunciarse en una sola sílaba
se indican de este modo: **lᴐ asegúrᴐ, sᵊ ausentó.**

254.— Antes de lo que yo pensaba, querido tío, me
decidió mi padre a que montase en Lucero. Ayer a las
seis de la mañana, cabalgué en esta hermosa fiera, como
le llama mi padre, y me fuí con mi padre al campo. Mi
padre iba caballero en una jaca alazana.   5

Lo hice tan bien, fuí tan seguro y apuesto en aquel
soberbio animal, que mi padre no pudo resistir a la ten-
tación de lucir a su discípulo; y después de reposar-
nos en un cortijo que tiene media legua de aquí, y a eso
de las once, me hizo volver al lugar y entrar por lo más   10
concurrido y céntrico, metiendo mucha bulla y desem-
pedrando las calles. No hay que afirmar que pasamos por
la de Pepita, quien de algún tiempo a esta parte se
va haciendo algo ventanera, y estaba a la reja, en una
ventana baja, detrás de la verde celosía.   15

No bien sintió Pepita el ruido y alzó los ojos y nos vió,

Línea 1. Suele omitirse la pausa entre **pensába** y **keríðɔ.**—
2. **páðrɔ** se pronuncia a veces en este caso destacándole un poco
sobre el tono normal.— 6. **ló ̦iθɔ**, diciéndolo con cierto énfasis,
se deshace la sinalefa.— 7. Después de **páðrɔ** o de **r̦eșiʂtír**

254.— áṇteẓ də lɔ kə yó pensába ' keridɔ tío || mə

deθıdjó m̥ı páđre ' a kə mõṇtásə ən luθérɔ ||| ayér- ɐ lɐs

séiẓ də la māṇāna | kabɐlgé en- éṣtɐ ərmósa fjéra ' komɔ

lə ĺámɐ m̥ı páđre || ı̥ mə fwí kom̥ m̥ı páđrə ɐl kámpɔ || m̥ı

páđrɛ́ ı̥ba kabɐléro || ən- ū̃nɐ xákɐ ɐlɐθánɐ ||| 5

ló̞ ı̥θə tam bjén | fwí tan segúrɔ yɐpwéṣtɔ ' en- akɛ́l

sobɛ́rbjɔ ɐnımáḷ || kə m̥ı páđrə ' nó púđò r̄ḙsı̥ṣtír- ɐ lɐ teṇ

tɐθjóṇ | də luθír- ɐ su đı̥ṣθípʉlo ||| ı̥ đespwéẓ đə̥ r̄ɐpɔsár

nɔs- ən- ū̃ŋ kɔrtíxɔ | kə tjḗnə méđjɐ légwɐ đə ɐkí | yá əso

də lɐs- ó̞ŋθe || mɛ́ ı̥Oɔ bo̞lbér- ɐl lugáɹ ' yeṇtrár pɔr lɔ más   10

ko̞ŋku̥r̄íđo̞ ı̥ θéṇtrıko | metjéṇdɔ múčɐ bú̥lɐ ' ı̥ đesem

pəđráṇdɔ lɐs káḷəs ||| nɔ ái̥ kə ɐfı̥rmár | kə pasámòs pɔr

lɐ də pepítɐ | kjeṇ də ɐlgúṇ tjémpɔ á əṣtɐ párte || sə

bá aθjéṇdɔ áḷgɔ beṇtanérɐ | yeṣtábɐ ɐ lɐ r̄éxɐ ' ən- únɐ

beṇtánɐ bḁ́xa || detráẓ də la bɛ́r̄də Oelɔsíɐ ||| 15

nó bjén sı̥ṇtjó pepítɐ ə̥l r̄wíđo ' yaḷθó lɔs- ó̞xos- ı̥ no̞ẓ bjó||

suele hacerse una pequeña pausa.— 11. bú̥ḷa, a veces, también con entonación ascendente.— 16. r̄wíđɔ termına con descenso o mantiene el tono normal; puede decirse también r̄u̥íđɔ,
§ 149 *b*.

se levantó, dejó la costura que traía entre manos y se

puso a mirarnos. Lucero, que, según he sabido después,

tiene ya la costumbre de hacer piernas cuando pasa por

delante de la casa de Pepita, empezó a retozar y a levan-

tarse un poco de manos. Yo quise calmarle, pero como ex-   5

trañase las mías, y también extrañase al jinete, despre-

ciándole tal vez, se alborotó más y más, empezó a dar

resoplidos, a hacer corvetas y aun a dar algunos botes;

pero yo me tuve firme y serero, mostrándole que era

su amo, castigándole con la espuela, tocándole con el   10

látigo en el pecho y reteniéndole por la brida. Lucero,

que casi se había puesto de pie sobre los cuartos traseros,

se humilló entonces hasta doblar mansamente la rodilla,

haciendo una reverencia.

La turba de curiosos que se había agrupado alrededor,   15

rompió en estrepitosos aplausos. Mi padre dijo:

Línea 4. **ya** o **ja**.— 6. xinéte, suele terminar también con entonación descendente.— 10. su **ámɔ**, o también, dicho con cierta
rapidez, **sw ámɔ**, § 142.— 11. Suele omitirse la pausa después

sə lebaṇtó | dęxó lɐ ko̧stúra kə traía əṇtre mã̃ṇọs | ı sə

púsọ ɐ mirárnòs ||| luθérɔ | ke səgún- é sabídɔ despwés |

tjénə yá lɐ ko̧stúmbre də ɐθér pjérnɐs | kwaṇdɔ pása pọr

deláṇtə də lɐ kásɐ də pepíta || empəθɔ á r̄ętɔθár | yɐ lebaṇ

társə ụm pókɔ də mã̃nòs ||| ŷó kíse kạlmárlə | perɔ komɔ əş   5

traṇásə laz míɐs | ı tambjén- əştraṇásə ɐl xinéte | desprə

θjáṇdɔlə tạl béθ || sə ɐlborɔtó más- ı más | empəθɔ á dar

r̄ęsɔplidòs | ɐ ɐθér ko̧rbétas | yɐụn- ɐ dár- ɐlgúnòz bótəs |||

perɔ yó mə túbə fịrmę i̧ serénɔ || mo̧stráṇdɔle ke érɐ

su ámɔ | kạştɪgáṇdɔle ko̧n lɐ əspwélɐ | tokáṇdɔle kɔn- ęl   10

látɪgɔ ən- ęl péĉo | i̧ r̄ętənjéṇdɔle pọr lɐ brídɐ ||| luθéro |

kə kasɪ sə ɐbjá pwéştɔ də pjé | sobrə lòs kwártòş traséro̧s ||

sə ụmɪḷɔ éṇtóṇθes | aştɐ doblár mã̃nsɐméṇtɐ lɐ r̄o̧díḷa |

aθjéṇdó unɐ r̄ębəréṇθjɐ |||

la túıbɐ də kurjósọ̧s | kə sə ɐbjá agrɐpádɔ ɐlr̄ędədóı || 15

r̄ọmpjɔ én- əştrepɪtósɔs- ɐpláụsòs ||| mɪ pádrə díxo |

de luθéro.— 12. kasɪ o kásɪ.— 13. A veces no se hace pausa después de əṇtóṇθəs, pronunciándose esta palabra con entonación uniforme.

— ¡Bien por los mozos crudos y de arrestos!

Y notando después que Currito, que no tiene otro oficio que el de paseante, se hallaba entre el concurso, se dirigió a él con estas palabras:

—Mira, arrastrado; mira al *teólogo* ahora, y en vez de   5 burlarte, quédate patitieso de asombro.

En efecto, Currito estaba con la boca abierta, inmóvil, verdaderamente asombrado.

Mi triunfo fué grande y solemne, aunque impropio de mi carácter. La inconveniencia de este triunfo me infun-   10 dió vergüenza. El rubor coloró mis mejillas. Debí ponerme encendido como la grana, y más aún cuando advertí que Pepita me aplaudía y me saludaba cariñosa, sonriendo y agitando sus lindas manos.

JUAN VALERA, *Pepita Jiménez.*   15

Línea 2. Cabe también aquí suprimir la cesura detrás de **despwés**; la pausa que sigue a **kur̯íto** puede reducirse a mera cesura.— 4. En pronunciación rápida, la sinalefa comprendería además la vocal de **ęl.**— 5. En **ar̯aṣtrás**, el carácter vulgar de

b̃jém pọr lọz móθọs krúđos- ı đə ɐ̄réṣtòs |||

ı notándɔ đespwés ' ke kụr̄íto | ke nó tjénə ótro ofíθjɔ

kɛ ęl də pasəáɳtə | sə aḷába əɳtrɛ ęl kọŋkụrso || sə đirị

xjɔ ą́ ęl kon- éṣtɐs palábrɐs |||

    míra ar̄aṣtráɔ | mírɐ ɐ̣l təólɔgɔ ɐ̣órɐ | yəm béẓ đə   5

b̨urlárte || kéđɐte patıtjésɔ đə asọ́mbro |||

    cn- əf̨ẹ́kto ' kụr̄íto əṣtúbɐ kọn lɐ bókɐ ɐbjɛ́rtɐ ' į̃móbịl '

b̨ɛrđɐđérɐmɛ̃ɳtə ɐsọmbráđɔ |||

    mı trjụ́ɱfo fwé g̨rándə̣ ị solémne || ɐ̣uŋkə ịmprópjɔ đə

mı karáktə̣ɹ ||| lɐ iŋkọmbənjéɳθjɐ đə éṣtə trjụ́ɱfo || mə ịɱfụɳ   10

djó b̨ɛrgwéɳθɐ ||| ęl r̨ụb̨ọ́r kolɔró mịẓ mə̀xíl̨ɐs ||| debí ponɛ́r

mə əɳθeɳdíđɔ komɔ lɐ g̨ránɐ | ı más- ą́ụn || kwaɳdɔ ađb̨ɛrtí

kə pepíta mə ɐplạụđía | i mə saluđábɐ karı̨ósa | sọɳr̄íéɳ

do ' yạxıtáɳdɔ sụz líɳdɐz mã́nòs |||

                xwám balérɐ ||| pepítɐ ximénəθ ||| 15

esta exclamación hace que se omita por completo la *d* de *-ado*.— 11. r̨ụb̨ọ́r, en este caso puede también hacer su última sílaba algo más alta que el tono normal.— 13-14. sọɳr̄íéɳdɔ, o también dicho con mayor rapidez, sọɳr̄íéɳdɔ, pág. 128.

255.— Se lanzó por entre las cañas, bajó casi rodando la pendiente, y se vió metido en el agua hasta la cintura, los pies en el barro y los brazos altos, muy altos, para impedir que se mojara su escopeta, guardando avaramente los dos tiros hasta el momento de soltarlos con   5 toda seguridad.

Ante sus ojos cruzábanse las cañas formando apretada bóveda, casi al ras del agua. Delante de él sonaba en la oscuridad un chapoteo sordo como si un perro huyera acequia abajo... Allí estaba el enemigo: ¡a él!   10

Y comenzó una carrera loca en el profundo cauce, andando a tientas en la sombra, dejando perdidas las alpargatas en el barro del lecho, con los pantalones pegados a las carnes, tirantes, pesados, dificultando los movimientos, recibiendo en el rostro el bofetón de las   15

Línea 3. **mwí áļtos**, la ỉ acaba casi como una y; vulgar, **múyáļtos**.— 4. **ɐbárɐmẽ̜ntǝ** o **ɐbárɐmḗ̜ntǝ**.— 7. **káŋas** suele terminar también con entonación ascendente.— 10. **ę́:l**, o más bien **ę́:l:**, con alargamiento de la vocal y de la consonante.— 11. **káu̯θǝ**, tono

255.— se laŋθó pɔr- eŋtrə lɛs káŋɛs | baxó kasị r̥ọdáŋ

dɔ lɛ peŋdjéŋte || ị sə bjó metídɔ ən- əl- ágwɛ ɛṣta lɛ θịñ

túrɛ | lòs pjés- ən- əl bár̥ọ ¹ ị lòz bráθɔs áḷtọs ¹ mwí áḷtọs |

parɛ ịmpədị́r ke sə mọxára sw əskɔpéta | gwardáŋdɔ ɛbá

rɛmȩ̃ntə lọ₂ dọ́ṣ tírọs ¹ aṣtɛ əl mõmẽ́ŋto də sọḷtárlọs | kọŋ   5

tódɛ segurıdáɑ |||

aŋtə sus- ọ́xọs kruθábɛnse lɛs káŋas || fọrmáŋdɔ ɛpre

táɑɛ bóbəda | kasj ɛl r̥áẓ dəl- ágwɛ |||| delấŋtə ɑe ẹ́l || soná

bɛ ən lɛ òskurıdáɑ- úŋ ĉapɔtéɔ sọ́rdo | komɔ sj úm pẹ́

r̥o ụyérɛ ɛθékjɛ ɛbáxɔ |||| aḷj éṣtábɛ əl enəmigɔ | a ẹ:l |||| 10

ị komə̧ŋθó ụnɛ kar̥éra lókɛ | ən- əl profúŋdɔ ká̧ụθə || aŋ

dáŋdɔ ɛ tjéŋtas- ən lɛ sọ́mbrɛ | dɛxáŋdɔ pɛrdidɛz lɛs- aḷ

párgátɛs- ən- əl bár̥ọ ɑȩl léĉɔ | kọŋ lòs paŋtɛlónes pegá

dɔs- ɛ lɛs kárnəs | tiráŋtəs ¹ pesáɑòs ¹ difıkuḷtáŋdɔ lọ₂

mobımjéŋtòs | r̥ȩθıbjéŋdɔ ən əl r̥ọ́ṣtrɔ ¹ əl bofətọ́ŋ də lɛs   15

normal o entonación ascendente.— 12. sọ́mbrɛ o sọ́m:brɛ —
14. kárnəs o kár:nəs; en el segundo caso la r suele tener dos vibra
ciones; también, según el énfasis, tiráŋtəs o tiráŋ:təs, pe-
sáɑòs o pesá:ɑòs.— 15. mobımjéŋtòs o mobımɉéŋ:tòs.

cañas tronchadas, los arañazos de las hojas tiesas y cor-

tantes.

Hubo un momento en que Batiste creyó ver algo ne-

gro que se agarraba a las cañas pugnando por salir riba-

zo arriba. Pretendía escaparse... ¡Fuego! Sus manos, que   5

sentían el cosquilleo del homicidio, echaron la escopeta a

la cara, partió el gatillo, sonó el disparo y cayó el bul-

to en la acequia, entre una lluvia de hojas y cañas rotas.

¡A él! ¡A él!... Otra vez volvió Batiste a oír aquel chapo-

teo de perro fugitivo; pero ahora con más fuerza, como   10

si extremara la huída espoleado por la desesperación.

Fué un vértigo aquella carrera a través de la oscuri-

dad, de las cañas y el agua. Resbalaban los dos en el

blanducho suelo, sin poder agarrarse a las cañas por no

soltar la escopeta; arremolinábase el agua batida por la   15

Línea. 1. **trͻṇĉádɐs** o **trͻṇĉá:dɐs.**— 1-2. **kͻrtáṇtɔs** o **kͻrtáṇ:tɔs**; al alargarse estas sílabas suele también elevarse su tono un poco más que el tono normal.— 3. Omítese a veces la pausa des- pués de **mõméṇto**; otras veces se coloca después de **batíṣtɔ.**— 6. **kͻskɩ̣léɔ**, las dos últimas vocales suelen reducirse a una sola sílaba, § 145.— 9. Después de **batíṣte** puede también omitir

kánaş tronĉádʁs | los- arʁnáθòz̧ də las- óxaş tjésas- ı kor

tántes |||

úbó u̧ꟷ mõméņto ' eɳ kə batı̧ştə krɛyó bér- álgɔ né

gro || kə sə ʁgʁīába a lʁs kánas | pu̧gnáɳdɔ por salír rībá

θɔ ʁrība ||| pretəɳdíʁ əskʁpársə | fwé:gɔ ||| su̧z mãnòs kə   5

seɳtían |ę̧l ko̧skı̧léɔ dəl- omı̧θídjo || eĉárọn lʁ əskopéta a

lʁ kára | partjó ęl gatílɔ | sonó ęl dı̧spáro | ı ku̧yó ęl bų́l

tɔ ən la aθékja ' eɳtré u̧na ļúbja də óxʁs- ı kánaɹ rótʁs |||

a ę́:l | a ę́:l ||| ótra béz̧ bo̧lbjó batı̧şte | ʁ ójr- ʁkę́l ĉapɔ

téɔ də pę́rọ fu̧xı̧tíbɔ ||| perɔ ą́òrʁ ko̧ꟷ más fwę́rθʁ | komɔ   10

sj əştrəmára lʁ u̧ída || espɔləádɔ por lʁ desəsperʁθjón |||

fwé u̧m bę́rtıgɔ ʁkéla karę́ra || ʁ trabéz̧ də lʁ òskurı̧

đá̧đ ' đe lʁs kánaz yəl- ágwʁ ||| rezbʁlábʁn lọz đós- ən- ə̀l

blaɳdúĉɔ swélo || sı̧m podér- ʁgʁrársə ʁ las kánʁs | por nó

so̧ļtár lʁ əskopétʁ ||| arę̧molı̧nábʁse el- ágwʁ || batíđʁ por lʁ   15

se la pausa, haciendo que la e final forme sinalefa con las dos
vocales siguientes; las dos últimas vocales de ĉapotéɔ suelen
formar una sola sílaba.— 11. lʁ u̧íđa, la u̧ acaba como w, pág. 163;
espɔləádɔ, las vocales əá suelen también pronunciarse en una
misma sílaba.— 13. đe y no de, por influencia de la đ anterior;
kánaz, la z ante la y se pronuncia con cierto matiz de ž.

desaforada carrera, y Batiste, que cayó de rodillas varias

veces, sólo pensaba en estirar los brazos para mantener

su arma fuera de la superficie, salvando el tiro que le

quedaba.

Y así continuaba la cacería humana, a tientas, en la os-   5

curidad lúgubre, hasta que en una revuelta de la acequia

salieron a un espacio despejado, con los ribazos limpios

de cañas.

Los ojos de Batiste, habituados a la lobreguez de la

bóveda, vieron con toda claridad a un hombre que, apo-   10

yándose en la escopeta, salía tambaleándose de la acequia,

moviendo con dificultad sus piernas cargadas de barro.

Era él..., ¡él!, ¡el de siempre!

—*Lladre..., lladre; no t'escaparás*— rugió Batiste, dis-

parando su segundo tiro desde el fondo de la acequia,   15

con la seguridad del tirador que puede apuntar bien

y sabe que hace carne.

Línea 9. **abịṭụádes**, o también **abịtwádes**, pág. 144.— 11. **tamba**

đesaforáđɐ kaᴦér̥ɐ ||| ɪ̣ bat̪ɪ̣s̱te | kə kayó đə̄ ᴦo̱đi̱l̪az báᴦjɐz

be̅θes || so̅l̥o pensábɐ ən es̱t̪ɪrár l̥o̱z bráθo̱s || parɐ mãn̪t̪ənér̥

sw árm̅a | fwéra də lɐ sup̬er̥fi̅θjə | sa̱lbán̪do̱ e̱l̪ t̪íro kɐ lə

keđábɐ |||

yasi̅ ko̱n̪t̪ɪnwa̱bɐ lɐ kaθər̥ie̅ u̠máᴎɐ | a t̪jén̪t̬ɐs | en lɐ̀ ὸs

kurɪdáđ lúg̬ubrə | as̱t̪a kə ən- u̅ᴎɐ ᴦe̱bwe̱l̪t̪a də la aθékja ||

saljér̥ɔn a̱̅ un̠- espáθjo̱ đespə̀xáđo̱ | ko̱n l̥o̱ɹ ᴦɪ̣báθòz l̥ímpjo̱ẕ

də káᴎɐs |||

los- ὸ̱xo̱ẕ də bat̪ɪ̣s̱te | abɪt̪u̠áđo̱s- ɐ lɐ lobrəgéẕ də lɐ

bóbəda || bjéro̱ᴎ ko̱ᴎ t̪óđa klarɪdáđ a̱̅ un̠- ómbre | kə apo̱

yá̱n̪do̱sə ən la əsko̱péta | salía̅ tambaləá̱n̪do̱se də la aθékja |

mobjén̪do̱ ko̱ᴎ difɪku̱l̪t̪áđ | su̱s pjér̥nɐs kargáđaẕ də báᴦò |||

éra é̱:l | é̱:l | e̱l̪ de sjém:prə |||

l̪á:đrə | l̪á:đrə | nó: taskɐp̬ɐrás | ᴦu̱xjó bat̪ɪ̣s̱te | dɪs

p̬ɐrán̪do̱ su̠ segúᴎdo̱ t̪íro̱ | đeẕđə̀ ɐl̪ t̪o̱ᴎdo̱ də la aθékja ||

ko̱ᴎ la segurɪdáđ də̱l̪ tirɐđó̱r | kə pwéđə ɐpu̱n̪tár bjén |

ɪ̣ sábə kə áθə kárnə |||

ləá̱n̪do̱se, əá suelen formar una sola sílaba.— 14. *lladre* = ladrón.

Le vió caer de bruces pesadamente sobre el ribazo
y gatear después para no rodar hasta el agua. Batiste
quiso alcanzarle, pero con tanta precipitación, que fué él
quien, dando un paso en falso, cayó cuan largo era en el
fondo de la acequia.   5

Su cabeza se hundió en el barro, tragando el líquido
terroso y rojizo; creyó morir, quedar enterrado en aquel
lecho de fango, y por fin, con un poderoso esfuerzo con-
siguió enderezarse, sacando fuera del agua sus ojos cie-
gos por el limo; su boca, que aspiraba anhelante el viento   10
de la noche.

Apenas recobró la vista buscó a su enemigo. Había
desaparecido.

Vicente Blasco Ibáñez, La Barraca.

Línea 1. **kaẹr**, dicho con más rapidez, puede también hacerse monosílabo, pág. 145.— 2. **gatəár**, como **kaẹr**, con o sin
sinéresis.— 3. **fwẹ ẹl**, se pronuncia de ordinario formando

le bjó kaẹ́r đə brúθəs pesádɐmẽ̃ntə ꞌ sobrə̀ ə̀l r̄ịbáθo ||

ꞏ gatəár đespwés ꞏ para nọ́ r̄ọđár- aṣtɐ əl- ágwɐ ||| batị́ṣte

kísɔ ɐlkaɲθárlə ꞁ perɔ kọɲ táɲtɐ preθıpitɐθjọ́n || ke fwɛ̃́ ẹ́l ꞏ

kjeɲ dáɲdɔ ụm pásɔ əɱ fáḷso ꞁ kayó kwan lárgo érɐ ꞁ ɛn- ə̀l

fọ́ɲdɔ đə lɐ ɐθékjɐ |||

su kabéθa sə ụɲdjọ́ ən- ə̀l bár̄ọ || tragáɲdɔ ə̀l líkıđo

tɐr̄óṣò ị r̄ọxíθɔ || kreyó morị́ɹ ꞏ keđár- eɲtɐr̄á:đo ən- akẹ́l

léɛ̀ɔ đə fáŋ:gɔ ||| ꞏ pọr fị́n ꞏ kon- ṹm pođərósɔ əsfwɛ́r̄θɔ || kọn

sıgjọ́ əɲderəθárse ꞁ sakáɲdo fwéra đəl- ágwɐ ꞏ sụs- ọ́xọs θjé

gòs por- ə̀l lí:mɔ ꞁ sụ bóka kə ɐspırába anəláɲ:tẹ ꞏ ẹl bjéɲto

đə lɐ nóɛ̀ə |||

ɐpénaɹ r̄ẹkɔbró lɐ bị́ṣtɐ || bụskɔ á sw ənəmígɔ ||| abía

đesɐparəθíđɔ |||

bıθéɲtə bláskọ ıbáɲəθ ||| la bɐr̄ákɐ |||

una sola ẹ́ larga, en la cual se marcan a veces laṣ dos sílabas de origen, aun cuando corrientemente constituye una sola sílaba.

256.— Los negros ojuelos de la Nela brillaban de contento, y su cara de avecilla graciosa y vivaracha multipli-
caba sus medios de expresión, moviéndose sin cesar.
Mirándola se creía ver un relampagueo de reflejos tem-
blorosos, como los que produce la luz sobre la superficie   5
del agua agitada. Aquella débil criatura, en la cual parecía que el alma estaba como prensada y constreñida dentro de un cuerpo miserable, se ensanchaba y crecía ma-
ravillosamente al hallarse sola con su amo y amigo. Junto a él tenía espontaneidad, agudeza, sensibilidad, gracia,   10
donosura, fantasía. Al separarse, parece que se cerraban
sobre ella las negras puertas de una prisión.

—Pues yo digo que iremos adonde tú quieras— ob-
servó el ciego—. Me gusta obedecerte. Si te parece bien,
iremos al bosque que está más allá de Saldeoro. Esto, si   15
te parece bien.

—Bueno, bueno, iremos al bosque— exclamó la Nela

Línea 1. Puede omitirse la pausa después de **néla**.— 4. r̄elam-
pᵦgéᴐ, las vocales éᴐ se reducen a veces a una sola sílaba.—

256.— lọz négrɔs- ọxwélòẓ də lɐ nɛ́la || ᵬriḷábaɲ de kọɲ

tɛ́ɲtɔ | ị sɐ kára də ɐᵬəθíḷa graθjósɐ ị biᵬɐráĉa || mụḷtịpli

kábɐ sụz méḍjòẓ ðə əspresjóɲ ' mobjéɲdɔsə siɲ θesáɹ |||

miráɲdɔla ' sɐ kreíɐ ᵬér- ụn r̄ɐlampɐgéɔ ' ðə̀ r̄ɐfléxòṣ tem

blɔrósọs || komɔ lọs kə proðúθə lɐ lụ́θ | sobrə lɐ supɐrfíθje

dəl- ágwɐ ɛxịtáðɐ ||| akéḷa ðébịl kriatúrɐ | en lɐ kwáḷ parə

θíɐ ' kə əl álmɐ eṣtáᵬa komɔ prensáðɐ ị kọⁿṣtrəɲída ' déɲ

trɔ ðé ụŋ kwérpɔ misəráble || sə ənsaɲĉábɐ ị kreθíɐ ma

rɐᵬịḷósɐmɛ̃ɲte ' al- aḷársə sólɐ kọn sw ámɔ yɐmígɔ ||| xụɲ

to á əḷ ' tɐníɐ əspọɲtɐnɐịðáð ' agɐðéθɐ ' sensibịḷịdað ' gráθjɐ '

donɔsúrɐ ' faɲtɐsíɐ ||| aḷ sepɐrársə || paréθə ke sə θɐr̄ábɐn

sobre éḷa ' laz négrɐs pwértɐẓ ðé ụnɐ prisjón |||

pwəz yó dígo || ke ịrémɔs- ɐðóɲdə tú kjérɐs | ọᵬ

sɐrbɔ éḷ θjégɔ ||| me gúṣtɐ ɔbeðəθértə || sị tə paréθə ᵬjén '

irémos- aḷ ᵬóskə ' ke eṣtá más- aḷá də saḷdəórɔ ||| éṣto ' si

tə paréθə ᵬjén |||

bwénɔ ' bwénɔ | irémɔs- ɛ̀l ᵬóskə | esklɐmó lɐ nɛ́la

6. krịatúrɐ, a veces, krjɐtúrɐ, pág. 126.— 13. pwəz yó, la z suena
como una débil j francesa.— 15. saḷdəórɔ, con o sin sinéresis.

batiendo palmas—. Pero como no hay prisa, nos senta-
remos cuando estemos cansados.

—Y que no es poco agradable aquel sitio donde está la
fuente, ¿sabes, Nela?, y donde hay unos troncos muy grandes, que parecen puestos allí para que nos sentemos nos-   5
otros, y donde se oyen cantar tantos, tantísimos pájaros,
que es aquello la gloria.

—Pasaremos por donde está el molino de quien tú dices que habla mascullando las palabras como un borra-
cho. ¡Ay, qué hermoso día y qué contenta estoy!   10

—¿Brilla mucho el sol, Nela? Aunque me digas que sí
no lo entenderé, porque no sé lo que es brillar.

—Brilla mucho, sí, señorito mío. ¿Y a ti qué te importa eso? El sol es muy feo. No se le puede mirar a la cara.

—¿Por qué?   15

—Porque duele.

—¿Qué duele?

Línea 4. **doŋdǝ áį únɔş**, lá **į** acaba casi como una y.— 11. **néle**
podría también pronunciarse con entonación descendente.—

ƀatjéṇdɔ pálmɐs ||| perɔ komɔ nɔ áị prísa || nòs seṇtɐ

rémòs kwaṇdɔ əṣtémòs kansáđòs |||

    ị kə nɔ és pókɔ ɛ̇grɐđáƀlə ¹ ɐkɛ́l sítjɔ đoṇdə əṣtá lɐ

fwéṇtə | sáƀəz néla | ị đoṇdə áị únọṣ tróŋkòz mwí gráṇ

dəs ¹ kə paréθəm pwéstɔs- alị | parɐ kə nòs seṇtémòz no

sótròs | ị đoṇdə sə óyəŋ kaṇtár táŋːtòs ¹ taṇtísịmòs páxarọs ||

kɔ és- ɐkɛ́lɔ lɐ glórjɐ |||

    pasɐrémòs pọr đoṇdə əṣtá əl molíno || de kjəŋ tú đí

θəs | kə áƀlɐ maskɯlándɔ lɐs palábrɐs ¹ komó ụm bọ̄rá

ĉɔ ||| áị kɛ́ ɐrmósɔ đía ¹ ị kɛ́ koṇtéṇtɐ əṣtóị |||

    bríḷa múĉɔ əl sọ́l ¹ nélɐ ||| aụŋkə mə đígɐs kə sí |

nó lɔ əṇteṇderé | pọrkə nó sé lɔ ke éz bríḷáɹ |||

    bríḷɐ múĉɔ ¹ sí ¹ seṇɔritɔ míɔ ||| jɐ tí kɛ́ tə ịmpọ́r

tɐ ésɔ ||| el sọ́l- éz mwí féɔ ||| nó sə lə pwédə mirar- ɐ lɐ kárɐ |||

    pọr ké |||

    pọrkə đwélə ||||

    ké đwélə |||

13-14. ịmpọ́rtɐ ésɔ, las vocales ɐ é, en una lectura más rápida,
pueden reducirse también a una sola sílaba.

—La vista. ¿Qué sientes tú cuando estás alegre?

—¿Cuándo estoy libre, contigo, solos los dos en el campo?

— Sí.

—Pues siento que me nace dentro del pecho una fres-   5
cura, una suavidad dulce...

—¡Ahí te quiero ver! ¡Madre de Dios! Pues ya sabes cómo brilla el sol.

—¡Con frescura!

—No, tonto.   10

—¿Pues con qué?

—Con eso.

—Con eso; ¿y qué es eso?

—Eso— afirmó nuevamente la Nela con acento de la más firme convicción.   15

—Ya veo que esas cosas no se pueden explicar. Antes me formaba yo idea del día y de la noche. ¿Cómo? Verás:

Línea 7. **pwez yá**, la z se pronuncia casi como ž (*j* france-sa).— 16. **ŷá**, o también **yá**; **béɔ** suele pronunciarse formando una

lɐ b̞ís̯tɐ ||| ké sjéntəş tú kwaņdo̞ əştás- ɐlégrə |||

kwaņdo̞ əştó̞i̯ líb̞rə | ko̞ņtígo | só̞lò̞z lò̞ẓ d̞ó̞s- ən- ə̀l

kámpo̞ |||

sí |||

pwəs sjéņto̞ ke mə náθə d̞éņtro̞ d̞ę̞l pé̞ĉo̞ | únɐ fres-

kúrɐ | únɐ swɐb̞i̯d̞ád̞ d̞ú̞i̯:θə |||

ái̯ to̞ kjéro̞ b̞é̞ɹ | mád̞re d̞ə d̞jó̞s ||| pwəz yá sáb̞əs

kómo̞ b̞ríɟ̞ɐ ə̀l só̞l |||

ko̞m freskúrɐ |||

nó: tó̞ņto̞ |||

pwəs ko̞ŋ ké |||

kon- éso̞ |||

kon- éso̞ ||| ɪ ke és- éso̞ |||

é:so̞ | afi̞rmó nwéb̞ɐmẽ̞ņtə lɐ nélɐ | ko̞n- aθéņto̞ d̞ə lɐ

más fi̞rmə ko̞mbi̞gθjó̞n |||

ŷá b̞é̞o̞ ke ésɐs kósas || nó sə pwéd̞ən- espli̞káɹ ||| áņtes |

mə fo̞rmáb̞ɐ yó̞ i̞d̞éa d̞ò̞l díɐ i̞ d̞ə lɐ nóĉə ||| kómo | b̞erás |||

sola sílaba; pueden omitirse las pausas después de kósɐs y de
áņtes.— 17. kómo, con entonación uniforme o ascendente.

era de día cuando hablaba la gente; era de noche cuando la gente callaba y cantaban los gallos. Ahora no hago las mismas comparaciones. Es de día cuando estamos juntos tú y yo; es de noche cuando nos separamos.

—¡Ay, divina Madre de Dios!— exclamó la Nela, echándose atrás las guedejas que le caían sobre la frente—. A mí, que tengo ojos, me parece lo mismo.

BENITO PÉREZ GALDÓS, *Marianela.*

257.— *Juan José.*— ¡Rosa!... ¡Rosa!... ¿No me contestas? ¡Mírame! ¿No quieres mirarme?...

Rosa.— ¡Verme como me veo por él y pegarme encima!... ¡Era lo único que faltaba, y ya llegó!...

Juan José.— ¡Oye; por lo que más aprecies en el mun-

Línea 2. aɔrɐ, dicho con cierto énfasis, se pronuncia áǫra, sin reducir las dos vocales a una misma sílaba, § 147.— 4. tǫ i yó, o también twí yo.— 7. téŋgo ǫ:xɘs, las dos vocales o ǫ, en una lectura más rápida se reducirían simplemente a ǫ.— 9. En la transcripción de este texto, no obstante el carácter popular madrileño de los personajes que en él figuran, se ha procurado

érɐ ðə ðía | kwaɳdɔ ɐbláɓɐ lɛ̌ xéɳtə ||| érɐ ðə nóĉe | kwaɳ

dɔ lɛ̌ xéɳtə kaḷába ᴵ i̯ kantáɓɐn lòz gáḷòs || á̯òra nɔ ágɔ

lɐz mízmas kọmparɐθjónəs ||| éẓ ðə ðía ᴵ kwaɳdo əṣtámòs

xúɳtòṣ tú i̯ yó || éẓ ðe nóĉe ᴵ kwaɳdɔ nòs sepɐrámòs ||

     á i̯ ðibínɐ máðrə ðə ðjọ́s | əsklɐmó lɐ néla ᴵ əĉáɳ   5

dɔsə atráz lɐz geðéxɐs | kə lə kaíɐn soɓrə lɐ fréɳtə |||

a mí kə téŋgo ọ́:xọs ᴵ mə paréθə lɔ mízmɔ ||

          beníto pérəẓ gaḷdọ́s ||| marjɐnélɐ |||

    257.— xwaɳ xɔsé || r̄ọ́sɐ ||| r̄ọ́:sɐ || nõ̌ mə kọɳtéṣ

tas ||| mírame || nó kjérəz mirá:rmə ||| 10

    r̄ọ́sɐ ||| bɛ́rmə komɔ mə ɓéɔ por- él̦ ᴵ i pegármə eɳθí

mɐ ||| éra ló unịko kə faḷtá:bɐ ᴵ ị yá ḷegó |||

     xwaɳ xɔsé ||| ọ́yə | pọr lo kə más apréθjes ən ə̀l mũ̌ɳ:

representar, como en los trozos anteriores, la pronunciación
corriente entre las personas ilustradas. El nombre del perso-
naje que habla se enuncia en tono bajo y suave o se omite.—
11. béɔ, con o sin sinéresis.— 12. ló unịko, o también, sin sinalefa, lo únịko; faḷtá:bɐ puede también terminar con entonación
ascendente.

do, oye!... ¡Quítate las manos de la cara! ¡Así!... ¡Que yo
te vea! ¡Que pueda mirarte!

Rosa.— ¡Déjame! ¿No dices que soy mala?... De lo malo
se huye. ¡Déjame!

Juan José.— ¡Dejarte! ¡Pues si todo lo que hago es por   5
miedo a quedarme sin ti! ¡Si te quiero más que a las niñas de mis ojos!... ¡Si al ponerte la mano encima he sentido el golpe aquí dentro!... ¡Si me ha dolido más que a ti!...
¿No comprendes que me ha dolido más que a ti?...

Rosa.— Comprendo que me has maltratado sin motivo.   10
¿Qué te he hecho para que me maltrates? Cuando todo me
falta, ¿a quién voy a volverme?...

Juan José.— ¡A mí, Rosa, a mí! Si te digo que tienes
razón; que he procedido malamente; que me perdones...
Pero tú no sabes lo que es encelarse de una mujer que   15
vale para uno lo que la Virgen del altar, y tener hinca-

Líneas 3-4. **de lɔ málo se úyə**, dicho con menos afectación,
desaparecería la pausa después de **málo**, y podrían reducirse
a una sílaba las vocales **e ú** de **se úyə**.— 5. **kə ágɔ**, con sinalefa
o sin ella, según el énfasis con que se hable.— 11. **te é éĉɔ**, las

dɔ | ó:yə ||| kítate laz mánòẓ ðə lɐ ká:rɐ ||| a:sí: || ke yó

tə ɓé:ɐ || kɔ pwédɐ mirá:rtə |||

·r̄ọsɐ ||| dẹ́xɐmə || nó ðíθəs kə sọ́i̯ mála || de lɔ málo |

se úyə ||| dẹ́xɐme |||

xwaŋ xɔsé ||| dexá:rtə ||| pwes sı tóðo lɔ kə ágo | és pọr   5

mjéðɔ ɐ keðárme siŋ tí ||| si tə kjérɔ má:s kə ɐ laz nı̃:

ŋaẓ də mis- ọ́:xòs ||| sı̯ ɐl ponẹ́rte lɐ mã́nɔ əŋθí:ma | é seṇtí

dɔ əl gólpə ɐkí ðéṇ:trɔ ||| si mə á ðolíðo más kə ɐ tí: |||

nó kọmpréṇ:des kə mə á ðolíðo más kə ɐ tí: |||

r̄ọsɐ ||| kọmpréṇdo | kə mə áz maḷtrɐtáðɔ sı̣m motíbɔ ||| 10

ké te é éêɔ para kə mə maḷtrátəs ||| kwaŋdɔ tóðo me

fáḷ:ta | ɐ kjém bọ́i̯ ɐ ɓọlɓḗrmə|||

xwaŋ xɔsé ||| a mí: r̄ọsa ꞇ a mí: ||| si tə ðígo kə tjénɐɹ

r̄aθón: | ke é proθeðíðɔ málɐméṇ:tə | ke mə pẹrðó:nəs |||

pero tú nó sáɓəz | lɔ ke és- əŋθəlársə ðé ụnɐ mụxé:ɹ | ke   15

ɓálə parạ́ ụnɔ | lo kə la ɓírxəŋ dəl aḷta:ɹ || ı̣ tenér- ıŋká:

tres e é é forman de ordinario uŋa sílaba, reduciéndose a una
sola é larga y progresivamente ̦cerrada.— 12. bọ́i̯ ɐ, la i̯ se reparte entre las dos sílabas, modificándose en i̯-y, según lo dicho
en la pág. 146.— 16. parạ́ ụnɔ, o sin sinalefa, parɐ únɔ.

da en el corazón esta espina. ¡Ojalá y no lo sepas nunca!...

Es un dolor muy perro; y cuando a uno le viene la basca,

no da cuenta de sí. ¡Se aturulla la cabeza, se llenan los

ojos de sangre, se levantan los puños sin querer, ocurre

lo que ocurre, sin que uno mismo pueda evitarlo, y   5

se acabó!

Rosa.— Y porque a ti te entren esas bascas y des en

recelarte de mí y de cualquiera, ¿voy yo a sufrir tus pron-

tos y a quedarme luego tranquila hasta que se te ocurra

recelar otra vez?   10

Juan José.— No, Rosa; ¡te juro que no!; ¡te lo juro!...

Ya no dudo; te creo... Dime lo que te dé la gana, y te

creo. ¡Me hace tanta falta creer en ti!...

Rosa.— Si te hace falta, ¿por qué te empeñas en lo con-

trario? ¿Por qué en vez de oírme la emprendes a trastazos   15

Línea 1. ǫxalá i̦ nó suele también pronunciarse alargando
la á acentuada y deshaciendo el diptongo que dicha á forma con la *i* siguiente.— 2. kwaṇdɔ á u̦nɔ, o también kwaṇdɔ
ɛ́ ún̦ɔ, reduciendo la sinalefa a las vocales ɔ, ɛ́ y pronunciando
la **ú**, con acento, en sílaba distinta.— 8. ɗə mí i ɗə, las dos **í**, i

đɐ ən- əl korɐθón- éṣtɐ əspínɐ ||| ọxalá į nó lɔ sépaz nũ̄ŋːkɐ ||

és- ų̄ŋ dolọ́r mwí pę́r̄o ||| ı̣ ꞌkwaŋdɔ ą́ ųnɔ lə bjénə lɐ bǎ̄ska ||

nó dá kwéŋtɐ đə sí ||| sə ɐtų̄r̄ų́la lɐ kaɓéθɐ | se l̶énãn lɔs

ǫ́xọẓ̣ də sǎ̄ŋːgrə | se leɓáŋtan lòs púŋòs sįŋ kerę́ːɹ | okų́r̄ę̣

lɔ kə ɔkų́r̄ę̣ ꞌ sįŋ ké ųnõ mízmo pwéđɐ əbı̣tárlo || i   5

se ɐkaɓó |||

r̄ọ́sɐ ||| ı̣ pọrkə ɐ tí te éŋtrən- ésaz bǎ̄skɐs ꞌ i đés- en

r̄ę̣θəlártə đə mí i đə kwa̧lkjéra || bọ́į yɔ ɐ sufrı̣́r tųs prọ́ŋ

tòs ꞌ ja keđármə lwégɔ traŋkı̣́la ꞌ aṣta kə se tə ɔkų́r̄a

r̄ę̣θəlár- ótrɐ bę́θ ||| 10

xwa̧ŋ xɔsé ||| nọ́ː r̄ọ́sa ||| tę̣ xúro ke nó ||| te lọ xúːrɔ |||

ŷá nó đúːđo ||| te kréɔ ||| díme lo kə tə đé lɐ gána || ı̣ te

kréɔ ||| mə áθə táŋta fáːl̶tɐ krę̣ę́r- eŋ tí |||

r̄ọ́sɐ ||| si tə áθə fál̶tɐ ꞌ pọr ké tə̣ əmpéŋas- ən lɔ kọŋ

trárjɔ ||| pọr ké em béẓ̣ đə ôı̣rmə | lɐ əmpréŋdəs- ɐ traṣtáθòs   15

se reducen a una sola í larga y progresivamente abierta.—
9, ja o ya.— 12. gána, también con entonacıón ascendente.—
14. fál̶ta, con entonación uniforme o ascendente.— 15. béẓ̣ đə,
según se pronuncie con más o menos fuerza, suelen producirse
también las formas béθ đə, béẓ̣ ẓ̣ə o béđ đə.

conmigo?... ¡Buen modo tienes tú de arreglar las cosas

y de consolar a una!

Juan José.— ¡Es que me has tratado de una forma,

y me has dirigido unas expresiones tan duras!...

Rosa.— ¿No eran verdad?... ¡Qué culpa me tengo de que   5

la verdad no sepa mejor!...

Juan José.— ¡Verdad, sí, verdad! Todas tus palabras

lo son. Verdad que yo me digo a cada momento, cuan-

do entro aquí y te veo desesperada, sola, malviviendo

de la compasión de los vecinos...¡ Tú, por quien yo he so-   10

ñado lo que no había soñado nunca, lo que no me ha traí-

do nunca con pena: ser rico, muy rico, como esos que

pasean en coche!... ¡Tú, por cuyo bienestar arrancaría

piedras con los dientes!... ¡Tú, que sufres, que no puedes

resistir más, porque no puedes, porque si esto sigue, si   15

no traigo a casa lo preciso, tú tendrás que abandonarme,

y harás bien, porque no has nacido para sufrir y para mar-

Línea 2. ʙ únʙ o a únʙ.— 11-12. **traído**, en pronunciación más
rápida **tráiḍ̥**, reduciendo a un diptongo las dos primeras vo-

koᵐmíıgo ||| bwéᵐ módo tjénəş tú də ṛṛeglár lɐs kósas |

i də konsolár- ɐ únɐ |||

xwaŋ xosé ||| és kə mə áş trɐtádo đé ʊnɐ fórma |

i mə áẓ dirtxído ʊnas- esprəsjónəş taŋ dú:rɐs |||

ṛ́ósɐ ||| no éram bɐrđá:đ ||| ké kúlpa mə téŋgo |də kə   5

lɐ bɐrđáđ nó sépɐ mɐxóɹ |||

xwaŋ xosé ||| bɐrđáđ | sí: | bɐrđá:đ ||| tóđaş tʊs palábraz

lo són ||| bɐrđáđ kə yó mə đigo ɐ káđɐ mõméṇ:to | kwaŋ

do éṇtro ɐkí | i tə ƀəó đesespərádɐ | só:lɐ | maḷbɩbjéṇ:do

də lɐ kompɐsjón də lòz ƀeθínòs ||| tú: | por kjeŋ ŷo é so   10

ṇá:đo | lo kə no ábja soṇádo nũŋ:kɐ | lo kə nó mə á traí

do nũŋka kom pena ||| sɐ́r ṛ́íko | mwí ṛ́íko | komo ésos kə

paséɐn- ẽŋ kóĉə ||| tú: | por kuyo bjeneştá:r || aṛaŋkaría

pjéđrɐs koŋ loẓ đjéṇ:təs ||| tú ke súfres | ke nó pwéđɐɹ

ṛesiştír má:s ||| porkə nó pwéđəs | porkə sj éşto sigə | si   15

nó tráigo ɐ kásɐ lo preθíso || tú teṇdrás kə abaṇdoná:rme |||

jaráẓ bjén | porkə no áẓ naθíđo parɐ sufriɹ || ɪ parɐ mar

cales.— 13. paséɐn o pasəán, reduciendo en este segundo caso
a una sola sílaba las vocales *ea*.— 17. jaráẓ, o también yaráẓ.

tirizarte!... ¡Ahí tienes lo que yo imagino, lo que pienso,

mientras el frío me hiela las lágrimas en los ojos!... ¡Pero

cuando tú me lo dices, entonces creo que yo no soy

nadie para ti, que estás deseando dejarme, que no me

quieres, que quieres a otro, que ese otro va a robarme el   5

cariño tuyo; y se secan mis lágrimas, y me vuelvo loco,

y me dan ganas de matarte!...

   Rosa.— ¡Calla! ¡No pongas ese gesto! ¡Me asustas!

JOAQUÍN DICENTA, *Juan José.*

Línea 3. **kréɔ**, en pronunciación más rápida **krɔɔ**, formando una sola sílaba.— 4. **desɔáɲdɔ** puede también pronunciarse formando con las vocales **ɔá** dos sílabas distintas; véase pág. 155.—

tịrịθártɔ ||| áị tjénəz lɔ kə yǫ́ ịmạxíno ' lo kə pjén:so ||

mjəṇtrɐs- ẹl frío ma yéla laz lágrịmas- ən los- ọ́:xòs ||| perɔ

kwaṇdɔ tú mə lɔ đíθəs || eṇtǫ́ṇ:θe:s ' kréɔ kə yó nó sǫ́ị

náđjə parɐ tí: | kə eṣtáẓ desəáṇdɔ đẹxá:rmə | ke nó mə

kjé:rəs | ke kjérəs- ạ ótrɔ | ke ésə ótro đá a r̄ọđármẹ ẹl   5

karíɲɔ túyʊ ||| ị sə séka̱ₘ mịz lágrịmɐs | ị mə đwẹ́l:đo ló:ko ||

ị mə đáɲ gá:naẓ đə matártə |||

     r̄ọ́sɐ ||| kálạ ||| nó pǫ́ngas- ésẹ xéṣto ||| mə ɐsúṣtɐs |||

           xɔakị́ṇ điθéṇtɐ ||| xwạn xɔxé |||

---

5. ạ ótrɔ, o también alguna vez ạ́ɔtrɔ, reduciendo a sinalefa las
dos primeras vocales; ésə ótro puede, por el contrario, descom-
poner la sinalefa, formando dos sílabas con las vocales ə ó.

ÍNDICE DE MATERIAS

a: media 34, 54; ejercicio 201 [1].

a: palatal 34, 55.

ɐ: relajada 44, 57.

ą: velar 34, 56; ejercicio 202.

abierta: articulaciones abiertas 13; vocales abiertas y cerradas 34.

acento: concepto del acento 23; acento de intensidad, de cantidad y tónico o de altura 23; cambio de lugar del acento 152; el acento de intensidad y la función sintáctica de las palabras 165; clasificación de las palabras por el acento 161-163; acentuación del plural 164; acentuación de las formas verbales 166; palabras inacentuadas 167-170; diferencias de acentuación entre la pronunciación y la escritura 171; el tono y el acento 183; el acento en la frase 172; acento musical o *tonillo* 181; acento rítmico 173.

acentuado: sonido acentuado 23.

acuidad: escala de acuidad o de altura 35.

adverbios inacentuados 169.

afirmación: entonación correspondiente a las oraciones declarativas 184; ejercicios 234-238.

africada: articulaciones africadas 13; ĉ 118; ŷ 119.

aguda: entonación aguda 19; palabras agudas 162.

agudo: sonidos agudos con relación al tono 19; con relación al timbre 20.

ahí 147.

ahora 147.

aire espirado 9.

alargada: fricativas alargadas y redondeadas 13.

alfabeto fonético 31.

altura musical 19.

alveolar: articulaciones alveolares 12; descripción de las consonantes alveolares 106-117.

alvéolos 11.

andaluz: su semejanza con el hispanoamericano 2.

---

[1] Las cifras remiten a los párrafos correspondientes.

apical: articulaciones apicales 12.

ápice o punta de la lengua 12.

aritenoides 10.

articulación: sus dos acepciones fonéticas 11; punto de articulación 12; clasificación de los sonidos por el punto de articulación 12; modo de articulación 13; clasificación de los sonidos por el modo de articulación 13; tiempos de la articulación 14; articulaciones sordas y sonoras 15; articulaciones bucales y nasales 16; conjunto de la articulación 17.

artículos: su acentuación 170.

ascendente: entonación ascendente 19, 182; ejercicio 231.

ascendente-descendente o entonación circunfleja 19; ejercicio 233.

asimilación entre consonantes 156.

áspera: articulación áspera, por sorda 15.

aspiración 9.

aspirada: consonantes oclusivas aspiradas 73.

ataque: ataque duro y ataque suave en la pronunciación de las vocales 40.

átono: sonidos átonos o débiles 22 n.; sílabas tónicas y átonas 28.

aún 147.

b: bilabial 12; oclusiva 12; sonora 15; su tensión 71; su sonoridad 74; su uso en relación con la fricativa ƀ 75; descripción de su articulación 80; ejercicio 211.

b: pronunciación de la *b* en los grupos *bm, bt, bs, bc, bsc, bst,* etc., 80, 82, 84, 156.

ƀ: bilabial 12; fricativa alargada 13; sonora 15; su tensión 71; su uso en relación con la oclusiva b 75; descripción de su articulación 81; modificaciones de su sonoridad 82; ƀ procedente de *p* 83; ƀ relajada 84; ejercicio 212.

ƀ̥: ensordecimiento de la ƀ 82.

bilabial: articulaciones bilabiales 12; pronunciación de las consonantes bilabiales 79-87.

bilabiovelar: articulaciones bilabiovelares 12.

bocado de Adán 10.

breve: sonidos largos y breves 21.

bronquios 9.

bucal: articulaciones bucales 16.

c: para la pronunciación de la *c* con el sonido *ce, ci,* véase al fin de este índice el signo θ; para *ca, co, cu,* véase k; pronunciación de la *c* en los grupos *cc* y *cn* 128, 156.

ĉ: palatal 12; africada 13; sorda 15; descripción de su

articulación 118; ejercicio 226.

campo de la articulación 11.

canal vocal 12.

cantidad: cantidad absoluta y relativa 21, 174; rapidez ordinaria de la conversación 175; cantidad vocálica 176-178; diferencias de duración entre las consonantes 179; cantidad silábica 180.

castellano popular 3.

cavidad bucal 11, 12; laríngea 11; nasal 11, 16; torácica 9.

ceceo 108.

cerrada: vocales abiertas y cerradas 34.

circunfleja: entonación circunfleja 233.

coma: no equivale siempre a una pausa 184.

complementarias: entonación de las proposiciones complementarias 185; ejercicios 236-237.

conjunciones: su acentuación 170.

consonantes: cuadro de las consonantes españolas 78; clasificación de las mismas por el punto de articulación 12, 76; por el modo de articulación 13; consonantes sordas y sonoras 15; bucales y nasales 16; descripción de las consonantes españolas 71-132; diferencias de tensión según la posición de las consonantes con respecto al acento 71; según la posición en el grupo fonético 72; duración de las consonantes 179; enlace de vocales y consonantes 153-154; enlace de las consonantes entre sí 155-156; caracteres generales de las consonantes españolas 132.

constrictiva: articulaciones constrictivas o fricativas 13.

continua: articulaciones continuas o fricativas 13.

conversación: su rapidez ordinaria 175.

cricoides 10.

cualidades físicas del sonido 18.

cuerdas vocales 10.

ch: véase ĉ.

d: dental 12; oclusiva 13; sonora 15; descripción de su articulación 99; diferencias de tensión 71; sonoridad 74; relaciones entre la d y la đ 75; ejercicio 211.

đ: dentointerdental 12; fricativa 13; sonora 15; descripción de su articulación 100; modificaciones de su tensión 71; sus relaciones con la d 75; diferencias entre la đ y la *th* sonora inglesa 100; la *d* en la terminación *-ado* 101; la *d* final de sílaba 100, 156; la *d* final de palabra 102; ejercicio 212.

débil: articulación débil en el sentido de sorda 15; sonidos débiles 22; débil, por menos perceptible 25.

dental: articulaciones dentales 12; pronunciación de las consonantes dentales 98-105.

dentalización de *n* 103; de *l* 104; de *s* 105.

descendente: entonación descendente 19, 182; ejercicio 232.

diafragma 9.

dientes 11.

diferencias de pronunciación entre las regiones españolas y entre España y América 2; entre el habla popular de Castilla y la lengua culta 3.

diptongación: leve tendencia de la vocal alargada a la diptongación 43.

diptongos 66.

distensión: tiempo de la articulación 14.

dorsal: articulaciones dorsales 12.

dulce: articulación dulce, por sonora 15.

duración: véase cantidad.

duro: sonido duro, por sordo 15; ataque vocálico duro 40.

e: cerrada 51; corresponde a la serie-palatal 12, 34; ejercicio 199.

ẹ: más cerrada que la anterior 34.

ę: abierta 52; ejercicio 200.

ǝ: relajada 44, 53.

enlaces fonéticos 133; enlace de las vocales entre sí 134-150; enlace de vocales y consonantes 153; enlace de consonantes 155-156.

enclítica: palabras enclíticas y proclíticas 27.

endoscopio 10 n.

enseñanza de la pronunciación 6.

entonación: concepto de la entonación 19; entonación normal, ascendente, descendente, etc., 19; caracteres generales 181; opiniones sobre la entonación española 181; entonación de las palabras aisladas 183; ejercicios 231-233; entonación del grupo fónico 182; tipos principales de la entonación española 184-192; ejercicios de entonación 231-252.

enumeración: entonación de las oraciones enumerativas 188; enumeración final de frase, págs. 221-222; enumeración no final, página 224; enumeración incompleta, pág. 223; enumeración distributiva, pág. 224; ejercicios 242-246.

escala de acuidad 35; de perceptibilidad 25.

esdrújula: palabras esdrújulas 163.

espiración 9.

espirante: consonantes espirantes o fricativas 13.

exclamación: entonación de las oraciones exclamativas 190; ejercicio 251.

explosiva: consonantes explosivas e implosivas 13.

f: labiodental 12; fricativa 13; sorda 15; descripción de su articulación 88.

faringe 11.

final: posición final de palabra y final absoluta 29; influencia de la posición final en el hiato, sinéresis y sinalefa 151.

fonación 10.

fonética: tratados de fonética general 32; de fonética española 7.

fonógrafo 10 n.

fosas nasales 16.

fricativa: articulaciones fricativas alargadas, redondeadas, laterales 13; uso de las fricativas ƀ, đ, g 74; ejercicio 214.

fuerte: articulación fuerte o sorda 15; sonidos fuertes y débiles 22; fuerte en el sentido de más perceptible 25 n.

fuerza espiratoria 22.

g: velar 12; oclusiva 13; sonora 15; modificaciones de su tensión 71; grado de sonoridad 74; la g y la g 75; pronunciación de la g 126; ejercicio 211.

g: velar 12; fricativa 13; sono-

ra 15; modificaciones de su tensión 71; frecuencia de su uso 75; descripción de su articulación 127; ejercicio 212.

g: para la pronunciación de la g en los casos ge, gi, véase x.

glotis 10; acción de la glotis en la pronunciación de las vocales 40.

gramófono 10 n.

grave: entonación grave 19; sonidos graves y agudos con relación al tono 19; con relación al timbre 20.

grupo fonético 26; de intensidad 27; tónico 28; fónico 29; entonación del grupo fónico 182; grupo vocálico, vacilaciones de su pronunciación 134-152.

h: no representa actualmente sonido alguno en la escritura española 77.

hiato 68, 134-146; en las formas ahora, ahí, aún 147; en los grupos ia, ui, iu 148-150.

hispanoamericano: su semejanza con el andaluz 2.

i: cerrada 12, 34, 45; ejercicio 195.

i̯: abierta 46; ejercicio 196.

ɪ: relajada 44, 47.

i̯: semivocal 48; ejercicio 197.

i: semiconsonante, véase j; la i en la sílaba hie inicial de palabra 49; ejercicio 198.

ía: hiato y sinéresis de este grupo 148.

implosiva: consonante implosiva 13.

inacentuación de ciertas palabras 165-170.

indicador laríngeo 10 n.

inicial: posición inicial de palabra e inicial absoluta 29.

intensidad: concepto de la intensidad 22; sonidos fuertes y débiles 22; la intensidad y la tensión muscular 22; la intensidad y el tono 183 y pág. 25 n.; la intensidad y la perceptibilidad 27; diferencias de intensidad 157; causas que las determinan 158; la intensidad histórica o tradicional 159; determinación del lugar que debe ocupar el acento en cada palabra 160; clasificación de las palabras por el lugar del acento 161-163; acentuación del plural 164; el acento y la inacentuación 165; acentuación de las formas verbales 166; nombres inacentuados 167; pronombres inacentuados 168; adverbios inacentuados 169; partículas inacentuadas 170; diferencias de acentuación entre la pronunciación y la escritura 171; el acento en la frase 172; cambios de lugar del acento 152.

intensión: tiempo de la articulación 14.

interdental: articulaciones interdentales 12; pronunciación de las consonantes interdentales 92-97.

interdentalización de *n* 95; de *l* 96; de *t* 97.

intervalo 19.

interrogación: entonación de las oraciones interrogativas 189; interrogación absoluta y relativa, pág. 226; interrogación compuesta, página 228; preguntas en que interviene un pronombre o adverbio interrogativo, páginas 229-230; ejercicios 247-251.

iu: hiato y sinéresis de este grupo 150.

j: para la pronunciación de la *j* véase el signo x.

j: semiconsonante palatal 49.

k: velar 12; oclusiva 13; sorda 15; modificaciones de su tensión 71, 72; forma pura y aspirada 73; pronunciación 125; la k en el grupo *ct* 125, 156; en los grupos *cc, cn* 128, 156, y en el grupo *cs* o *x* 129, 156; la k final 125; ejercicio 215.

l: alveolar 12; lateral 13; sonora 15; descripción de su articulación 111; sus asimilaciones, relajación, confusión con la *r*, etc., 111 y 156 *f*; ejercicio 222.

ļ: interdental 12; lateral 13; sonora 15; carácter 76; pronunciación 96.

l: dental 12; lateral 13; sonora 15; carácter 76; pronunciación 104.

ḷ: palatal 12; lateral 13; sonora 15; pronunciación 123; su confusión con la y 124; ejercicio 129.

labiodental: articulaciones labiodentales 12; pronunciación de las consonantes labiodentales 88-91.

labios 11; su intervención en la pronunciación de las vocales 37.

largo: sonidos largos y breves 21.

laringe 10.

laringoscopio 10 n.

lateral: consonantes laterales 13 y 156 *f*; ejercicio 222.

lengua 11: partes de la lengua que forman las articulaciones 12; acción de la lengua en las vocales 34.

ll: véase ḷ

llana: palabras llanas 161.

m: bilabial 12; nasal 16; sonora 15; pronunciación 85; *m* final 86, 110.

ṃ: labiodental 12; nasal 16; sonora 15; carácter 76; pronunciación 89.

mandato: entonación de las oraciones imperativas 191.

mandíbulas 11; su intervención en la articulación de las vocales 39.

mejillas 11.

modo de articulación 13; clasificación de las articulaciones por el modo de producirse 13.

metafonía vocálica 42.

momentánea: consonantes momentáneas 13.

n: alveolar 12; nasal 16; sonora 15; su pronunciación 110; sus asimilaciones 156; su pronunciación en las sílabas *ins-, cons-, trans-* y en posición final 110; *n* ante labial 87; en el grupo *nm* 110; ejercicio 221.

ṇ. interdental 12; nasal 16; sonora 15; carácter 76; pronunciación 95.

ṇ: dental 12; nasal 16; sonora 15; carácter 76; pronunciación 103.

ŋ: velar 12; nasal 16; sonora 15; carácter 76; pronunciación 130.

ṇ: palatal 12; nasal 16; sonora 15; pronunciación 122; ejercicio 128.

nasal: articulaciones nasales 16, 156; nasal ante labial 87; bilabial 85; labiodental 89; interdental 95; dental 103; alveolar 110; palatal 122; velar 130; ejercicio 221.

nasalización de las vocales 38.

nombres inacentuados 167.

nuez o bocado de Adán 10.

numerales: su acentuación 167 *e*.

ñ: véase ṇ

o: cerrada 12, 34, 58; ejercicio 203.

ǫ: más cerrada 34.

ǫ: abierta 59; ejercicio 204.

ǝ: relajada 44, 60.

ö: palatal labializada 37.

o: conjunción 60.

oclusiva: articulaciones oclusivas 13; oclusivas explosivas e implosivas 13; oclusivas puras y aspiradas 73; sonoridad de las oclusivas **b**, **d**, **g** 74.

oclusivofricativas 13.

oración: la oración como unidad fonética 30.

órganos activos y pasivos de la articulación 11, 12.

p: bilabial 12; oclusiva 13; sorda 15; pura o aspirada 73; modificaciones de su tensión 71, 72; descripción de su articulación 79; la *p* final de sílaba en los grupos *pt, ps, pc,* 71, 79, 83, 156; ejercicio 215.

palabra: entonación de la palabra aislada 183; ejercicios 231-233; palabras agudas, llanas, esdrújulas y sobresdrújulas 161-163; palabras inacentuadas 165-170.

paladar 11.

palatal: articulación palatal 12; vocales palatales 34 y 45-53; consonantes palatales 118-124; ejercicio 230.

paréntesis: entonación de las oraciones encerradas entre paréntesis 186.

pausa 29, 30, 184.

perceptibilidad 24; no debe llamársele sonoridad 24 **n**.; escala de perceptibilidad 25.

plural: acentuación del plural 164.

posición inicial absoluta y final absoluta 29; el hiato, la sinalefa y la sinéresis en la posición acentuada final 151.

postalveolar 12.

postdental 12.

postónica: sílabas postónicas 28.

postpalatal 12.

postvelar 12.

prefijos *ab-, ad-, en-, in- des, sub-, nos-*: silabeo de su consonante final 154, 156.

prepalatal 12.

preposiciones: su acentuación 170.

proclítica: palabras proclíticas 27.

producción del sonido articulado 8.

pronombres inacentuados 168; acentuación de los pronombres enclíticos 173.

pronunciación: diferencias de pronunciación 2; pronunciación popular 3; pronunciación correcta 4, 5; estudios sobre pronunciación española 7; pronunciación de las vocales 33-70; pronunciación de las consonantes 71-132; de los sonidos agrupados 133-156.

proposiciones complementarias: su entonación 185; ejercicios 236-237.

protónica: sílabas protónicas 28.

pulmones 9.

punto de articulación 12; clasificación de las articulaciones por el punto en que se forman 12, 76.

pura: oclusivas puras y aspiradas 73.

q: véase **k**.

quimógrafo 10 n.

r: alveolar 12; vibrante 13; sonora 15; su pronunciación 112; su elemento vocálico 113; defectos de pronunciación relativos a la *r* 115; ejercicio 223.

ɹ: alveolar 12; fricativa 13; sonora 15; descripción de su articulación 114.

r̄: alveolar 12; vibrante 13; sonora 15; descripción de su articulación 116; diferencias entre la **r** y la r̄ 116; defectos relativos a la pronunciación de la *rr* 117; ejercicio 224.

redondeada: fricativas alargadas y redondeadas 13.

relajado: sonido relajado 22; tendencia de las vocales inacentuadas a la relajación 44.

resonador 13, 20, 33.

respiración 9.

rítmico: acento rítmico 173.

ruego: entonación de las oraciones que expresan súplica o ruego 192; ejercicio 252.

rr: véase r̄.

s: alveolar 12; fricativa redondeada 13; sorda 15; modificaciones de su tensión 71, 72; descripción de su articulación 106; diferencias entre la *s* española y la de otros idiomas 106; sonorización de la *s* 107; la *s* en el grupo *sr* 107, 156; variantes dialectales y vulgares de la pronunciación de la *s* 109; asimilaciones de la *s* 156 g; ejercicio 217.

ş: dentalización de la *s* ante las consonantes dentales t, θ, d, đ, 105.

semibreve 21.

semiconsonante 13.

semilarga 21.

semioclusiva 13.

semivocal 13.

seseo 93.

sílaba: concepto de la sílaba, fisiológica y acústicamente considerada 26; sílabas fuertes y débiles 22; sílaba acentuada 23; sílabas libres y trabadas 26; sílabas tónicas, átonas, protónicas, etc., 28; cantidad silábica 180.

silabeo: sus normas esenciales 153; silabeo de los grupos de vocales 134-152; de la consonante intervocálica

154; de dos consonantes iguales 155; de los grupos de consonantes diferentes 156; resumen 193; ejercicio 194.

sinalefa 69, 134-136; sinalefa de vocales iguales 137-138; de vocales diferentes 140-142; sinalefas violentas 143; ejercicio 209.

sinéresis: hiato y sinéresis 68, 134-136; sinéresis de vocales iguales 137-139; de vocales diferentes 140-141, 144-146; sinéresis de *ahora, ahí, aún* 147; de los grupos *ía* 148; *ui* 149; *iu* 150.

sobresdrújula: palabras sobresdrújulas 160.

sonido: producción del sonido articulado 8; cualidades físicas del sonido 18; enlace de los sonidos agrupados 139-156.

sonora: articulaciones sordas y sonoras 15.

sonoridad: cualidad del sonido sonoro 15; en el sentido de perceptibilidad 24 n.

sordas y sonoras 15.

sordez: cualidad del sonido sordo 15.

suave: articulación suave, por sonora 15; ataque vocálico suave 40.

subordinación: entonación de las oraciones subordinadas 187; ejercicio 241.

súplica: véase «ruego».

t: dental 12; oclusiva 13; sorda 15; diferencias de tensión 71, 72; forma pura o aspirada 73; descripción de su articulación 98; pronunciación de la *t* en los grupos *tl, tn, tm* 98, 156; ejercicio 215.

ţ: interdental 12; oclusiva 13; sorda 15; carácter 76; articulación 97, 156.

tensión: segundo tiempo de la articulación 14; tensión muscular 22; su relación con la fuerza espiratoria 22; la tensión de las consonantes según el acento 71; según la posición en el grupo 72.

tenso: sonido tenso 22.

textos fonéticos 253-257.

tiempo de la articulación 14.

timbre 20, 33; diferencias de timbre entre las vocales españolas 41; causas que la producen 42.

tiroides 10.

tónico: sílabas tónicas, átonas, etc., 28; sonidos tónicos, por fuertes 22 n.; grupo tónico 28.

tonillo o acento musical 181.

tono 19; tono agudo, grave y normal 19; en el sentido de acento 22 n.; relaciones entre el tono y el acento de intensidad 183 y pág. 25 n.

tráquea 9.

triángulo vocálico 36.

triptongos 67.

u: cerrada 12, 34, 61; ejercicio 205.

ṵ: abierta 62; ejercicio 206.

ṳ: relajada 44, 63.

ṵ: semivocal 64; ejercicio 207.

ü: palatal labializada 37.

u: semiconsonante, véase **w**; la conjunción *u* 65; ejercicio 208.

ui: hiato y sinéresis de este grupo 149.

unidad fonética 2; unidad de la pronunciación correcta 5.

uniforme: entonación uniforme 19.

uniformidad del sonido vocálico 43.

úvula 12.

uvular 12.

v: su pronunciación en español 90-91; ejercicio 213.

velar: articulaciones velares 12; vocales velares 34; pronunciación de las vocales velares 58-64; consonantes velares 125-131.

velo del paladar 11; movimientos del mismo 16.

vibrante: articulaciones vibrantes 13.

vocales: articulaciones abiertas o vocales 13; vocales nasales 16, 38; perceptibilidad relativa de las vocales 25; pronunciación de las vocales españolas 33-70; acción de la lengua en la articulación de las vocales 34; vocal neutra 34; vocales palatales y velares, abiertas y cerradas 34; acción de los labios

37; vocales palatales labializadas 37; acción de las mandíbulas 39; acción de la glotis 40; diferencia de timbre entre las vocales españolas 41, 42; tendencia a la diptongación 43; relajación de la vocal inacentuada 44; pronunciación de las vocales palatales 45-53; de la vocal *a* 54-57; de las velares 58-64; grupos de vocales: diptongos 66; triptongos 67; hiato y sinéresis 68; sinalefa 69; pronunciación de los grupos de vocales 134-151; circunstancias que debe reunir un grupo de vocales para poder reducirse a una sola sílaba 136; enlace de vocales y consonantes 153; cantidad de las vocales españolas 176-178; caracteres generales del vocalismo español 70; ejercicio de lectura para las vocales 210.

voz: producción de la voz 10.

w: *u* semiconsonante 12, 65.

x: articulación correspondiente a la *j* y a la *g (ge, gi);* velar 12; fricativa 13; sorda 15; descripción de su articulación 131; ejercicio 218.

x: pronunciación de la *x* ortográfica 129; ejercicio 219.

y: palatal 12; fricativa 13; sonora 15; pronunciación 120; formas anómalas de la y 121; ejercicio 227.

ŷ: palatal 12; africada 13; sonora 15; pronunciación 119; ejercicio 227.

y: pronunciación de la conjunción *y* 50.

yeísmo: pronunciación de la *ll* como *y* 124.

z: pronunciación de la *z* ortográfica, véase **θ**.

z: *s* sonora; alveolar 12; fricativa redondeada 13; sonora 15; carácter 76; pronunciación 107; ejercicio 217.

ẓ: dentalización de la *s* sonora ante las consonantes dentales **d**, **đ** 105.

ẓ: interdental 12; fricativa 13; sonora 15; carácter 76; articulación 94; ejercicio 216.

θ: articulación correspondiente a la *z* y la *c (ce, ci)*; interdental 12; fricativa alargada 13; sorda 15; diferencias de tensión 71, 72; pronunciación 92; sonorización de la *z* 94, 156; ejercicio 216.

TROZOS LITERARIOS

En los ejercicios de articulación y entonación y en los textos fonéticos se han utilizado trozos de los autores siguientes:

Páginas

ÁLVAREZ QUINTERO, S. y J., *Los Galeotes*....... 271
AZORÍN, *Las confesiones de un pequeño filósofo* 269
BAROJA, P., *La feria de los discretos*........... 266
BLASCO IBÁÑEZ, V., *La Barraca*...........247, 282
BENAVENTE, J., *El nido ajeno*................ 272
CERVANTES, *Don Quijote*.................... 264
Coplas populares...................262, 264, 267
DICENTA, J., *Juan José*..................... 296
JIMÉNEZ, J. R., *El jardinero sentimental*........ 273
MACHADO, A., *Galerías*.................... 245
MISTRAL, G., *Rondas de Niños*.............. 250
PALACIO VALDÉS, A., *Riverita*............... 270
PARDO BAZÁN, CONDESA DE, *Los Pazos de Ulloa* 252
PEREDA, J. M. DE, *El sabor de la Tierruca*...... 242
PÉREZ GALDÓS, B., *Marianela*............... 290
TORRE, C. DE LA, *En la vida del señor Alegre*.... 267
VALERA, J., *Juanita la Larga*................ 198
VALERA, J., *Doña Luz*...................... 237
VALERA, J., *Pepita Jiménez*................. 276
VALLE INCLÁN, R. M. DEL, *Sonata de Otoño*..... 260

Tanto en los ejercicios citados como en el capítulo relativo a la entonación los ejemplos y frases sueltas que se mencionan proceden en gran parte de obras de Antonio de Guevara, Gracián, Cervantes, Valera, Pérez Galdós, Palacio Valdés, Valle Inclán, Azorín y Pérez de Ayala.

ÍNDICE GENERAL

Páginas

INTRODUCCIÓN

1. Objeto de este libro.— 2. Diferencias de pronunciación.— 3. Pronunciación castellana popular.— 4. Pronunciación correcta española.— 5. Unidad de la pronunciación correcta.— 6. Enseñanza de la pronunciación.— 7. Tratados de fonética española   5

NOCIONES DE FONÉTICA GENERAL

8. Producción del sonido articulado.— 9. Respiración.— 10. Fonación.— 11. Articulación.— 12. Punto de articulación.— 13. Modo de articulación.— 14. Tiempos de la articulación.— 15. Articulaciones sordas y sonaras.— 16. Bucales y nasales.— 17. Resumen.— 18. Cualidades físicas del sonido.— 19. Tono.— 20. Timbre.— 21. Cantidad.— 22. Intensidad.— 23. Acento.— 24. Perceptibilidad.— 25. Escala de perceptibilidad.— 26. Grupos fonéticos. La sílaba.— 27. Grupo de intensidad.— 28. Grupo tónico.— 29. Grupo fónico.— 30. La oración como unidad fonética.— 31. Alfabeto fonético.— 32. Bibliografía   13

PRONUNCIACIÓN DE LAS VOCALES

33. Análisis fisiológico del timbre.— 34. Acción de la lengua en la articulación de las vocales.— 35. Escala de acuidad.— 36. Triángulo vocálico.— 37. Acción de los labios.— 38. Nasalización.— 39. Acción de las mandíbulas.— 40. Acción de la glotis.— 41. Diferencias de timbre.— 42. Causas que determinan las diferencias de timbre.— 43. Uniformidad de matiz dentro de cada caso.— 44. Tendencia de las vocales inacentuadas a la relajación   35

Páginas

Vocales palatales.— 45. *I* cerrada.— 46. *I* abierta.—
47. *I* relajada.— 48. *I* semivocal.— 49. *I* semiconsonante.— 50. Pronunciación de la conjunción *y.*— 51. *E*
cerrada.— 52. *E* abierta.— 53. *E* relajada............   46

La vocal *a.*— 54. *A* media.— 55. *A* palatal.— 56. *A*
velar.— 57. *A* relajada...........................   54

Vocales velares.— 58. *O* cerrada.— 59. *O* abierta.—
60. *O* relajada.— 61 *U* cerrada.— 62. *U* abierta.— 63.
U relajada.— 64. *U* semivocal.— 65. *U* semiconsonante.—
66. Diptongos.— 67. Triptongos.— 68. Hiato y sinéresis.— 69. Sinalefa.— 70. Resumen.................   57

PRONUNCIACIÓN DE LAS CONSONANTES

71. Tensión muscular.— 72. La tensión según la
posición del sonido en el grupo.— 73. Oclusivas puras
y oclusivas aspiradas.— 74. Oclusivas sonoras.— 75. Las
fricativas **ƀ, đ, g** — 76. Otros sonidos españoles que no
tienen representación en la ortografía corriente.— 77. *H*
muda.— 78. Cuadro de las consonantes españolas....   77

Consonantes bilabiales.— 79. Pronunciación de la
p.— 80. *B* oclusiva.— 81. *B* fricativa.— 82. Sonoridad
de la *b* fricativa.— 83. *B* fricativa procedente de *p.*— 84.
B fricativa relajada.— 85. La consonante *m.*— 86. La *m*
final.— 87. Nasal ante labial......................   83

Consonantes labiodentales.— 88. La consonante *f.*—
89. La nasal labiodental.— 90. La consonante *v.*— 91.
Concepto de la confusión entre la *v* y la *b*..........   90

Consonantes interdentales.— 92. El sonido de la *z.*—
93. Concepto del seseo.— 94. Sonorización de la *z.*— 95.
Asimilación de la *n* a la **θ.**— 96. Asimilación de la *l* a
la **θ.**— 97. Asimilación de la *t* a la **θ**...............   93

Consonantes dentales.— 98. Pronunciación de la *t.*—
99. Pronunciación de la *d.*— 100. La *d* fricativa.— 101. La *d*

Páginas

en los participios terminados en -*ado*.— 102. La *d* final
de palabra.— 103. Dentalización de la *n*.— 104. Dentalización de la *l*.— 105. Dentalización de la *s*   96

Consonantes alveolares.— 106. Pronunciación de la
s.— 107. *S* sonora.— 108. Concepto del ceceo.— 109.
Otros defectos de pronunciación relativos a la *s*.— 110.
Pronunciación de la *n*.— 111. La consonante *l*.— 112.
La *r* simple.— 113. El elemento vocálico de la *r* vibrante
simple.— 114. *R* fricativa.— 115. Defectos relativos a la
pronunciación de la *r*.— 116. La articulación de la *rr*.—
117. Defectos relativos a la *rr*   105

Consonantes palatales.— 118. Pronunciación de la
ch.— 119. La *y* africada.— 120. La *y* fricativa.— 121.
Formas anómalas de la *y*.— 122. Pronunciación de la
ñ.— 123. Pronunciación de la *ll*.— 124. Extensión y
concepto del yeísmo   125

Consonantes velares.— 125. Pronunciación de la consonante *k*.— 126. Pronunciación de la *g* oclusiva.— 127.
La *g* fricativa.— 128. Pronunciación de los grupos *cc* y
cn.— 129. Pronunciación de la *x*.— 130. La nasal velar.—
131. Pronunciación de la *j*.— 132. Resumen   137

LOS SONIDOS AGRUPADOS

133. Enlace de los sonidos en el grupo fónico.— 134.
Enlace de las vocales.— 135. Reducción del grupo
vocálico a una sola sílaba.— 136. Principio fundamental
de la reducción de las vocales a grupos silábicos.— 137.
Vocales iguales, sin acento, entre palabras diferentes o
en una misma palabra.— 138. Vocales iguales, con
acento, entre palabras diferentes.— 139. Vocales iguales,
con acento, en una misma palabra.— 140. Vocales
diferentes, sin acento, entre palabras enlazadas o en una
misma palabra.— 141. Modificaciones analógicas de los
grupos inacentuados.— 142. Vocales diferentes, con acen-

Páginas

to, entre palabras enlazadas.— 143. Sinalefas violentas.—
144. Grupos con acento, interiores de palabra, con *i, u*
como elemento secundario.— 145. Grupos con acento,
interiores de palabra, con *a, e, o* como inacentuadas.—
146. Frecuencia y concepto de algunos casos de sinéresis.— 147. Pronunciación de los adverbios *ahora, ahí* y
aún.— 148. El grupo acentuado *ía.*— 149. El grupo
acentuado *ui.*— 150. El grupo acentuado *iu.*— 151. La
posición acentuada final.— 152. Cambio de lugar del
acento.— 153. Principios de la agrupación entre vocales
y consonantes.— 154. Silabeo de la consonante intervocálica.— 155. Silabeo de dos consonantes iguales.— 156.
Silabeo y modificaciones de los grupos de consonantes
diferentes   147

INTENSIDAD

157. Diferencias de intensidad.— 158. Causas que
determinan las diferencias de intensidad.— 159. Intensidad histórica española.— 160. Determinación del lugar
del acento.— 161. Palabras llanas.— 162. Palabras
agudas.— 163. Palabras esdrújulas.— 164. Acentuación
del plural.— 165. El acento y la inacentuación.— 166.
Acentuación de las formas verbales.— 167. Formas
nominales inacentuadas.— 168. Vocablos pronominales
inacentuados.— 169. Adverbios inacentuados.— 170.
Preposiciones, conjunciones y artículos.— 171. Diferencias de acentuación entre la pronunciación y la escritura.—
172. El acento en la frase.— 173. Acento rítmico   181

CANTIDAD

174. Cantidad relativa.— 175. Rapidez ordinaria de
la conversación.— 176. Cantidad vocálica.— 177. Vocales
acentuadas.— 178. Vocales inacentuadas.— 179. Duración de las consonantes.— 180. Cantidad silábica   197

Páginas

ENTONACIÓN

181. Caracteres generales.— 182. Entonación del grupo fónico.— 183. El tono y el acento de intensidad.— 184. Afirmación.— 185. Proposiciones complementarias.— 186. Paréntesis.— 187. Subordinación.— 188. Enumeración.— 189. Interrogación.— 190. Exclamación.— 191. Mandato.— 192. Ruego   209

EJERCICIOS DE ARTICULACIÓN

193. Resumen de las indicaciones relativas al silabeo.— 194. Ejercicio de silabeo   237

VOCALES

195. *I* cerrada.—196. *I* abierta.— 197. *I* semivocal.— 198. *I* semiconsonante.— 199. *E* cerrada.— 200. *E* abierta.— 201. *A* media.— 202. *A* velar.— 203. *O* cerrada.— 204. *O* abierta.— 205. *U* cerrada.— 206. *U* abierta.— 207. *U* semivocal.— 208. *U* semiconsonante.— 209. Sinalefa.— 210. Ejercicio de conjunto sobre las vocales   238

CONSONANTES

211. Oclusivas **b, d, g.**— 212. Fricativas **ƀ, đ, g.**— 213. La consonante *v.*— 214. Ejercicio de conjunto sobre las consonantes *b, v, d, g*   243
215. Consonantes *p, t, c (k).*— 216. Fricativa interdental *c, z.*— 217. Fricativa alveolar *s.*— 218. Fricativa velar sorda *g, j.*— 219. Pronunciación de la *x.*— 220. Ejercicio de conjunto sobre las oclusivas y fricativas sordas   245
221. Nasal *n.*— 222. Lateral *l.*— 223. Alveolar *r.*— 224. Alveolar *rr.*— 225. Ejercicio de conjunto sobre las consonantes *n, l, r, rr*   248
226. Palatal *ch.*— 227. Palatal *y.*— 228. Palatal *ll.*— 229. Palatal *ñ.*— 230. Ejercicio de conjunto sobre las consonantes palatales   251

Páginas

EJERCICIOS DE ENTONACIÓN

231. Inflexión ascendente.— 232. Inflexión descendente.— 233. Inflexión circunfleja................. 255
234. Frases declarativas que forman un solo grupo fónico.— 235. Frases declarativas de dos grupos fónicos.— 236. Proposición complementaria interior de frase afirmativa.— 237. Complementaria inicial o final de frase.— 238. Enlace de dos proposiciones declarativas.— 239. Combinaciones de tres grupos, principales y complementarios.— 240 Ejercicio de conjunto sobre la enunciación declarativa.......................... 257
241. Subordinación.— 242. Enumeración completa, final de frase.— 243. Enumeración incompleta final.— 244. Enumeración no final.— 245. Enumeración distributiva.— 246. Ejercicio de conjunto sobre la enunciación enumerativa.................................. 261
247. Interrogación directa en un solo grupo.— 248. Preguntas con palabra gramaticalmente interrogativa.— 249. Preguntas divididas en dos o más grupos.— 250. Preguntas y respuestas.— 251. Ejercicio de conjunto sobre la entonación interrogativa y exclamativa.— 252. Súplica....................................... 266

TEXTOS FONÉTICOS

253. Observaciones relativas a la transcripción.— 254. Narración corriente.— 255. Narración dramática.— 256. Diálogo corriente.— 257. Diálogo dramático..... 275
ÍNDICE DE MATERIAS............................. 307
ÍNDICE DE LOS TROZOS UTILIZADOS EN LOS EJERCICIOS....... 319